최고의 주식 최적의 타이밍

최고의 주식 최적의 타이밍

1판1쇄   펴낸날 2003년 1월 10일
개정판 1쇄 펴낸날 2012년 6월 20일
개정판 19쇄 펴낸날 2024년 9월 20일

지은이 윌리엄 오닐
옮긴이 박정태
펴낸이 서정예
펴낸곳 굿모닝북스

등록 제2002-27호
주소 (410-837) 경기도 고양시 일산동구 호수로 672 804호
전화 031-819-2569
FAX 031-819-2568
e-mail goodbook2002@daum.net

가격 19,800원
ISBN 978-89-91378-26-1 03320

*이 책의 전부 또는 일부를 재사용하려면 사전에
  서면으로 굿모닝북스의 동의를 받아야 합니다.

최고의
주식

최적의
타이밍

How to Make Money in Stocks
A Winning System in Good Times or Bad

| 윌리엄 오닐 지음 박정태 옮김 |

굿모닝북스

100년 역사상
최고의 주식이 주는
소중한 가르침

2000년과 2008년의 금융시장 붕괴를 경험한 대부분의 투자자들은 이제 분명히 깨달았을 것이다. 힘들게 번 돈을 저축하고 투자할 때는 자신이 무슨 일을 하고 있는지 더 많은 시간을 들여 훨씬 더 많이 배워야 한다는 점을 말이다. 하지만 탁월한 투자 성과를 거두기 위해서는 어디로 가서 물어봐야 하고, 누구 말을 들어야 하며, 무엇을 하지 말아야 할지에 대해 많은 투자자들이 아직 잘 모르고 있다.

버니 매도프 같은 인물에게 돈을 맡겨서는 안 된다. 이런 친구는 돈을 받아 챙기기만 하고 그 돈을 어떻게 하는지 제대로 알려주지 않는다. 그러기보다는 당신 스스로 할 수 있는 일을 해야 한다. 훌륭한 투자 서적을 몇 권 읽고, 투자 교실이나 투자자 모임에 들어가보면 자신 있게 투자하는 방법을 배울 수 있다. 적어도 건전한 투자 철학과 원칙, 투자 방

식에 대해 확실히 배우고 이해해야 투자 포트폴리오를 안전하게 지켜나
갈 수 있다. 현재 미국인의 절반이 저축과 투자를 하고 있다. 지금이야
말로 단단한 지식으로 무장하고서 현명하게 투자하는 방법을 배워야 할
시점이다.

나 역시 처음 투자를 시작했을 때 여러분도 저질렀을 법한 똑같은 실
수를 저질렀다. 아래 적어둔 내용은 거기서 배운 것들이다.

- 어느 주식이든 주가가 내려갈 때가 아니라 올라갈 때 매수해야 한
  다. 추가 매수는 앞선 매수 가격보다 상승했을 때 해야지 하락했을
  때 해서는 안 된다.
- 어느 주식이든 연중 신고가에 접근했거나 다다랐을 때 매수해야 한
  다. 주가가 너무 떨어져 싸게 보인다고 매수해서는 안 된다. 헐값에
  거래되는 싸구려 주식보다는 높은 가격에 거래되는 주식을 매수하
  는 게 좋다.
- 늘 손실이 작을 때 재빨리 매도해야 한다. 다시 주가가 오르기를 바
  라면서 기다려서는 안 된다.
- 기업의 장부가치와 배당금, 주가수익 비율(PER)은 신경 쓰지 말라.
  이런 것들은 지난 100년간 미국 최고의 기업을 찾아내는 데 아무런
  도움도 되지 않았다. 그 대신 이익 성장률과 주가 및 거래량 추이 같
  은 이미 신뢰성이 입증된 변수들에 주목하고, 해당 기업이 월등한
  제품으로 업계 1위의 순이익을 내고 있는지 살펴봐야 한다.
- 한 무더기의 시장 소식지를 구독할 필요도 없고, 투자자문 서비스
  를 받지 않아도 된다. 애널리스트들의 종목 추천에 귀 기울일 이유

도 없다. 이들은 단지 자신의 개인 의견을 밝히는 것일 뿐이며, 이
런 의견은 자주 틀린다.

• 주가 차트를 볼 줄 알아야 한다. 프로페셔널은 대부분 차트를 필수
적인 수단으로 여기는 반면 아마추어는 차트가 복잡하다고 혹은 잘
안 맞는다며 외면하는 경우가 많다.

내가 배운 이런 결정적인 내용들은 전부 다 인간의 본성과 정반대되는
것들이었다. 사실 주식시장은 매일같이 드러나는 인간의 본성과 군중심
리에 따라, 여기에 전통적인 수요와 공급의 법칙이 더해져 작동한다. 이
런 요인들은 시간이 흘러도 변하지 않기 때문에 주가 패턴은 참으로 기
가 막힐 정도로 50년 전이나 100년 전처럼 똑같이 나타나는 것이다. 이
런 사실을 아는 투자자는 거의 없다. 따라서 당신은 이것을 경쟁 우위
요소로 만들 수 있다.

이 책《최고의 주식 최적의 타이밍》의 개정판 제1장에서는 상세한 주
석을 단 차트 100개를 보여준다. 여기에 소개한 것들은 1880년대부터
2008년까지 각 시대를 대표하는 미국 최고의 주식들인데, 1855년의 리
치몬드 앤 댄빌 철도, 1901년의 그 유명했던 매집 사태 당시 일주일만에
주가가 115달러에서 700달러로 치솟은 노던 퍼시픽, 최근의 애플과 구글
까지 망라돼 있다.

최고의 주식들이 보여준 이런 사례들을 공부해보면 배울 점이 무척 많
을 것이다. 세월이 가도 계속 반복해서 나타나며 엄청난 수익률을 가져
다 준 차트 모양이 있다는 점도 발견할 것이다. 고전적인 모양이라고 할
수 있는 손잡이가 달린 컵 모양의 경우 제1장에서 소개한 100개의 차트

에서만 105차례 나온다. 어떤 것은 크고, 어떤 것은 작고, 어떤 것은 그 중간 크기다.

손잡이가 달린 컵 모양을 비롯해 8가지의 독특한 모양을 제시했는데, 주가 사이클이 진행될 때마다 하나씩 나타나 상당히 성공적인 주가 패턴을 보여준 것들이다. 베들레헴 스틸의 1915년 모양은 처음 나타난 높이 치솟은 깃발형으로, 그 후 신텍스, 롤린스, 시몬즈 프리시전, 야후, 테이저의 주가 차트에 나타난 높이 치솟은 깃발형의 아주 완벽한 전례가 되어주었다.

차트를 보면 더 강한 주식과 더 우호적인 시장 상황을 구별할 수 있다. 그래야 취약한 주식과 위험한 시장 상황을 피해갈 수 있다. 제1장에서 100개의 차트를 설명한 것은 바로 이 때문이다. 상세한 주석을 단 차트를 잘 연구하면 당신의 인생이 바뀔 수 있다. 더 현명하게 더 나은 삶을 살아갈 수 있는 것이다.

명쾌한 그림 한 장이 천 마디 설명보다 낫다. 여기서 소개한 100개의 사례는 지금까지 당신이 놓친 것들 가운데 일부일 뿐이다. 우리는 지난 100년간 주식시장에서 최고의 수익률을 기록한 1000개 이상의 주식 모델을 갖고 있다. 이 가운데 한두 개만 잘 활용해도 당신의 미래는 바뀔 수 있다. 다만 그러려면 당신이 투자할 때 무엇을 해야 하는지 진지한 자세로 연구하고 배워나가야 한다. 마음만 먹으면 얼마든지 할 수 있다.

이 방법은 기업과 주식시장을 완전히 새로운 시각으로 바라보는 것이다. 철도에서 자동차, 항공기에 이르기까지, 라디오에서 TV, 컴퓨터에 이르기까지, 제트 항공기에서 우주 탐사에 이르기까지, 대형 할인매장에서 반도체, 인터넷에 이르기까지 이 세상은 빠르게 끊임없이 성장해나가고 있다. 미국인 대다수의 생활수준은 100년 전, 50년 전과 비교도 할 수 없을 정도로 높아졌다.

물론 문제도 있다. 문제점을 지적하는 건 누구나 좋아한다. 하지만 비약적인 성장의 이면에는 미국의 창조적 기업가와 발명가들이 있다. 이들은 새로운 산업과 새로운 기술, 새로운 제품, 새로운 서비스를 만들어냈고, 우리가 일할 수 있는 일자리의 대부분을 창출해냈다.

어떻게 하면 이런 성장의 기회를 유리하게 활용할 수 있는가는 당신에게 달려있다. 자유시장 경제 아래서 창조적 기업가들이 모두에게 제공하는 기회를 현명하게 활용하는 법을 배워야 하는 것이다.

당신은 이 책에서 최고의 주식을 어떻게 골라내는지, 그리고 최고의 주식이 가져다 주는 수익을 어떻게 확정짓는지, 그 방법을 정확하게 배울 것이다. 이와 함께 어떻게 하면 실수와 손실을 줄일 수 있는지, 그 방법도 알게 될 것이다.

아마추어 투자자들은 아주 미미한 이익을 내는 데 그치거나 아니면 큰 손실을 입는다. 주식 투자에 대한 지식이 없어서 이런 결과를 내는 것이지만 그렇다고 돈을 잃어서는 안 된다. 분명히 말하지만 당신은 현명한 투자를 할 수 있다. 이 책은 당신이 주식 투자를 제대로 이해하고, 보다 성공적인 투자자가 될 수 있도록 주식 투자의 기술과 방법을 알려줄 것이다.

자유 세계에서는 국적과 나이, 직업, 교육수준, 성장환경, 경제수준과 관계없이 누구나 저축하는 방법은 물론 주식에 투자하는 방법도 배워야 한다. 이 책은 결코 소수 엘리트만을 위해 쓰여진 게 아니다. 이 책은 주식시장에서 경제적으로 더 나아질 수 있는 기회를 얻고자 하는 수백만 명의 보통사람을 대상으로 한 것이다. 늙었든 젊었든 나이에 관계없이 누구나 지금 당장 지혜롭게 투자를 시작할 수 있다.

- 작게 시작할 수 있다–당신이 평범한 직장인이거나 이제 막 주식 투자를 시작한 초보자라면 굳이 처음부터 큰돈을 투자할 필요는 없다. 처음에는 그저 500달러나 1000달러 정도의 작은 돈으로 시작하고, 차차 소득과 저축이 늘어나면 투자 금액을 키워나가면 된다. 나 역시 대학을 갓 졸업한 스물한 살 나이에 주식 투자를 처음 시작했는데, 당시 내가 산 주식은 프록터 앤 갬블 5주가 전부였다.

우리 회사의 매니저 중 한 명인 마이크 웹스터 역시 작게 시작했다. 마이크는 자신의 음악 CD 같은 개인용품을 팔아 투자자금을 마련했다. 그는 회사의 자금담당 매니저가 되기에 앞서 1999년 폭발적이었던 그 해에 1000%가 넘는 수익률을 기록했다.

역시 우리 회사의 자금담당 매니저인 스티브 버치도 일찌감치 투자를 시작했다. 그는 1990년대 말의 불 같았던 강세장에서 큰돈을 번 뒤 약세장이 시작되자 수익을 고스란히 현금화했다. 그렇게 해서 1998~2003년 사이 그는 1300%가 넘는 수익률을 기록했다. 마이크와 스티브 둘 다 어려운 시기를 맞기도 했지만, 그들은 누구나 저지르는 그리고 자신들도 저지른 실수에서 가르침을 얻었고 덕분에 탁월한 성과를 거둘 수 있었던 것이다.

당신은 정말 무한한 기회가 펼쳐져 있는 가히 환상적인 시대를 살아가고 있다. 독창적인 아이디어가 쏟아지고, 혁신적인 산업이 출현하고, 새로운 개척자가 이어지는 그런 시대다. 이 책은 바로 이 같은 새로운 시대 상황을 제대로 이해하고, 이를 투자 수익으로 연결시킬 수 있도록 도와줄 것이다.

기회는 누구에게나 열려있다. 당신은 지금 끊임없이 변화하는 새로운 시대에 살고 있다. 첨단 기술과 인터넷, 새로운 컴퓨터 소프트웨어, 생명 공학, 혁신적인 새로운 기업가 정신이 세계적으로 꽃을 피우고 있다. 공산주의 경제와 사회주의 사고 방식은 이제 역사의 저편으로 물러나고 있다. 자유와 기회에 바탕을 둔 경제 시스템은 지금 전세계 대부분의 나라에서 성공의 모델로 자리잡아가고 있다.

이런 시대에 그저 자신의 직업에 안주해 월급만 받는 것은 충분치 않다. 당신이 하고 싶은 일을 하고, 가고 싶은 곳을 가고, 갖고 싶은 것을 갖기 위해서는 반드시 현명하게 저축하고 투자해야 한다. 투자를 통해 얻어지는 2차 소득과 투자 수익은 당신이 목표를 성취하고, 진정으로 안정적인 삶을 사는 원천이 될 것이다. 그런 점에서 이 책은 당신의 인생을 송두리째 바꾸어놓을 수 있다. 당신을 붙잡는 것은 당신 자신밖에 없다.

● 숨겨진 진실—주식시장에서 최고의 투자 수익률을 올리는 종목을 고르기 위한 출발점은 과거 주식시장에서 최고의 수익률을 올렸던 종목들을 잘 관찰하고, 이들 최고의 주식이 어떤 특징을 갖추고 있었는지 알아내는 것이다. 이런 식으로 연구하다 보면 당신도 최고의 주식이 고공행진을 하기 직전에 어떤 주가 흐름을 보여주었는지 분명하게 읽어낼 수 있을 것이다.

이런 관찰을 통해 당신은 최고의 투자 수익률을 기록한 기업들의 분기별 순이익이 당시 어떠했으며, 앞선 3년간의 연간 순이익이 어떠했는지, 또 거래량은 어느 정도였고, 다른 종목들에 비해 주가의 상대적 강도가 어떠했는지, 그리고 이들 기업의 보통주 발행액이 어느 정도였는지 알아낼 수 있을 것이다.

이와 함께 최고의 수익률을 올린 기업들 대부분이 아주 중요한 신제품을 생산했거나 새로운 경영기법을 도입했으며, 해당 산업 전반이 강력한 변화의 물결에 휩싸여 있는 핵심 종목군에 속해있었다는 사실도 발견할 것이다.

과거 주식시장에서 빛을 발했던 최고의 주식들을 찾아내 이런 식의 상식적인 수준의 분석을 하기란 그리 어렵지 않다. 나는 이미 이런 연구를 상당히 심도 있게 진행해왔고 이미 완성한 단계다. 우리 연구진은 지난 125년간에 걸쳐 매년 주식시장에서 최고의 수익률을 기록한 종목을 선정해 역사적인 분석을 시도했다.

우리는 연구 결과를 책으로 엮어 『최고의 주식에 관한 모델 북The Model Book of Greatest Stock Market Winners』이라고 이름 붙였다. 멀리 1880년대부터 최근까지의 주식시장을 망라하고 있는 이 연구에서는 역사적으로 가장 뛰어난 수익률을 기록한 1000개가 넘는 최고의 기업을 아주 상세하게 분석했다.

텍사스 인스트루먼트는 1958년 1월부터 1960년 5월까지 주가가 25달러에서 250달러로 치솟았다.
제록스는 1963년 3월 160달러에서 주식 분할을 감안할 경우 1966년 6월 1340달러까지 수직 상승했다.

신텍스는 1963년 하반기 단 6개월간 100달러에서 570달러로 뛰어올랐다.

돔 페트롤리엄과 프라임 컴퓨터는 1978~80년 사이 각각 1000%, 1595% 상승했다.

리미티드 스토어스는 1982~87년 사이 무려 3500%나 뛰어올랐다.

시스코 시스템스는 주식 분할을 감안할 경우 1990년 10월부터 2000년 3월까지 주당 0.10달러에서 82달러로 폭발적인 상승세를 보여주었다.

홈 디포와 마이크로소프트 역시 1980년대와 1990년대 초 20배 이상 주가가 상승한 대표적인 기업이다. 특히 홈 디포는 1981년 9월 주식시장에 상장된 뒤 2년도 채 안 돼 20배 이상 상승한 데 이어 1988~90년 사이 한 번 더 10배 이상 뛰어오른 가히 사상 최고의 종목이다. 지금 소개한 이들 기업은 한결같이 아주 주목되는 새로운 제품이나 아이디어를 시장에 내놓았다는 공통점을 갖고 있다.

주식시장 최고의 기업들을 대상으로 우리가 면밀하게 연구한 결과 발굴해낸 성공하는 주식들의 공통적인 특징과 원칙에 대해 알고 싶지 않은가?

다음 장부터 설명하겠지만 사실 간단하다. 우리는 공식처럼 외우기 쉽도록 이를 CAN SLIM이라고 이름 붙였다. CAN SLIM은 최고의 주식들이 비약적인 주가 상승세를 보여주기 직전 초기 상승 단계에서 나타나는 7가지 주요 특징인데, 이를 설명하는 단어의 두문자(頭文字)를 조합한 것이다. 이 원칙을 잊지 않도록 한번 써보고 몇 번이고 반복해서 읽어보라.

주식시장의 사이클이 아무리 반복돼도 CAN SLIM이 틀리지 않고 들어맞는 이유는 이 원칙이 단순히 개인적인 생각이나 전문가의 의견이 아닌 바로 주식시장의 실제 움직임에 기초하고 있기 때문이다. 게다가 주식시장을 움직이는 인간의 본성은 쉽게 변하지 않는다는 것도 그 이유다. CAN SLIM 원칙은 그래서 일시적인 유행의 변동이나 경기 사이클의 변화에도 불구하고 항상 유효하다. CAN SLIM 원칙은 언제나 개인의 주관이나 고집보다 훨씬 앞서는 수익률을 가져다 줄 것이다.

이제 당신은 주식시장 최고의 종목을 어떻게 고를 것인가를 배울 준비가 됐다. 가장 성공적인 기업의 주주가 되는 것이다. 그럼 바로 시작해보자. 여기서 잠깐 CAN SLIM 원칙을 살짝 만나보기로 하자.

C 현재의 주당 분기 순이익: 클수록, 빠르게 성장할수록 좋다

A 연간 순이익 증가율: 성장의 열쇠를 찾으라

N 신제품, 신경영, 신고가: 적절한 시점에 매수하라

S 수요와 공급: 결정적인 시점에서의 대규모 수요

L 주도주인가 소외주인가: 당신의 주식은 어느쪽?

I 기관의 뒷받침: 리더의 움직임을 좇으라

M 시장의 방향성: 어떻게 판단할 것인가

그러면 제1장부터 곧장 시작해보자. 당신도 할 수 있다.

최고의 주식을
찾아내는 비밀

새로이 펴내는 이 책의 개정판 서두부터 당신은 1880년대부터 2008년에 이르기까지 주식시장에서 최고의 수익률을 기록한 100개의 차트를 보게 될 것이다. 하나하나 잘 살펴보라. 그러면 이들 기업이 어떻게 폭발적인 주가 상승률을 기록할 수 있었는지 그 비밀을 읽어내는 통찰력을 얻을 것이다.

주식 투자를 처음 하는 초보자라 해서, 이들 차트를 한눈에 이해하지 못한다고 해서 걱정할 필요는 없다. 사실 성공한 투자자들도 처음에는 다 초보자였다. 이 책에서는 차트를 통해 결정적인 매수 기회는 어떻게 집어내는지, 또 그 주식을 매도하라는 확실한 신호는 어떻게 구별하는지 그 방법을 알려줄 것이다. 주식시장에서 성공하기 위해서는 역사적으로 입증된 건전한 매수 원칙과 매도 원칙을 확실히 배워둬야 한다.

여기 소개한 차트를 연구하다 보면 1900년, 그리고 2000년에도 계속해서 반복되는 특별한 주가 패턴을 발견할 것이다. 일단 이런 패턴이 눈에 들어오게 되면, 어떤 주식이 지금 기관 투자가와 큰손들에 의해 매집되고 있다는 사실을 알게 되므로 투자자 입장에서는 상당히 유리한 입지를 차지할 수 있다.

최고의 주식을 찾아내려면 반드시 두 가지를 눈 여겨 봐야 한다. 그 기업의 매출액과 순이익, 자기자본 이익률이 크게 증가했어야 한다. 여기에 더해 기관 투자가의 매수에 힘입어 강한 주가 패턴이 만들어져야 한다. 이 두 가지를 파악했다면 당신의 종목 선정과 타이밍 포착은 수준급이라고 할 수 있다. 일류 프로 투자자들은 그래서 차트를 활용한다.

이건 너무나도 값진 기술이고, 당신 역시 이 기술을 배울 수 있다.

이 책에서는 미국 기업이 어떻게 성장하는지에 대해 설명하고 있지만, 당신도 그렇게 커나갈 수 있다. 당신에게 하고자 하는 의지와 바람이 있다면, 또한 결코 포기하지 않겠다는 결심이 있다면 아메리칸 드림은 당신의 것이 될 수 있다.

Richmond & Danville—1885
Weekly Chart

1885년 리치몬드에서 댄빌을 잇는 철도 완성
1890년까지 남부 지역에 3300마일에 이르는 철
도를 부설.

진한 선은 상승

연한 선은 하락

주간 고가/저가.
종가를 표시

A

매수

미국 증시 최초의 손잡이 달린 컵 모양. 74주간에
걸쳐 완성됐는데, 모양의 시작은 A 지점이다.

Price
400
340
300
260
220
190
160
140
120
100
80
70
60
45
38
32
28
24
20
17
15

Volume
5,400
2,400
1,000
400

Jun 1882 · Sep 1882 · Dec 1882 · Mar 1883 · Jun 1883 · Sep 1883 · Dec 1883 · Mar 1884 · Jun 1884 · Sep 1884 · Dec 1884 · Mar 1885 · Jun 1885 · Sep 1885 · Dec 1885 · Mar 1886 · Jun 1886 · Sep 1886 · Dec 1886

Richmond & Danville 70주 동안 257% 상승

Tennessee Coal & Iron 39주 동안 265% 상승

Northern Pacific–1900
Weekly Chart

1864년 미국 최초의 대륙 횡단 철도 허가권을 얻음. 미국 서부부 개척에 큰 역할을 함.

1901년 노던 퍼시픽 주가 매집 사태. 회사 운영권을 둘러싼 서부 플에 결국 제임스 힐과 JP 모건이 승리.

다우존스 선업평균

매도: 최후의 정점

주가 매수

10주간의 순심
이가 달린 컵

매수

18주간의 이중 바닥

10주 이동평균선

다우존스 선업평균과 비교
한 상대적 주가 강도, 이 선이
상승 추세일 경우 지수 대비
수익률이 우수하다는 의미다.

Volume
250,000
120,000
60,000
30,000

Northern Pacific 29주 동안 1181% 상승

21

Bethlehem Steel-1914
Weekly Chart

Price = 10*eps

제차 세계대전 중 연합군이 사용한 무기의 약 60%를 생산

다우존스 산업평균

매도 조후의 정점

지수 조정

직전 12개월간의 주당 순이익을 분기별로 표시 (주당 순이익 수치는 왼쪽)

6주간의 높이 차이는 깃발형

매수

주도주의 경우 10주 이동평균선까지 되돌림할 때 처음 두 번은 매수해도 된다

매수

세계대전 기간 중 8개월간의 모양 형성

제차 세계대전으로 증시 휴장

Price
700
600
500
400
340
300
260
220
190
160
140
120
100
80
70
60
50
40
34
30
26

Price =
80
70
60
50
45
40
36
32
30
28
26
24
22
20
18
16
15
14
13
12
11
10
9.00
8.00
7.00
6.00
5.00
4.50
4.00
3.60
3.20
3.00
2.80
2.60
2.40

Volume
10,600
3,600
1,200
400

Sep 1912 | Dec 1912 | Mar 1913 | Jun 1913 | Sep 1913 | Dec 1913 | Mar 1914 | Jun 1914 | Sep 1914 | Dec 1914 | Mar 1915 | Jun 1915 | Sep 1915 | Dec 1915 | Mar 1916 | Jun 1916 | Sep 1916 | Dec 1916

Bethlehem Steel 99주 동안 1479% 상승

22

General Motors–1915
Weekly Chart

부의 자동차를 얻으해 대량 생산 체제를 갖춤. 1914년 87통 엔진의 최초 생산에 성공.

다우존스 산업평균

지수가 강세 전환하면서 GM 주가도 고공행진

지수 조정

추가 매수

4주간 주가 변동이 거의 없었더는 대주목

모의 형성

매수

9개월간 모양 형성 후 매수 지점 출현

117.00

매수 지점의 거래량 급증

제차 세계대전으로 증시 휴장

Price: 600 500 400 340 300 260 220 190 160 140 120 100 80 70 60 50 40 34 30 26 22

Volume: 9,000 5,600 3,400 2,000

Jun 1911 | Sep 1911 | Dec 1911 | Mar 1912 | Jun 1912 | Sep 1912 | Dec 1912 | Mar 1913 | Jun 1913 | Sep 1913 | Dec 1913 | Mar 1914 | Jun 1914 | Sep 1914 | Dec 1914 | Mar 1915 | Jun 1915 | Sep 1915 | Dec 1915 | Mar 1916

General Motors 39주 동안 471% 상승

S.S. Kresge 154주 동안 836% 상승

Utah Securities—1924
Weekly Chart

기업과 주택에 전기 보급이 빠르게 늘어나면서
유틸리티 산업 급성장.

매도: 초후의 정점

다우존스 산업평균

되돌림: 매수 지점 혹은 그보다
조금 낮은 수준까지 되돌려질
수 있으나, 정확한 시점에 매수
했다면 매수 가격보다 8% 이상
떨어지지 않을 것이다.

매수

54주간의 모양 형성

매수 지점의 주간
거래량 급증

Utah Securities 63주 동안 538% 상승

25

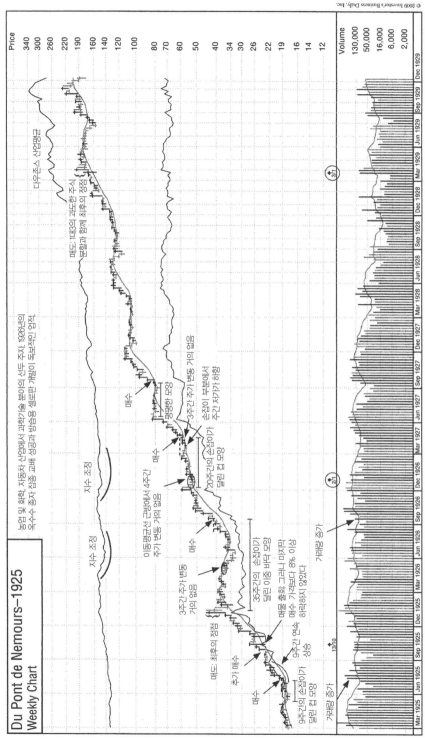

Du Pont de Nemours 225주 동안 1074% 상승

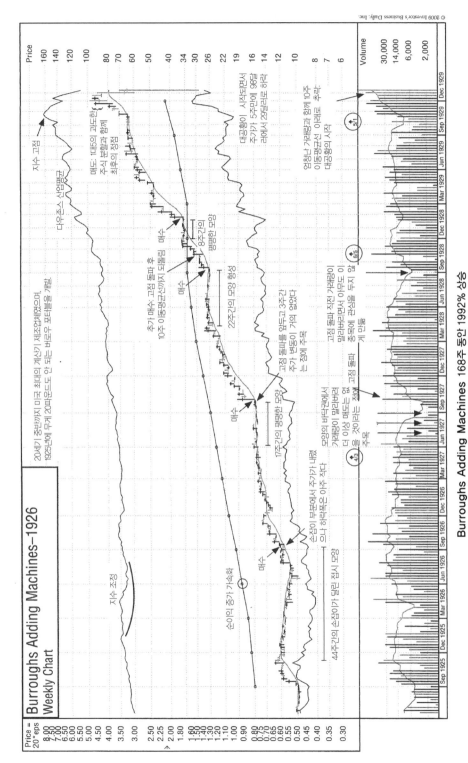

Burroughs Adding Machines 168주 동안 1992% 상승

Price = 20×eps

Intl. Business Machines–1926
Weekly Chart

1925년 분당 360매를 처리할 수 있는 수평 분류기를 개발한 데 이어 1928년에는 용양을 2배로 늘린 펀치 카드를 시판.

Price
500
400
340
300
260
220
190
160
140
120
100
80
70
60
45
38
32
28
24
20
17

Volume
14,200
7,800
4,200
2,200

다우존스 산업평균

매도: 소진 갭

지수 조정

매물 출회 직후의 매우 중요한 지점으로, 대량 거래와 함께 10주 이동평균선 회복했으며 무조건 다시 매수

사업보고서가 발표되면서점을 표시

매수

매수

추가 매수

추가 매수

모양 위의 모양

주간의 모양 형성

3주간 주가 변동 거의 없음

매수

매수

36주간의 손잡이가 달린 컵 모양. 곧 이어 매물 출회와 함께 조정을 받지만 결국 40% 상승함

매물 출회와 함께 거래량 증가

매공황 시작

모멘트: 성공하는 투자자는 대부분의 투자자들이 하고 싶어하지 않는 게 무엇인지 바로다. 대개의 투자자들은 심리적으로 차트를 보려 하지 않고, 신고가를 기록한 주식은 매수하지 않으려 하며, 8% 이상 떨어진 주식을 손절매하려 들지 않는다. 손실을 보고 판 주식을 더 높은 가격에 다시 사려는 사람은 거의 없다. 이것이 바로 성공하는 투자자와 그렇지 않는 투자자 간의 차이다.

주가는 하락하는데 거래량은 전주보다 증가했다는 데 주목

Intl. Business Machines 161주 동안 400% 상승

Sep 1925 | Dec 1925 | Mar 1926 | Jun 1926 | Sep 1926 | Dec 1926 | Mar 1927 | Jun 1927 | Sep 1927 | Dec 1927 | Mar 1928 | Jun 1928 | Sep 1928 | Dec 1928 | Mar 1929 | Jun 1929 | Sep 1929 | Dec 1929

20
18
16
15
14
13
12
11
10
9.00
8.00
7.50
7.00
6.50
6.00
5.50
5.00
4.50
4.00
3.50
3.00
2.50
2.25
2.00
1.80
1.60
1.50
1.40
1.30
1.20
1.10
1.00
0.90
0.80

28

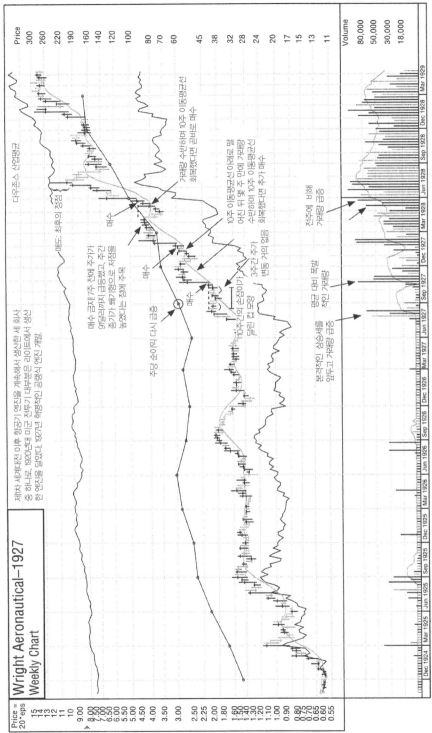

Wright Aeronautical 76주 동안 464% 상승

Price = 20*eps
6.50
6.00
5.50
5.00
4.50
4.00
3.50
→ 3.00
2.50
2.25
2.00
1.80
1.60
1.50
1.40
1.30
1.20
1.10
1.00
0.90
0.80
0.70
0.65
0.60
0.55
0.50
0.45
0.40
0.35
0.30
0.25
0.23

Price
140
120
100
80
70
60
50
40
34
30
26
22
19
16
14
12
10
8
7
6
5

Radio Corp of America-1927 Weekly Chart

1920년 5000대에 불과했던 가정용 라디오가 1924년 250만 대로 급증. 인수합병을 통해 미국 최초의 대규모 방송사인 NBC 네트워크를 독자적으로 구축.

1928년 6~9월 분기에 A시장점을 저점으로 해서 완전히 새로운 모양을 형성하기 시작했다는 점에 주목

다우존스 산업평균

19주간의 모양

매수 금지 세 번째로 모양을 형성했는데 모 두가 주시하고 있다

매수 후 매수

주식 분할에 유무 최고의 주식들은 하나같이 주식 분할을 했다. RCA의 차트에서 첫 매수 지점의 주가는 14달러로 실제로는 그 5배인 70달러였다. 차트 오 른쪽 끝에 나와있듯이 이 주식은 나중에 1주를 5주로 분할했는데, 이를 감안했기 때 문이다. 여기서 소개하는 최고의 주식들은 역사적으로 검증된 종목들로, 기억 내용 이 부상하거나 기반 투자기들이 매수하기를 꺼려하는 3~10달러째리 저가주는 대 상에서 제외했다.

주가가 10주 이동평균선 아래로 떨어진 다음 3주 후 거래량 늘 어나며 10주 이동평균선을 회복 했을 경우 매수

매수

주간의 평평한 모양

거래량 폭발

매물 출회기가 있었 으나 주가 증가는 거의 변동 없음

앞서 잘못 매수한 투자자들의 매도 로 인한 매물 출회

전주 대비 거래량 증가 1대대로 주식 분할

Volume
1,600,000
800,000
400,000

Dec 1924 | Mar 1925 | Jun 1925 | Sep 1925 | Dec 1925 | Mar 1926 | Jun 1926 | Sep 1926 | Dec 1926 | Mar 1927 | Jun 1927 | Sep 1927 | Dec 1927 | Mar 1928 | Jun 1928 | Sep 1928 | Dec 1928 | Mar 1929 | Jun 1929

Radio Corp of America 74주 동안 739% 상승

30

Minneapolis-Honeywell Regulator 170주 동안 987% 상승

31

Coca-Cola-1934
Weekly Chart

1930년대 코카콜라 한 병은 5센트였다. 코카콜라는 곧 해외시장 개척에 나서 서유럽에서도 베스트셀러가 됐다.

Price = 20*eps

Price
300
260
220
190
160
140
120
100
80
70
60
45
38
32
28
24
20
17
15
13
11

14
13
12
11
10
9.00
8.00
7.00
6.50
6.00
5.50
5.00
4.50
4.00
3.50
3.00
2.50
2.25
2.00
1.80
1.60
1.50
1.40
1.30
1.20
1.10
1.00
0.90
0.80
0.75
0.70
0.65
0.60
0.55
0.50

다우존스 산업평균

지수 조정

지수 조정

지수 조정

순이익 증가 가속화

매수

매수

매수

매수

매수

5주간의 평평한 모양

5주간의 평평한 모양

6주간의 평평한 모양

추가 매수 거래량 수반하며 10주 이동평균선 회복

추가 매수 10주 이동평균 선까지 2차 되돌림

추가 매수 10주 이동평균 선까지 1차 되돌림

27주간의 순잔이가 달린 컵 모양

Volume

Volume
13,800
5,000
1,800
600

Mar 1933 · Jun 1933 · Sep 1933 · Dec 1933 · Mar 1934 · Jun 1934 · Sep 1934 · Dec 1934 · Mar 1935 · Jun 1935 · Sep 1935 · Dec 1935 · Mar 1936 · Jun 1936 · Sep 1936 · Dec 1936 · Mar 1937 · Jun 1937

Coca-Cola 165주 동안 565% 상승

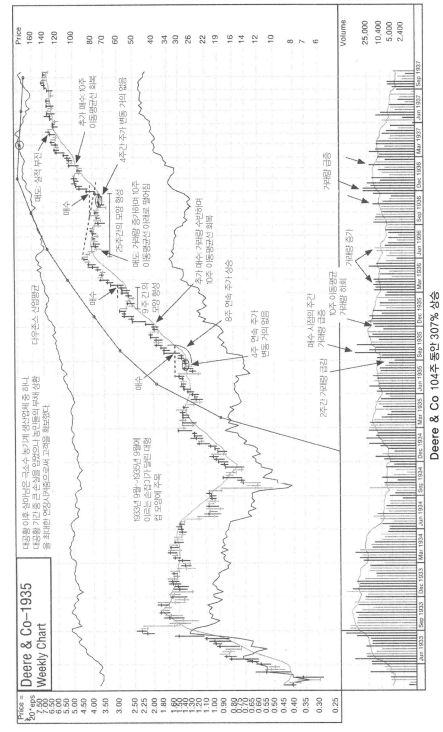

Deere & Co 104주 동안 307% 상승

Schenley Distilling 185주 동안 1164% 상승

Condé Nast Publications–1944
Weekly Chart

Price = 10*eps

〈보그〉를 비롯한 패션 잡지를 처음 발행함. 1940년대 종이 부족 사태로 중소 잡지사들이 문닫고, 정부가 군수용으로 잡지를 구매함에 따라 수혜를 봄.

다우존스 산업평균

매도 조짐의 정점

지수 조정에 따라 모양 형성

순이익 증가 가속화

매수

18주간의 손잡이가 달린 컵 밥 모양

12주간의 손잡이가 달린 컵 밥 모양

매수

43주간의 손잡이가 달린 컵 밥 모양

매수

거래량 증가

거래량 급감

거래량 증가

거래량 급감

거래량 증가

거래량 급감

거래량 포발

Condé Nast Publications 101주 동안 514% 상승

© 2009 Investor's Business Daily, Inc.

Price
70
60
50
40
34
30
26
22
19
16
14
12
10
8
7
6
4.5
3.8
3.2
2.8
2.4

Volume
3,200
1,600
800
400

© 2009 Investor's Business Daily, Inc.

Gimbel Bros.–1944
Weekly Chart

종자가 고객층이 김블 브라더스 매장과 고급 상품 위주의 사스
매장 운영. 백화점에 전문 매장 두고 저체 상표로 고객을 유지.

다우존스 산업평균

지수 조정

지수 조정

매수

매수

매수

35주간의 손잡이가 달린 컵 모양

뒤 모양 형성에 앞선
주가 상승 추세

거래량 증가

거래량 증가

뒤 모양 형성에
앞서 거래량 증가

Gimbel Bros. 103주 동안 674% 상승

36

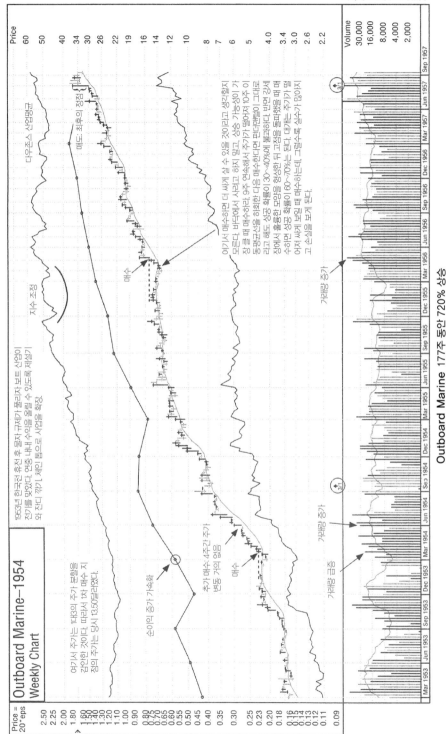

Outboard Marine 1777주 동안 720% 상승

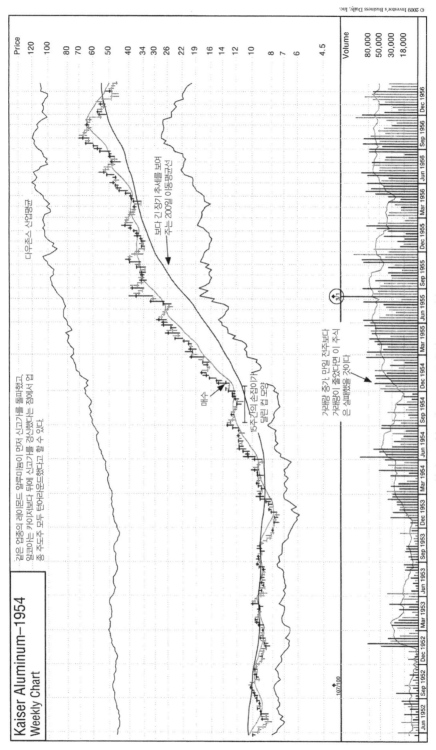

Kaiser Aluminum 93주 동안 379% 상승

38

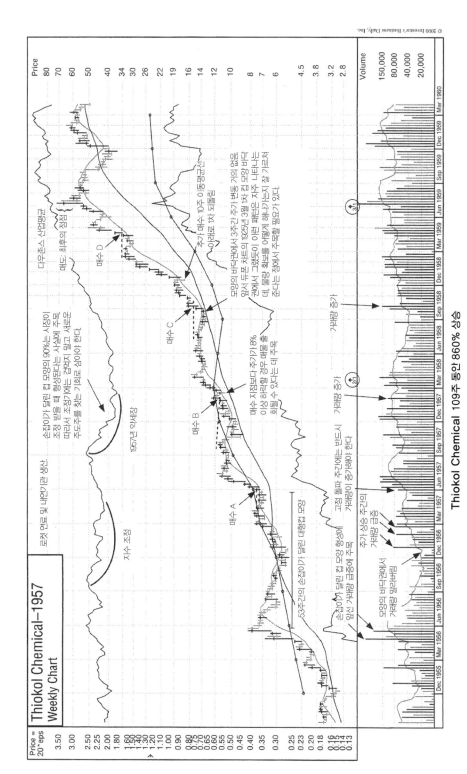

Thiokol Chemical 109주 동안 860% 상승

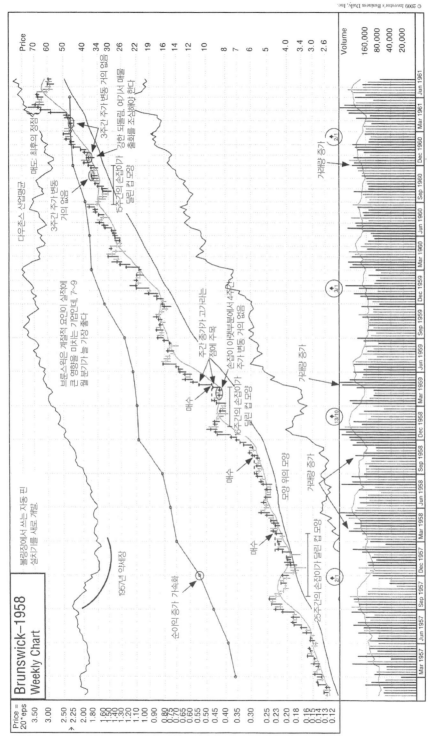

Brunswick 162주 동안 1500% 상승

Zenith Radio–1958
Weekly Chart

Price =
20*eps

Price
260
220
190
160
140
120
100
80
70
60
45
38
32
28
24
20
17
15
13
11
9

12
11
10
9.00
8.00
7.00
6.50
6.00
5.50
5.00
4.50
4.00
3.50
3.00
2.50
2.25
2.00
1.80
1.60
1.50
1.40
1.30
1.20
1.10
1.00
0.90
0.80
0.75
0.70
0.65
0.60
0.55
0.50
0.45
0.40

다우존스 산업평균

매도 최후의 정점

배꼽

매도 금지 최후의 정점이 아니라 8주간의 높이 치 솟은 깃발형이다

매수

4주간 주가 변동 거의 없음

5주간의 높이 치솟은 깃발형

모양의 바닥권에서 거래량이 전혀 늘지 않았다

10주 이동평균선으로 되돌림 때마다 3차례 모두 추가 매수

4주간의 손잡이가 달린 잔 모양

매수

2년 이상에 걸친 모양을 완성하려고 한다

모양 형성에 앞서 대규모 거래가 자주 이뤄지는 것을 보면 매수자는 노련한 금손 투자자다

거래량 급증

거래량 증가

모양의 골 부분에서 거래량이 밑바꿨다는 것은 더 이상 매도 물량이 없다는 것을 의미

Volume
80,000
50,000
30,000
18,000

Jun 1955 | Sep 1955 | Dec 1955 | Mar 1956 | Jun 1956 | Sep 1956 | Dec 1956 | Mar 1957 | Jun 1957 | Sep 1957 | Dec 1957 | Mar 1958 | Jun 1958 | Sep 1958 | Dec 1958 | Mar 1959 | Jun 1959 | Sep 1959

Zenith Radio 66주 동안 493% 상승

41

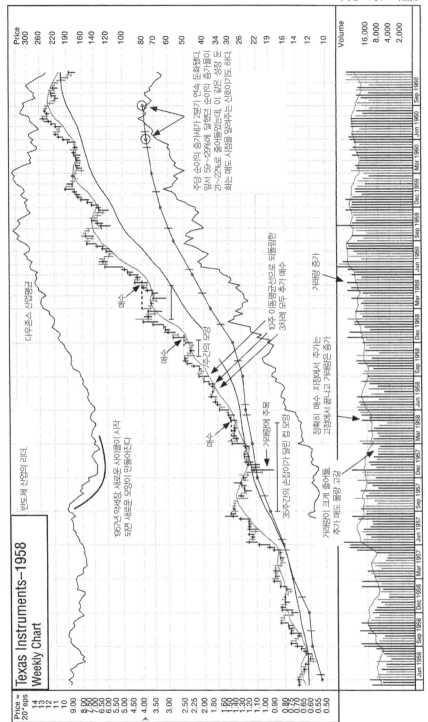

Texas Instruments 116주 동안 772% 상승

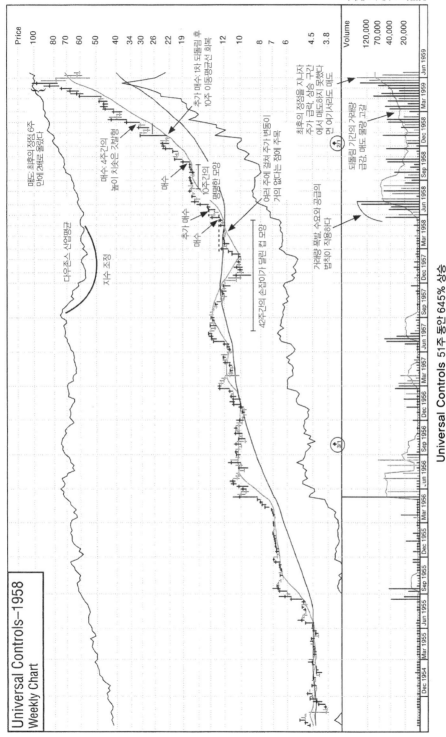

Universal Controls 51주 동안 645% 상승

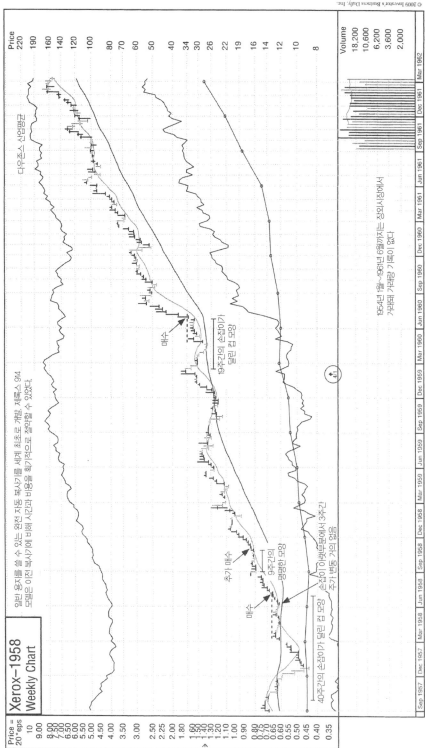

Xerox 188주 동안 1201% 상승

44

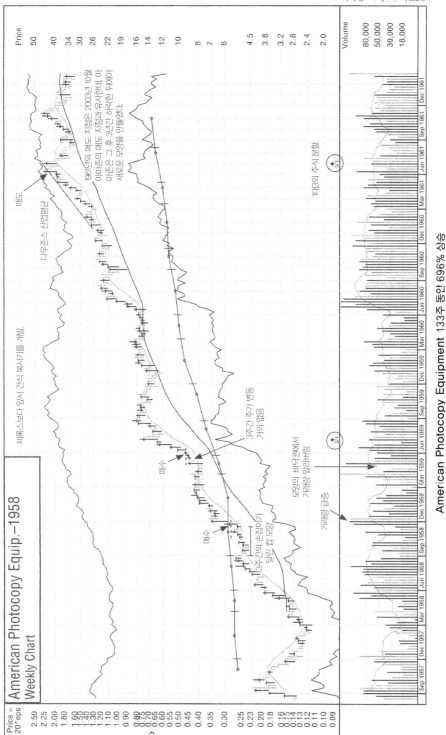

American Photocopy Equipment 133주 동안 696% 상승

Fairchild Camera & Instrument–1959
Weekly Chart

지화사인 페어차일드 세미컨덕터가 1957년 트랜지스터의 대량 생산 방식을 개발한 지 몇 년 만에 실리콘을 사용한 최초의 집적회로를 만들어낸.

다우존스 산업평균

Price
- 190
- 160
- 140
- 120
- 100
- 80
- 70
- 60
- 50
- 40
- 34
- 30
- 26
- 22
- 19
- 16
- 14
- 12
- 10
- 8

매수

15주간의 손잡이가 달린 컵 모양

주가 매수 지저 도움돌림 후 10주 이동평균선 회복

매수

10주간의 손잡이가 달린 컵 모양

이 같은 거래량 급증세를 수반하면 적어도 30%의 주가 상승을 기대할 수 있다

상승 추세를 앞두고 거래량 크게 증가

전주 대비 거래량 증가

거래량 증가 ②①

Volume
- 16,000
- 8,000
- 4,000
- 2,000

Mar 1956 | Jun 1956 | Sep 1956 | Dec 1956 | Mar 1957 | Jun 1957 | Sep 1957 | Dec 1957 | Mar 1958 | Jun 1958 | Sep 1958 | Dec 1958 | Mar 1959 | Jun 1959 | Sep 1959 | Dec 1959 | Mar 1960 | Jun 1960 | Sep 1960

Fairchild Camera & Instrument 73주 동안 582% 상승

Chrysler–1962
Weekly Chart

미국 3위의 자동차 제조업체

Price = 20*eps

다우존스 산업평균

매도: 초기적인 주가 상승 없는 대량 거래

재매수

매수

순잉이가 없는 킵 모양

36주간의 손잉이가 달린 컵 모양

매수

6주간의 평평한 모양

순이익 증가 가속화

매수

매도: 단기간에 15달러에서 34달러로 급등. 거래량 늘지 않으며 주가도 32 달러로 도로 주저앉음

16주 연속 주가 고점과 저점의 중간대에서 증가 형성

매물 출회 후 주가 고점과 저점의 중간대에서 증가 형성

거래량 증가하며 물량을 출회해나가는 대 주목

전주와 같은 주가 상승 없이 거래량만 증가

Price
140
120
100
80
70
60
50
40
34
30
26
22
19
16
14
12
10
8
7
6
5

Price
6.50
6.00
5.50
5.00
4.50
4.00
3.50
3.00

2.50
2.25
2.00
1.80
1.60
1.50
1.40
1.30
1.20
1.10
1.00
0.90
0.80
0.75
0.70
0.65
0.60
0.55
0.50
0.45
0.40
0.35
0.30
0.25
0.23

Volume
1,300,000
800,000
500,000
300,000
180,000

Dec 1960 | Mar 1961 | Jun 1961 | Sep 1961 | Dec 1961 | Mar 1962 | Jun 1962 | Sep 1962 | Dec 1962 | Mar 1963 | Jun 1963 | Sep 1963 | Dec 1963 | Mar 1964 | Jun 1964 | Sep 1964 | Dec 1964 | Mar 1965

Chrysler 51주 동안 215% 상승

National Airlines—1962
Weekly Chart

Price

120
100
80
70
60
50
40
34
30
26
22
19
16
14
12
10
8
7
6

4.5

Volume

130,000
70,000
40,000
20,000

프로펠러 비행기를 제트 엔진이 대체함에
따라 항공기 업종이 시장 주도주로 등장.

S&P 500 지수

지수 조정

4주간 주가 변동
거의 없음

매물 출회로 4월 저점인
35.75달러 아래로 하락

매수

모양 위의 모양

지수 조정

구바 미사일 위기로 인한 매물 출회 바로
다음주에 회복해 상승 추세로 복귀

매수

28주간의 순손이가 달린 컵 모양

매수

매물 출회로 인해 4월 첫 주의 저점 아래로
추락한 뒤 기관 매수세 대거 유입

거래량 증가

National Airlines 179주 동안 1004% 상승

Mar 1962 | Jun 1962 | Sep 1962 | Dec 1962 | Mar 1963 | Jun 1963 | Sep 1963 | Dec 1963 | Mar 1964 | Jun 1964 | Sep 1964 | Dec 1964 | Mar 1965 | Jun 1965 | Sep 1965 | Dec 1965 | Mar 1966 | Jun 1966 | Sep 1966

48

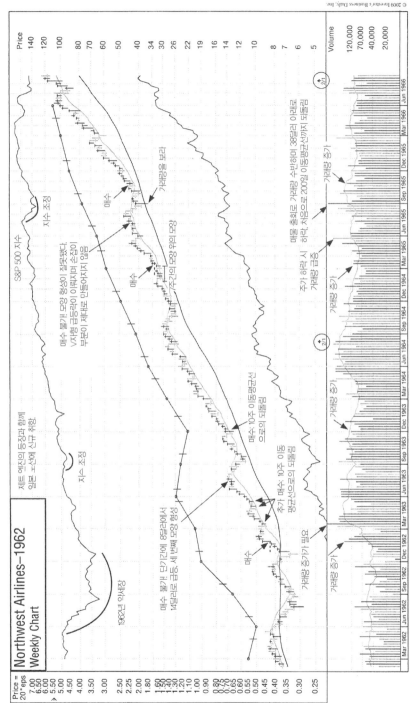

Northwest Airlines 186주 동안 1240% 상승

49

Xerox 168주 동안 660% 상승

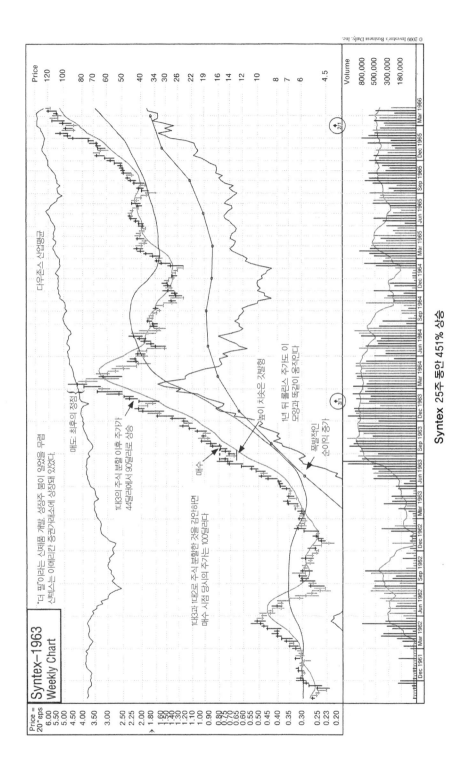

Syntex 25주 동안 451% 상승

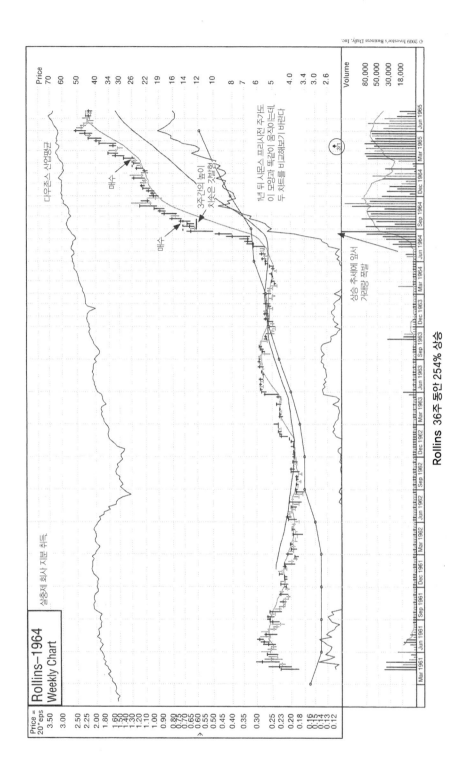

Rollins 36주 동안 254% 상승

52

Simmonds Precision—1965
Weekly Chart

Price = 20*eps

우주개발 프로그램에 사용되는
신형 컴퓨터 개발.

매도 초후의 정점

S&P 500 지수

지수 조정

앞서 똑같은 모양이 볼린스와
신테스에서 나타났다

매수

오른쪽 모양에서
3번의 되돌림 있
었으나 A-B-C로
저점을 높이면서

높이 지자이는
기반형

9주간의 손잡이가
달린 컵 모양

바닥을 친 주식 중
가 거래량 수반하
며 고점에 근접

거래량 증가

거래량 증가

1대3 주식 분할

거래량 증가

Price
58
50
44
39
34
30
26
23
20
17
15
13
12
10
9
8
7
6
5
4
4.3
3.8
3.3
2.9
2.5
2.2

Volume
80,000
50,000
30,000
18,000

Price = 20*eps
2.45
2.30
2.15
2.00
1.85
1.70
1.60
1.50
1.40
1.30
1.20
1.10
1.00
0.93
0.88
0.80
0.75
0.70
0.65
0.61
0.57
0.50
0.47
0.41
0.35
0.31
0.25
0.24
0.22
0.20
0.19
0.17
0.16
0.15
0.14
0.13
0.11

Mar 1962 | Jun 1962 | Sep 1962 | Dec 1962 | Mar 1963 | Jun 1963 | Sep 1963 | Dec 1963 | Mar 1964 | Jun 1964 | Sep 1964 | Dec 1964 | Mar 1965 | Jun 1965 | Sep 1965 | Dec 1965 | Mar 1966 | Jun 1966 | Sep 1966

Simmonds Precision 38주 동안 672% 상승

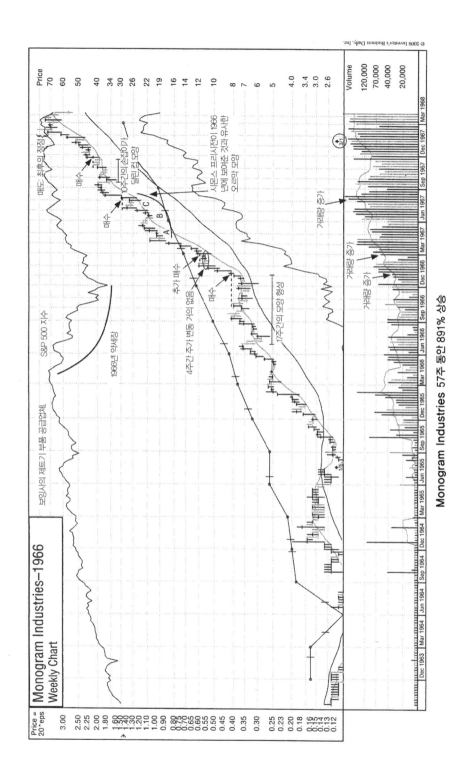

Monogram Industries 57주 동안 891% 상승

54

Price =
20*eps

Digital Equipment–1967
Weekly Chart

초고속 디지털 증형 컴퓨터와 각종
주변기기, 시험 설비를 제조.

S&P 500 지수

매수 불가 손잡이
부분이 쌔기행이다

매수

주간의 모양 형성

거래량 폭발

Price

190
160
140
120
100

80
70
60

50

40

34
30
26

22

19

16
14

12

10

8

7

Volume

140,000
80,000
40,000

9.00
8.00
7.00
6.50
6.00
5.50
5.00
4.50
4.00
3.50
3.00
2.50
2.25
2.00
1.80
1.60
1.50
1.40
1.30
1.20
1.10
1.00
0.90
0.80
0.75
0.70
0.65
0.60
0.55
0.50
0.45
0.40
0.35
0.30

3/1

Dec 1965 Mar 1966 Jun 1966 Sep 1966 Dec 1966 Mar 1967 Jun 1967 Sep 1967 Dec 1967 Mar 1968 Jun 1968 Sep 1968 Dec 1968 Mar 1969 Jun 1969 Sep 1969 Dec 1969 Mar 1970

Digital Equipment 156주 동안 743% 상승

Loews–1967 Weekly Chart

Price = 20*eps

제트기 등장으로 여행 수요가 급증하자 호텔 부족.
로우스는 극장 부지를 활용해 호텔을 건설.

S&P 500 지수

짧은 지수 조정

머리
왼쪽 어깨 오른쪽 어깨

매수

매수

1966년 약세장

매수

2주간의
이중 바닥 모양

매수

8주간의 손잡이가
없는 컵 모양

주가의
평평한 모양

추가 매수

매수

주가 매수 3주레의 반등 이
후 공매도 물량으로 10주
이동평균선 이래로 추락

9주간 3주간의 이중평균선으로 이뤄지다 되돌림

주가 매수 10주 이동평균선 거의 없음

3주간 주가 변동 거의 없음

45주간의 손잡이가 없는 컵 모양

매수 시점의 거래량

거래량 목불

거래량 증가

Price
60
50
40
34
30
26
22
19
16
14
12
10
8
7
6
5
4.0
3.4
3.0
2.6
2.2

Volume
160,000
80,000
40,000
20,000

3.00
2.50
2.25
2.00
1.80
1.60
1.50
1.40
1.30
1.20
1.10
1.00
0.90
0.80
0.75
0.70
0.65
0.60
0.55
0.50
0.45
0.40
0.35
0.30
0.25
0.23
0.20
0.18
0.16
0.15
0.14
0.13
0.12
0.11

Jun 1965 | Sep 1965 | Dec 1965 | Mar 1966 | Jun 1966 | Sep 1966 | Dec 1966 | Mar 1967 | Jun 1967 | Sep 1967 | Dec 1967 | Mar 1968 | Jun 1968 | Sep 1968 | Dec 1968 | Mar 1969 | Jun 1969 | Sep 1969

3/1

5/2

Loews 101주 동안 1025% 상승

Mattel 66주 동안 441% 상승

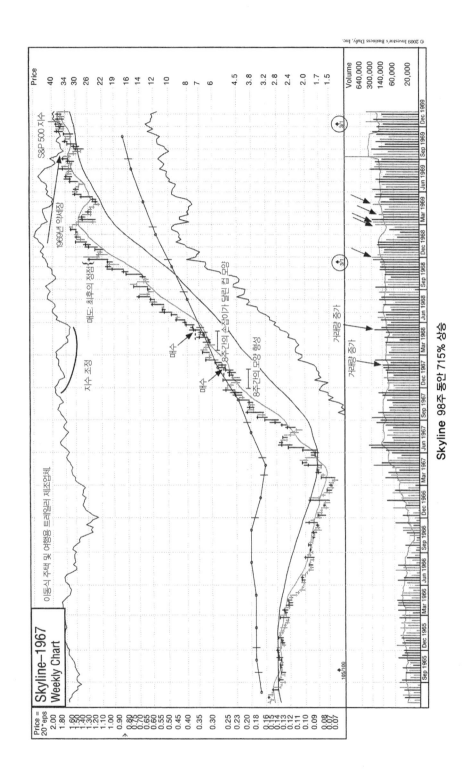

Skyline 98주 동안 715% 상승

58

Price = 20*eps

Price: 50, 40, 34, 30, 26, 22, 19, 16, 14, 12, 10, 8, 7, 6, 5, 4.0, 3.4, 3.0, 2.6, 2.2, 1.8

2.50, 2.25, 2.00, 1.80, 1.60, 1.50, 1.40, 1.30, 1.20, 1.10, 1.00, 0.90, 0.80, 0.75, 0.70, 0.65, 0.60, 0.55, 0.50, 0.45, 0.40, 0.35, 0.30, 0.25, 0.23, 0.20, 0.18, 0.16, 0.15, 0.14, 0.13, 0.12, 0.11, 0.09, 0.09

Redman Industries-1968
Weekly Chart

이동식 주택의 선두 기업이자
알루미늄 제조업체

S&P 500 지수

지수 조정

주가 매수 앞서 3주간
주가 변동 거의 없음

매수

매수

C
B
A

둥근 모양: 지수 조정 기간 중 3배의 거래량
있었으나 매번 저점과 고점이 높아짐

13주간의 순장이가
둥글 컵 모양

상승세에 앞서
거래량 급증

Volume: 80,000, 40,000, 20,000

2/1

4/3

Mar 1965 | Jun 1965 | Sep 1965 | Dec 1965 | Mar 1966 | Jun 1966 | Sep 1966 | Dec 1966 | Mar 1967 | Jun 1967 | Sep 1967 | Dec 1967 | Mar 1968 | Jun 1968 | Sep 1968 | Dec 1968 | Mar 1969 | Jun 1969 | Sep 1969

Redman Industries 49주 동안 683% 상승

59

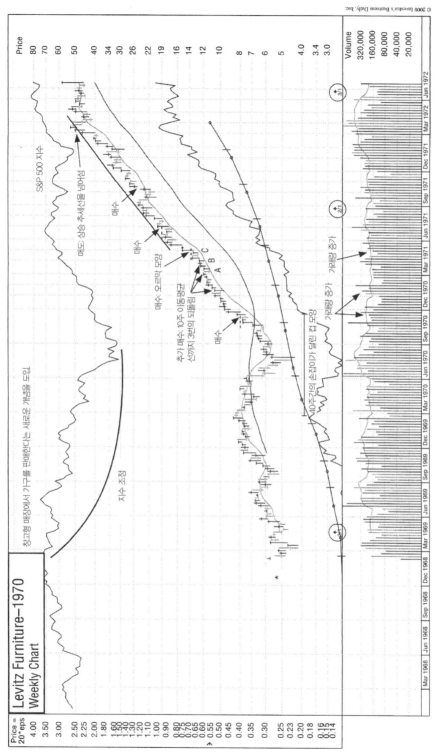

Levitz Furniture 87주 동안 608% 상승

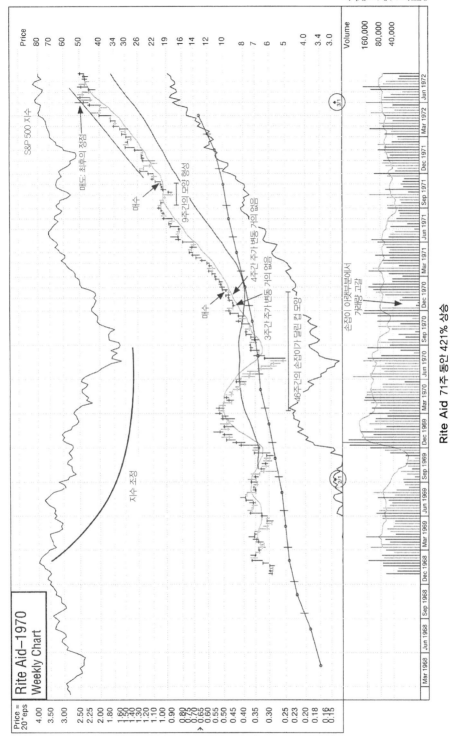

Rite Aid 71주 동안 421% 상승

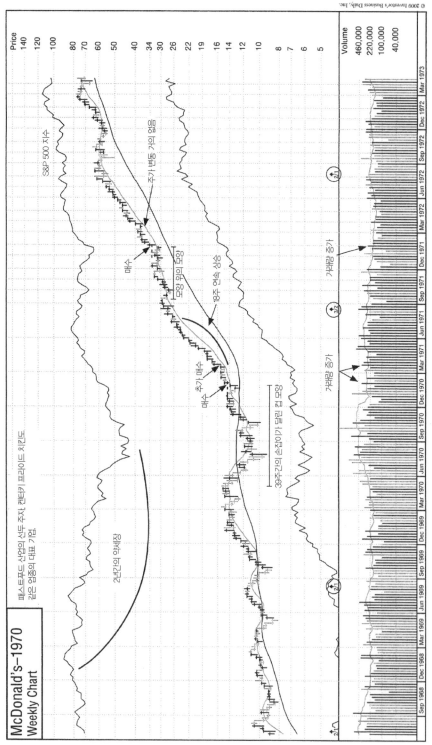

McDonald's 108주 동안 422% 상승

Sambos Restaurants 104주 동안 458% 상승

63

Sea Containers 59주 동안 448% 상승

64

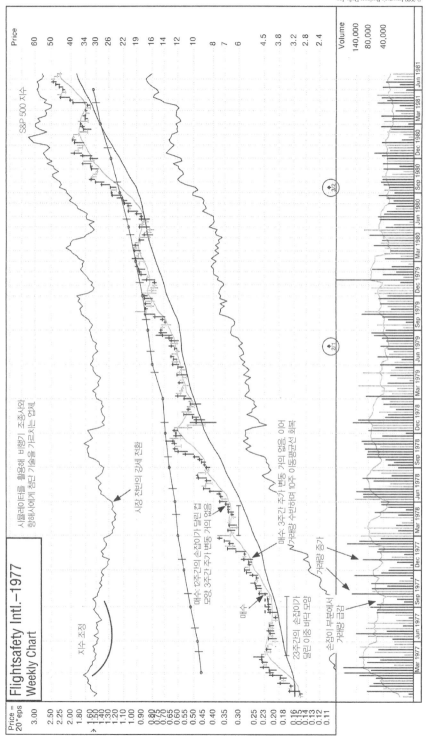

Flightsafety International 195주 동안 958% 상승

Wang Laboratories 139주 동안 1348% 상승

66

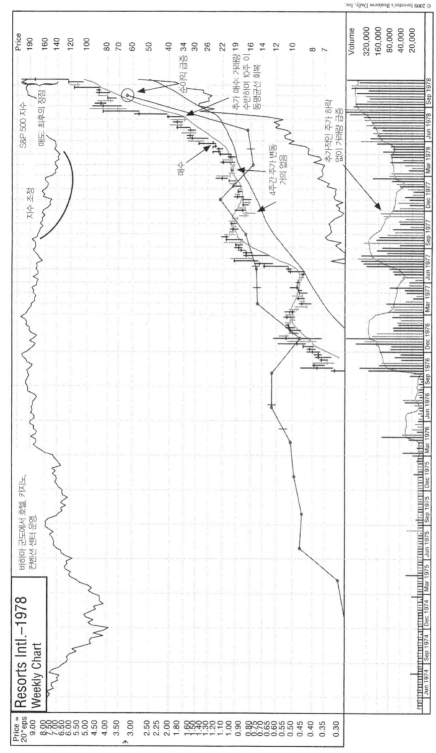

Resorts International 24주 동안 630% 상승

67

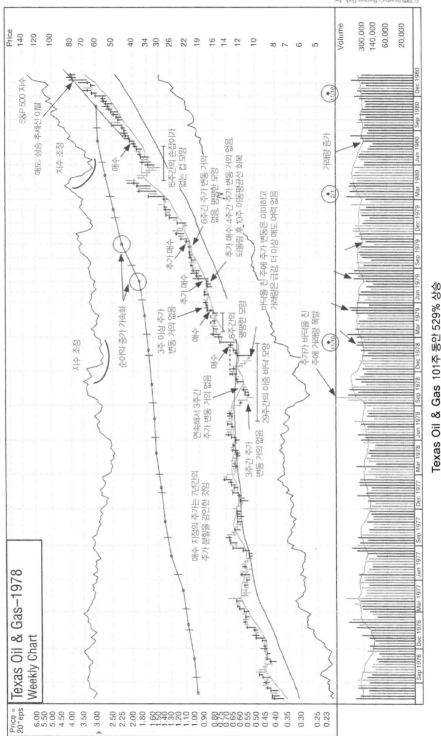

Texas Oil & Gas 101주 동안 529% 상승

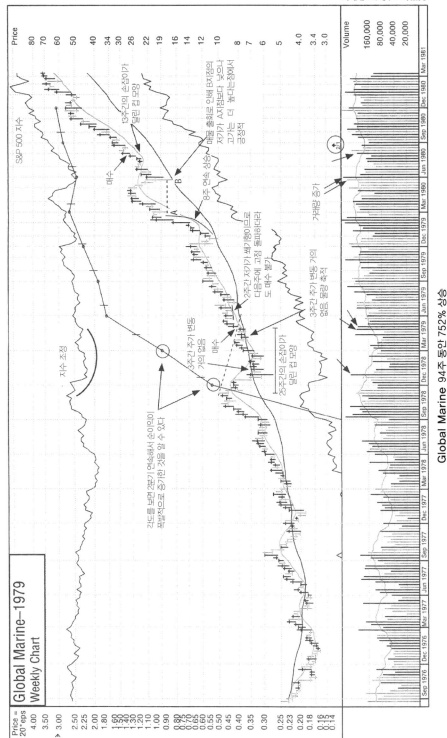

Global Marine 94주 동안 752% 상승

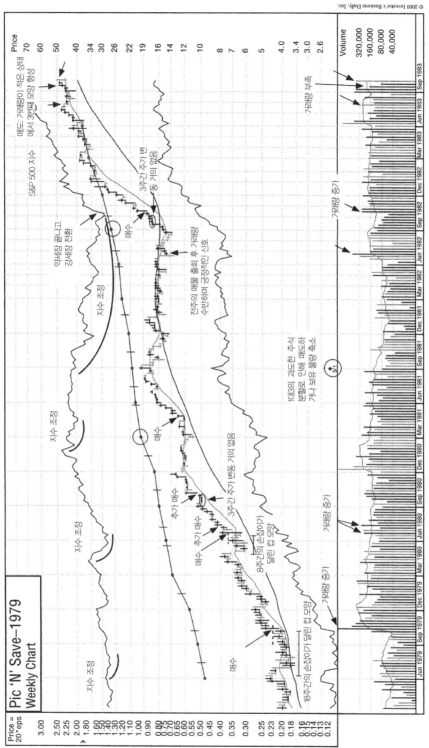

Pic 'N' Save 206주 동안 546% 상승

Wal-Mart Stores 158주 동안 882% 상승

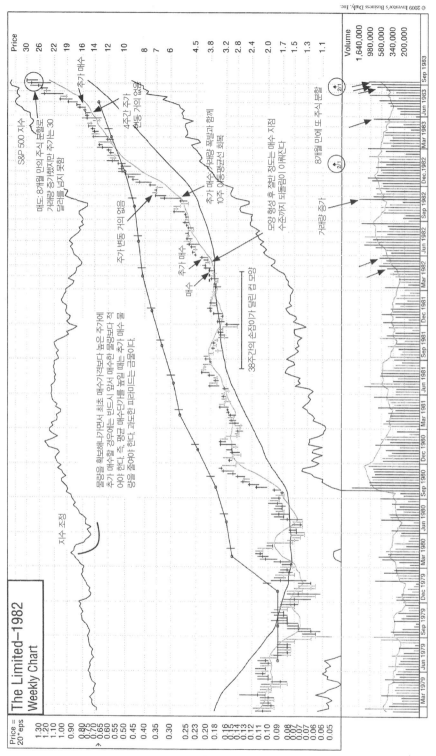

The Limited 71주 동안 673% 상승

Home Depot 64주 동안 892% 상승

73

Price Co-1982
Weekly Chart

Price = 20*eps

7.00	
6.50	
6.00	
5.50	
5.00	
4.50	
4.00	
3.50	
3.00	
2.50	
2.25	
2.00	
1.80	
1.60	
1.50	
1.40	
1.30	
1.20	
1.10	
1.00	
0.90	
0.80	
0.75	
0.70	
0.65	
0.60	
0.55	
0.50	
0.45	
0.40	
0.35	
0.30	
0.25	

Price
140
120
100
80
70
60
40
26
22
19
16
14
12
10
8
7
6
5

S&P 500 지수

지수 조정

3주간 주가 변동 거의 없음

추가 매수

매수

4주간 주가 변동 거의 없음

3주간 주가 변동 거의 없음

추가 매수·3주간 주가 변동 거의 없음

추가 매수

매수

추가 매수: 3주간 주가 변동 거의 없음

추가 매수

매수

1차 저점 하회 후
150달러 반등 시 매수

1차 저점 하회 후
150달러 반등 시 매수

1차 저점
145달러

주가 매수 되돌림 후
1주 이동평균선 회복

매물 출회로 1차
저점 하회

주가 변동
거의 없음

36주간의 이중 바닥 모양

제시 리버모어가 제시한 매수 원칙의 전형적인 사례(매물 출회로
30달러 이래로 떨어진 주가가 다시 33달러를 넘어서면 매수한다
는 게 리버모어의 원칙이다). 15달러 수준에서 오래 머물던 주가
가 14.50달러를 깨뜨렸으나 곧 1차 저점보다 150달러 높은 6달
러를 회복한 시점에서 매수. 10주 뒤 손잡이가 달린 이중 바닥 모
양을 완성하고 거래량도 폭발한 19.75달러에서 추가 매수. 최초
매수 시점의 자기자본 이익률은 55.4%에 달했고, 연간 순이익 증
가율 100%를 넘었다.

Volume
300,000
160,000
80,000
40,000
20,000

거래량 증가

거래량 폭발

거래량 증가

이 시기에는 샌디에이고
주식시장에서만 거래

3/1

Mar 1979	Jun 1979	Sep 1979	Dec 1979	Mar 1980	Jun 1980	Sep 1980	Dec 1980	Mar 1981	Jun 1981	Sep 1981	Dec 1981	Mar 1982	Jun 1982	Sep 1982	Dec 1982	Mar 1983	Jun 1983

Price Company 60주 동안 417% 상승

74

Shop & Shop 74주 동안 536% 상승

75

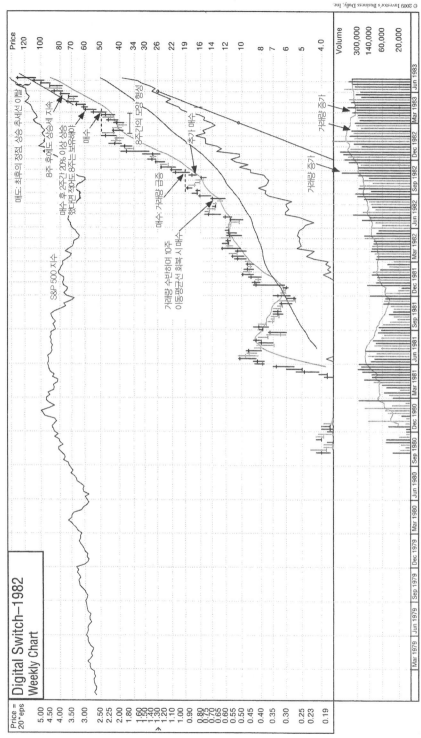

Digital Switch 46주 동안 843% 상승

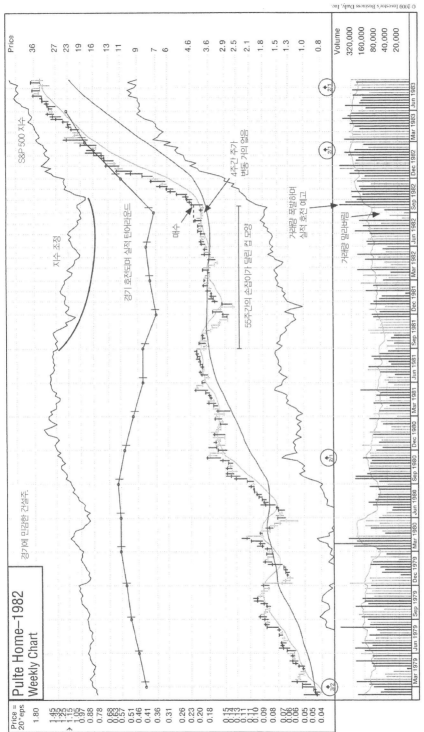

Pulte Home 47주 동안 733% 상승

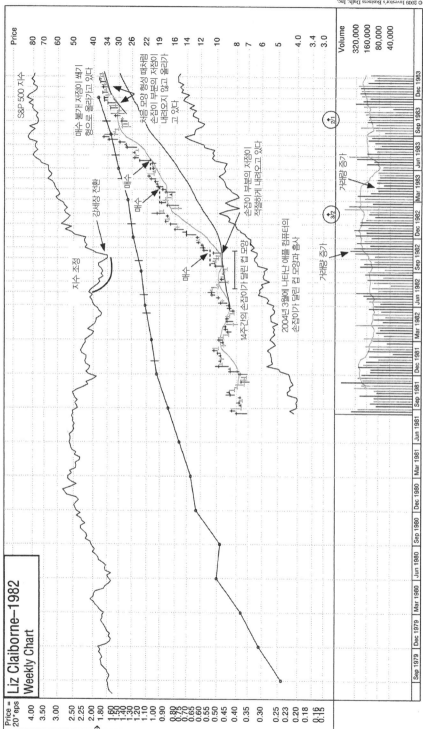

Liz Claiborne 43주 동안 211% 상승

78

Franklin Resources 78주 동안 811% 상승

79

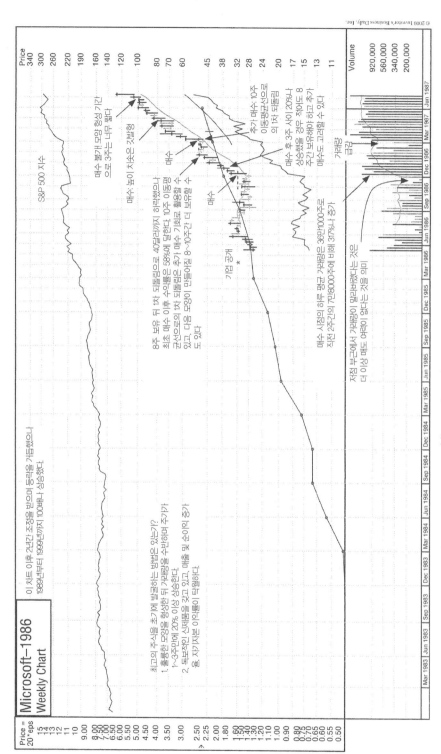

Microsoft 30주 동안 272% 상승

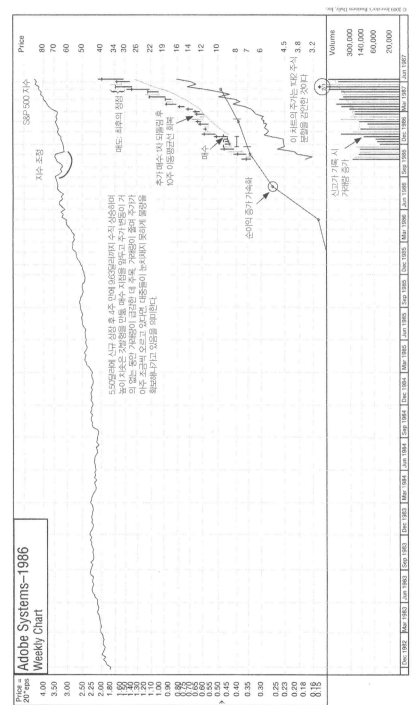

Adobe Systems 23주 동안 307% 상승

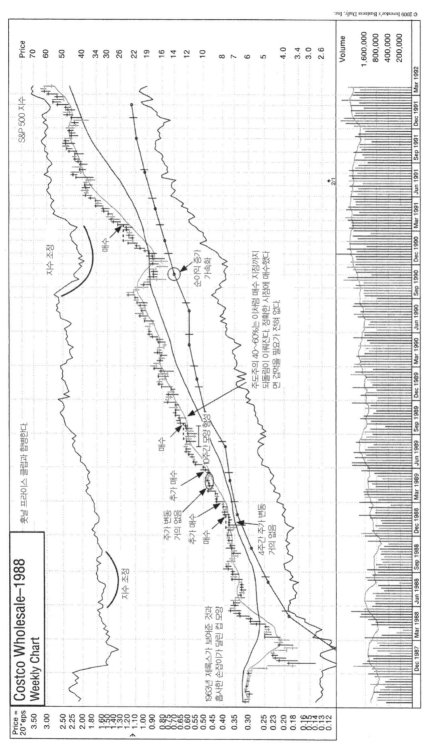

Costco Wholesale 163주 동안 712% 상승

Microsoft-1989
Weekly Chart

Price = 20*eps

Price	Price	Volume
10	220	13,000,000
9.00	190	8,000,000
8.00	160	5,000,000
7.00	140	3,000,000
6.50	120	1,800,000
6.00	100	
5.50	80	
5.00	70	
4.50	60	
4.00	50	
3.50	40	
3.00	34	
2.50	30	
2.25	26	
2.00	22	
1.80	19	
1.60	16	
1.40	14	
1.30	12	
1.20	10	
1.10	8	
1.00		
0.90		
0.80		
0.75		
0.70		
0.65		
0.60		
0.55		
0.50		
0.45		
0.40		
0.35		

S&P 500 지수

지수 조정

매수 불가! 모양 형성 후 세 번째 상승 국면으로 실패 가능성

매수

바닥권 이탈

매수 3차 모양은 제대로 형성됐다. 손잡이 부분이 주가가 짧이 위부분에서 만들어져 적절하게 내려감

25주간 모양 형성

매수 불가! 2차 모양 실패, 손잡이의 주가가 짧이 아랫부분에서 움직임, 200일 이동평균선 하회

1990년 1월 컵모양 1차와 2차 모양 실패 후 3차 모양에서 성공하는 똑같은 모습을 보여주는데, 컵모양 주가는 그 뒤 1년간 20배나 상승했다. 역사적 잔재는 0읽게 훌륭한 기준점을 제공한다.

매수 불가! 모양이 너무 느슨하고 매수 지점에서 거래량이 적다. 1차 모양 실패

바닥권 이탈 시 거래량 폭발

손잡이 끝부분에서 거래량 얇아버림

Volume

| Sep 1987 | Dec 1987 | Mar 1988 | Jun 1988 | Sep 1988 | Dec 1988 | Mar 1989 | Jun 1989 | Sep 1989 | Dec 1989 | Mar 1990 | Jun 1990 | Sep 1990 | Dec 1990 | Mar 1991 | Jun 1991 | Sep 1991 | Dec 1991 | Mar 1992 |

Microsoft 121주 동안 517% 상승

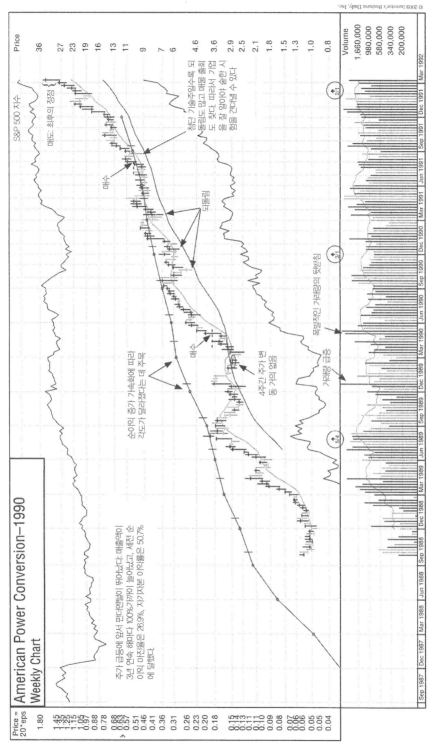

American Power Conversion 96주 동안 745% 상승

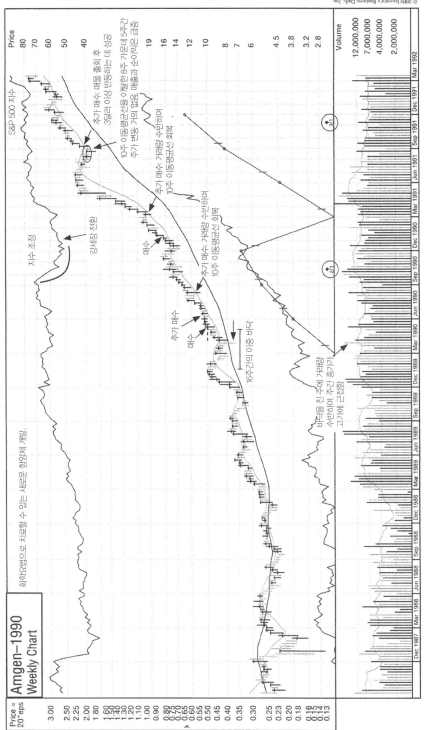

생화학법으로 치료할 수 있는 새로운 항암제 개발

Amgen-1990
Weekly Chart

Price = 20*eps

S&P 500 지수

지수 조정

강세장 전환

매수

주가 매수

매수

16주간의 이중 바닥

바닥을 친 주에 거래량 수반하며 주가 종기가 고가에 근접함

주가 매수 거래량 수반하며 10주 이동평균선 회복

주가 매수 거래량 수반하며 10주 이동평균선 회복

주가 매수 매물 출회 후 3달러 이상 반등하는 데 성공

10주 이동평균선을 이탈한 8주 기반내 5주간 주가 변동 거의 없음 매출과 순이익은 급증

Amgen 96주 동안 681% 상승

© 2009 Investor's Business Daily, Inc.

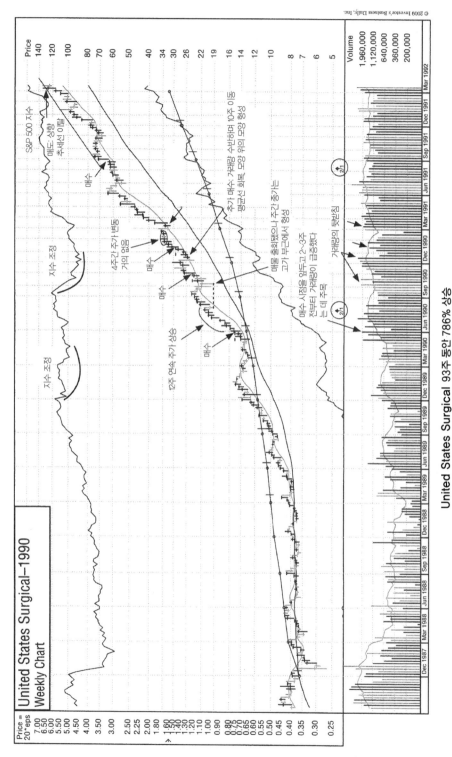

United States Surgical 93주 동안 786% 상승

Healthcare Compare 61주 동안 540% 상승

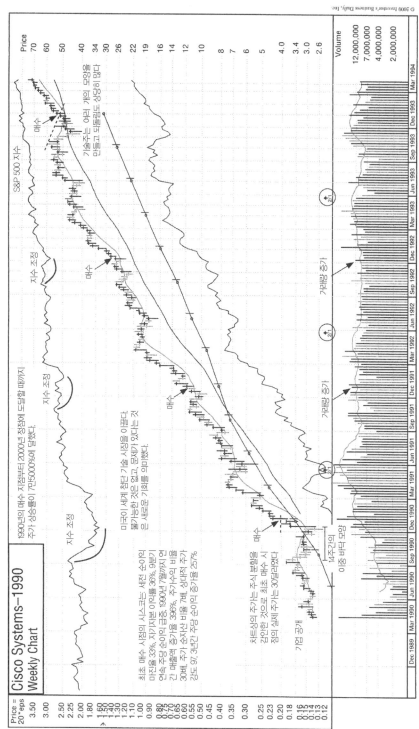

Cisco Systems 169주 동안 1602% 상승

88

Newbridge Networks 49주 동안 699% 상승

Newbridge Networks—1992
Weekly Chart

S&P 500 지수

매도 상황 추세선 이틀

주가 매수: 3주간 주가 변동 거의 없음. 최초 매수 지점까지 일시 후퇴한 뒤 곧바로 회복

매수

22주간의 모양 형성

주가 매수 2차 되돌림 있었으나 거래량 수반하며 10주 이동평균선 회복분기 순이익 증가율 660%

거래량 급증

거래량 감소

거래량 고갈

89

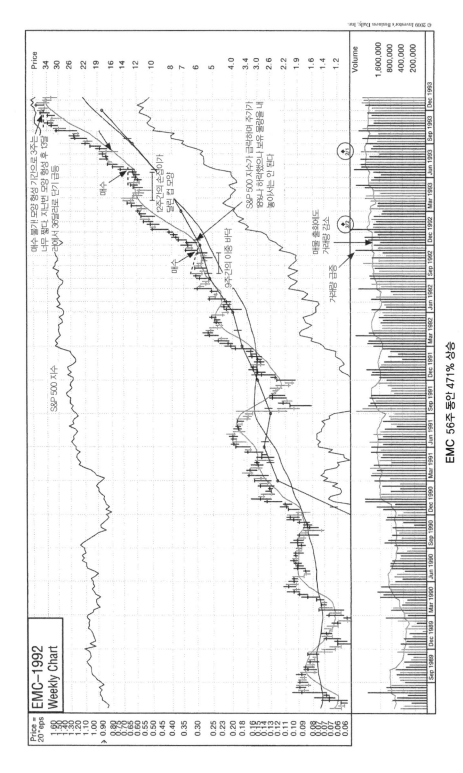

EMC 56주 동안 471% 상승

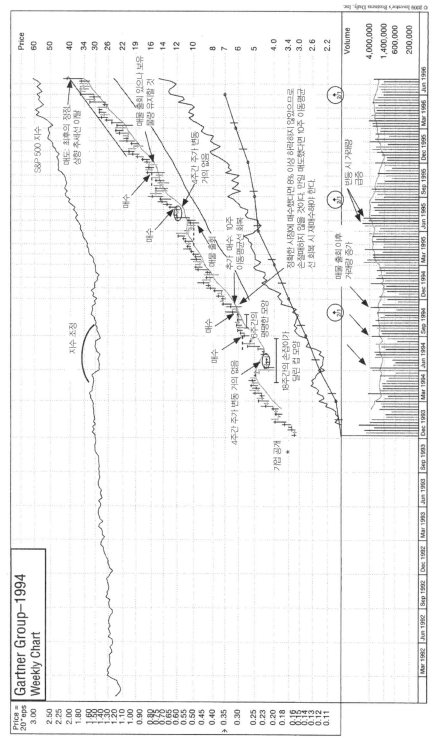

Gartner Group 98주 동안 667% 상승

91

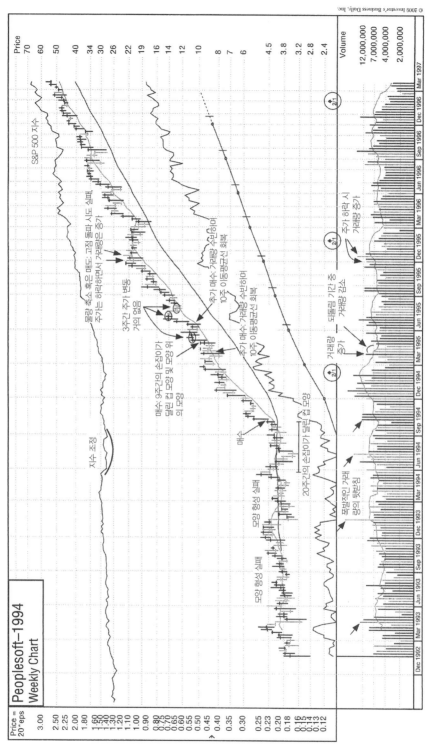

Peoplesoft 129주 동안 1145% 상승

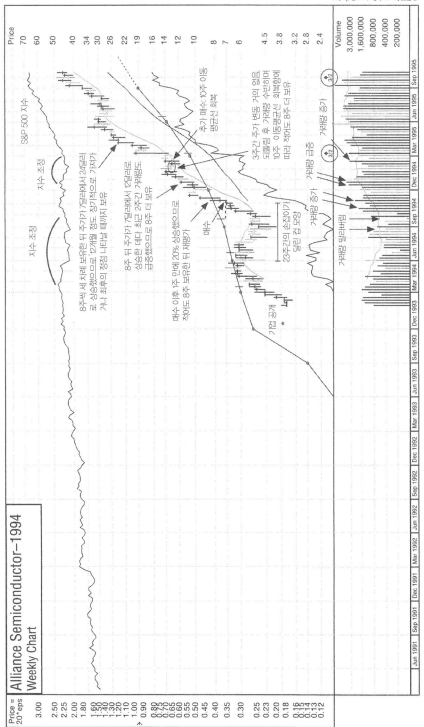

Alliance Semiconductor 47주 동안 539% 상승

America Online–1994
Weekly Chart

Price = 20*eps

S&P 500 지수

지수 조정

처음 두 번의 모양 실패 후 3차 모양은 적절한 매물 출회와 함께 세기형이 아닌 손잡이를 만들며 성공했다

매수 돌파 차트가 너무 느슨하고 손잡이 부분이 세기형이다

매수

매물 출회. 그러나 주가는 하락폭의 40% 이상 만회

주간의 손잡이가 달린 컵 모양

세기형

거래량 증가

바닥권에서 주간 증가는 유지, 거래량 증가하며 주가 하락 없음

Price
60
50
40
34
30
26
22
19
16
14
12
10
8
7
6
5
4.0
3.4
3.0
2.6
2.2

Volume
13,000,000
7,000,000
4,000,000
2,000,000

Price
3.00
2.50
2.25
2.00
1.80
1.60
1.50
1.40
1.30
1.20
1.10
1.00
0.90
0.80
0.70
0.65
0.60
0.55
0.50
0.45
0.40
0.35
0.30
0.25
0.23
0.20
0.18
0.16
0.14
0.13
0.12
0.11

Mar 1992 | Jun 1992 | Sep 1992 | Dec 1992 | Mar 1993 | Jun 1993 | Sep 1993 | Dec 1993 | Mar 1994 | Jun 1994 | Sep 1994 | Dec 1994 | Mar 1995 | Jun 1995 | Sep 1995 | Dec 1995 | Mar 1996 | Jun 1996

America Online 75주 동안 570% 상승

94

Ascend Communications–1994 Weekly Chart

Price = 20*eps

Price	Price
2.45	56
2.25	48
2.10	42
1.95	36
1.80	31
1.65	27
1.50	23
1.40	20
1.30	17
1.20	15
1.10	13
1.00	11
0.93	10
0.85	8
0.78	7
0.72	6
0.68	5
0.63	4
0.58	4.3
0.50	3.7
0.46	3.2
0.40	2.8
0.37	2.4
0.31	2.1
0.27	1.8
0.25	1.6
0.23	
0.21	
0.20	
0.18	
0.16	
0.15	
0.14	
0.13	
0.12	
0.11	
0.10	
0.09	
0.09	
0.08	
0.07	

Volume: 8,000,000 · 5,000,000 · 3,000,000 · 1,800,000

S&P 500 지수

강세장 전환

매수

주가 매수 거래량 수반하며 10주 이동평균선 회복

5주간 주가 변동 거의 없음 금상승

이후에도 여전히 물량 확보

5주간의 첫 모양 및 모양 위의 모양

순이익 증가 기속화

거래량 증가

기업 공개

추가적인 주가 하락 없이 거래량 급증

Mar 1992 | Jun 1992 | Sep 1992 | Dec 1992 | Mar 1993 | Jun 1993 | Sep 1993 | Dec 1993 | Mar 1994 | Jun 1994 | Sep 1994 | Dec 1994 | Mar 1995 | Jun 1995 | Sep 1995 | Dec 1995 | Mar 1996 | Jun 1996

Ascend Communications 75주 동안 1384% 상승

95

Accustaff 68주 동안 1359% 상승

96

J L G Industries 53주 동안 670% 상승

Price = 20*eps

Price = 20*eps	Price
4.50	80
4.00	70
3.50	60
3.00	50
2.50	40
2.25	34
2.00	30
1.80	26
1.60	22
1.50	19
1.40	
1.30	16
1.20	14
1.10	12
1.00	
0.90	10
0.80	
0.75	8
0.70	7
0.65	
0.60	6
0.55	
0.50	
0.45	
0.40	4.5
0.35	
0.30	3.8
0.25	
0.23	3.2
0.20	
0.18	
0.16	
0.15	

Dell Computer–1996
Weekly Chart

Price

Volume
80,000,000
50,000,000
30,000,000
18,000,000

S&P 500 지수

순이익 증가 기속화

5주간 주가 변동 거의 없음

매수

주가 매수

추가 매수

매수

주가 매수 거래량 수반하며
10주 이동평균선 회복

추가 매수: 10주
이동평균선 회복

주간의 좁 모양

3주 연속 주간 주가
변동 거의 없음 하
락세로 접어들었으
나 거래량 증가하며
주가 하락 없다는
것은 긍정적인 신호

주간 증가가 고가로 끝나며
거래량 증가 필요

Sep 1993 | Dec 1993 | Mar 1994 | Jun 1994 | Sep 1994 | Dec 1994 | Mar 1995 | Jun 1995 | Sep 1995 | Dec 1995 | Mar 1996 | Jun 1996 | Sep 1996 | Dec 1996 | Mar 1997 | Jun 1997 | Sep 1997 | Dec 1997

Dell Computer 61주 동안 587% 상승

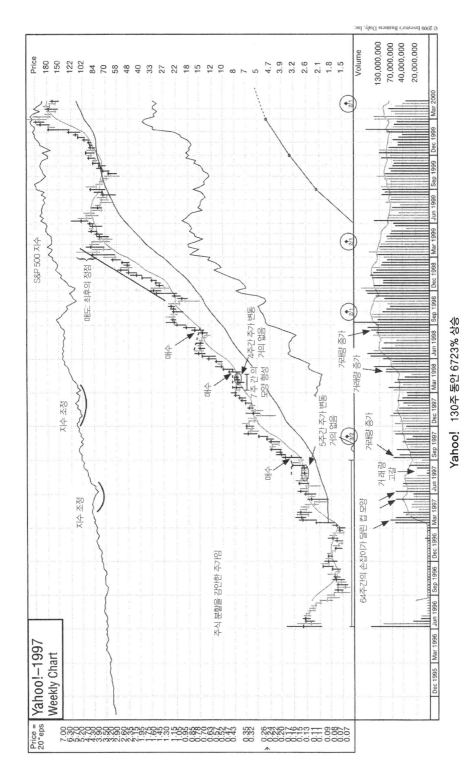

Yahoo! 130주 동안 6723% 상승

99

Price = 20*eps

Charles Schwab-1998
Weekly Chart

인터넷을 통한 주식거래 중개의 선구자.

S&P 500 지수

매도 초류의 정점

Price
140
120
100
80

강세장 전환 후 새로운 추세 진입

3.00

최고가를 기록한 날 주요 증권사들은 목표가를 50달러 이상 올렸다

최초 매수 지점 29달러 이후 최고가 150일러를 기록할 때까지 단 한번도 10주 이동평균선까지 내려오지 않았다

40
2.00
1.80

매수

34

최초 매수 가격보다 8% 이성 하락하지 않았며 되돌림도 견뎌낼 수 있다

22

19

거래량 수반하며 주간 증가가 고가에서 마감

매물 출회군 10주 전 주가를 하회

12주간의 손절이가 닮인 컵 모양

약세장에서는 손절이 부분에서 8~12% 조 정도 괜찮다

12

10

8
7

거래량 폭발과 함께 주가는 하락

전주 대비 거래량 급증했으나 주가 하락폭은 미미했고, 주간 증가가 고가에 근접

6

5

Volume
12,000,000
7,000,000
4,000,000
2,000,000

Mar 1995 | Jun 1995 | Sep 1995 | Dec 1995 | Mar 1996 | Jun 1996 | Sep 1996 | Dec 1996 | Mar 1997 | Jun 1997 | Sep 1997 | Dec 1997 | Mar 1998 | Jun 1998 | Sep 1998 | Dec 1998 | Mar 1999 | Jun 1999

Charles Schwab 26주 동안 409% 상승

6.50
6.00
5.50
5.00
4.50
4.00
3.50
2.50
2.25

1.60
1.50
1.40
1.30
1.20
1.10
1.00
0.90
0.80
0.70
0.65
0.60
0.55
0.50
0.45
0.40
0.35
0.30
0.25
0.23

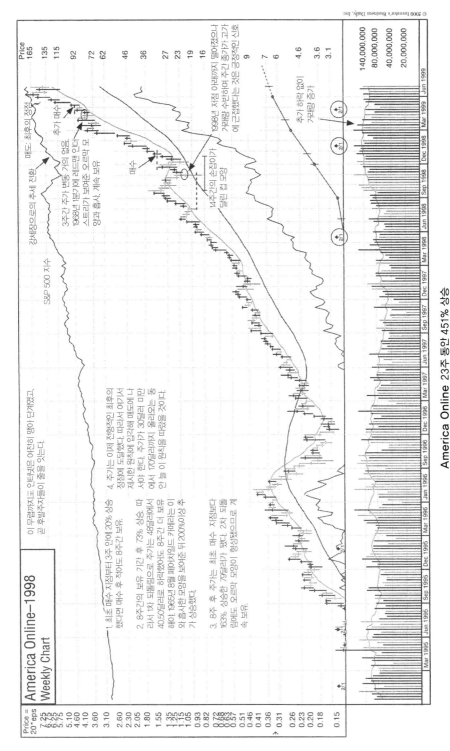

America Online 23주 동안 451% 상승

J D S Uniphase 66주 동안 1946% 상승

Qualcomm 45주 동안 2091% 상승

Taro Pharmaceutical 39주 동안 382% 상승

Taro Pharmaceutical–2000
Weekly Chart

Price =
20*eps

Price

S&P 500 지수

지수 조정

매수

3주간 주가 변동 거의 없음

4주간 주가 변동 거의 없음

매물 출하 2주만에
30달러에서 23달러
로 하락했으나 주간
종가가 고가에 근접
하고 곧 10주 이동평
균선을 회복

손잡이가 달린 컵 모양

거래량 증가는 매우
중요한 단서

Volume

104

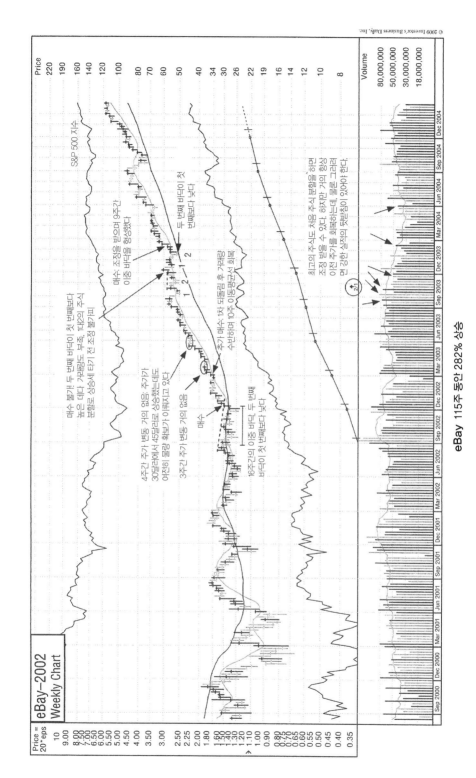

eBay 115주 동안 282% 상승

Price = 20*eps

Deckers Outdoor–2003
Weekly Chart

Price

60
50
40
34
30
26
22
19
16
14
12
10
8
7
6
5
4.0
3.4
3.0
2.6
2.2

2.50
2.25
2.00
1.80
1.60
1.50
1.40
1.30
1.20
1.10
1.00
0.90
0.80
0.70
0.65
0.60
0.55
0.50
0.45
0.40
0.35
0.30
0.25
0.23
0.20
0.18
0.16
0.15
0.14
0.13
0.12
0.11
0.10

S&P 500 지수

추가 매수 거래량 수반하며
10주 이동평균선 회복

매도
매수
반등일
매수

지수 조정

순이익 증가 가속화

Volume

1,660,000
980,000
580,000
340,000
200,000

거래량 급증

Sep 2000 | Dec 2000 | Mar 2001 | Jun 2001 | Sep 2001 | Dec 2001 | Mar 2002 | Jun 2002 | Sep 2002 | Dec 2002 | Mar 2003 | Jun 2003 | Sep 2003 | Dec 2003 | Mar 2004 | Jun 2004 | Sep 2004 | Dec 2004

Deckers Outdoor 88주 동안 766% 상승

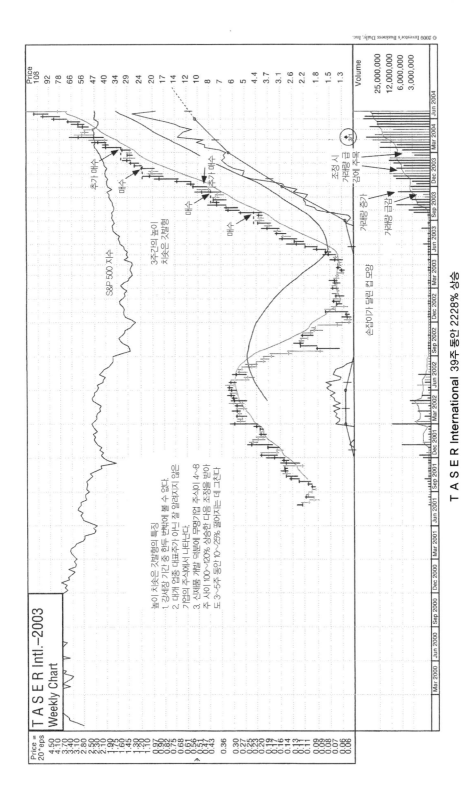

T A S E R International 39주 동안 2228% 상승

107

Price =
20*eps
12
11
10
9.00
8.00
7.50
7.00
6.50
6.00
5.50
5.00
> 4.50
4.00
3.50
3.00
2.50
2.25
2.00
1.80
1.60
1.40
1.30
1.20
1.10
1.00
0.90
0.80
0.75
0.70
0.65
0.60
0.55
0.50
0.45
0.40

Apple-2004
Weekly Chart

Price
260
220
190
160
140
120
100
80
70
60
45
38
32
28
24
20
17
15
13
11
9

매수 불가. 신고가 기록. 했으나 거래량 적음 · 매도

S&P 500 지수

매수

추가 매수

매수

매수 불가. 3주는 모양 형성 기간으로 너무 짧고, 주가 거의 이미 100%나 상승했다

추가 매수

매수 불가. 4번째 모양을 만드는 국면이다

매수

매수: 8주간 모양 위의 모양

6주간 주가 변동 거의 없음

매수

완벽한 손잡이가 달린 컵 모양

거래량 급증, 긍정적 단서

Apple 199주 동안 1418% 상승

Volume
140,000,000
80,000,000
40,000,000
20,000,000

Dec 2003 | Mar 2004 | Jun 2004 | Sep 2004 | Dec 2004 | Mar 2005 | Jun 2005 | Sep 2005 | Dec 2005 | Mar 2006 | Jun 2006 | Sep 2006 | Dec 2006 | Mar 2007 | Jun 2007 | Sep 2007 | Dec 2007 | Mar 2008

2/1

© 2009 Investor's Business Daily, Inc.

108

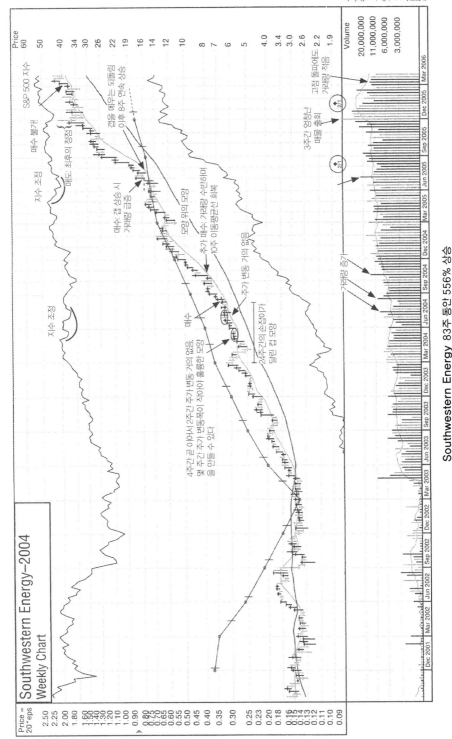

Southwestern Energy 83주 동안 556% 상승

C B Richard Ellis 149주 동안 538% 상승

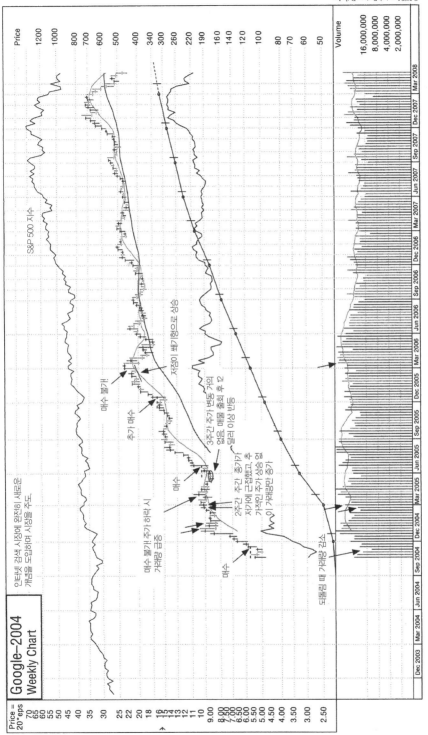

Google 164주 동안 536% 상승

III

Hansen Natural 86주 동안 1219% 상승

Titanium Metals 49주 동안 764% 상승

113

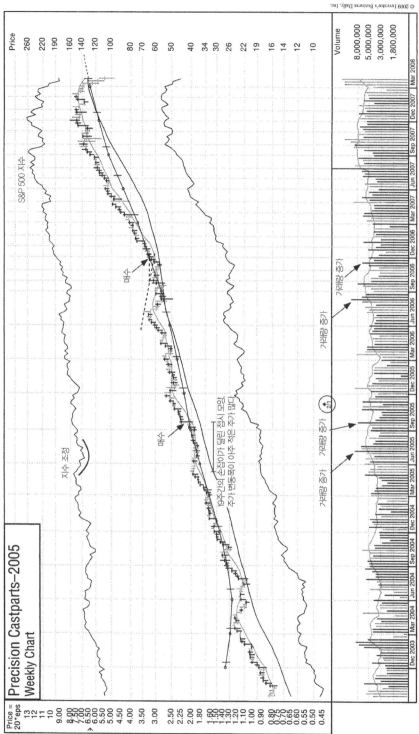

Precision Castparts 115주 동안 259% 상승

Price =
20*eps

Intuitive Surgical–2005
Weekly Chart

S&P 500 지수

지수 조정   지수 조정

지수 조정

매도 거래량 급증하며
10주 이동평균선 하회

매수

추가 매수

매수

저점이 쐐기형으로 상승

15주간의 손잡이가
달린 컵 모양

주당 순이익 상승세 전환

거래량 폭발

거래량 증가

Price
340
300
260
220
190
160
140
120
100
80
70
60
50
40
34
30
26
22
19
16
14
12

16
15
14
13
12
11
10
9.00
8.00
7.00
6.50
6.00
5.50
5.00
4.50
4.00
3.50
3.00
2.50
2.25
2.00
1.80
1.60
1.50
1.40
1.30
1.20
1.10
1.00
0.90
0.80
0.75
0.70
0.65
0.60
0.55

Volume
8,000,000
5,000,000
3,000,000
1,800,000

Sep 2003 Dec 2003 Mar 2004 Jun 2004 Sep 2004 Dec 2004 Mar 2005 Jun 2005 Sep 2005 Dec 2005 Mar 2006 Jun 2006 Sep 2006 Dec 2006 Mar 2007 Jun 2007 Sep 2007 Dec 2007

Intuitive Surgical 123주 동안 418% 상승

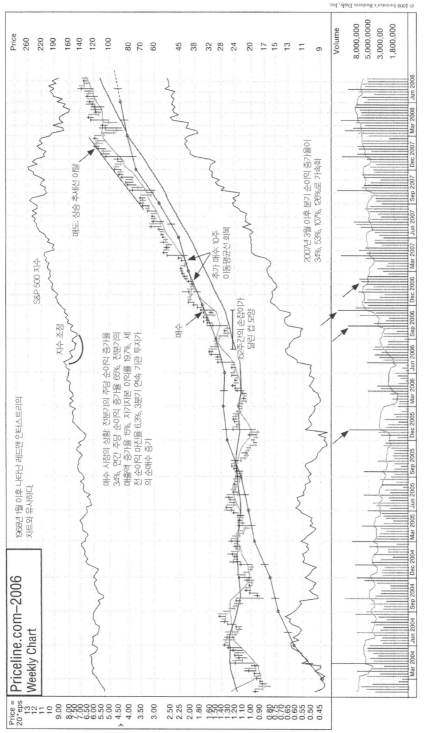

Priceline.com 85주 동안 320% 상승

116

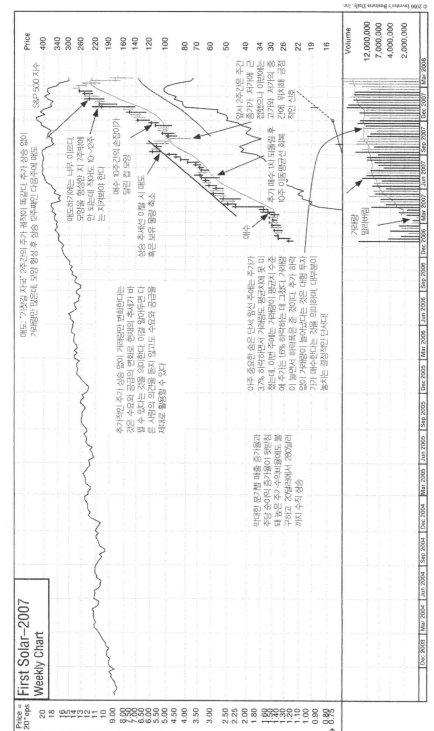

First Solar 47주 동안 807% 상승

117

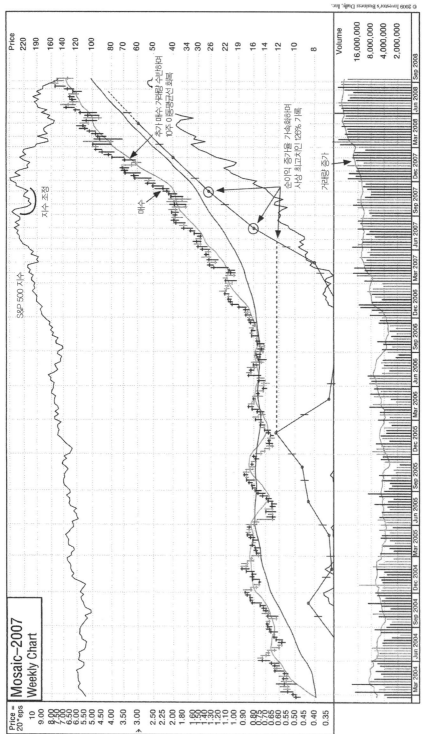

© 2009 Investor's Business Daily, Inc.

Mosaic 40주 동안 265% 상승

118

종목 선정과 타이밍 포착을 위한 전문적인 차트 읽기

의사가 X-레이를 찍고 MRI 촬영을 하고 뇌 검사를 하는 것은 환자의 증상을 더 정확히 파악하기 위한 것이다. 심전도 검사와 초음파 검사 결과는 종이에 기록되거나 모니터에 나타나는데, 우리 인체에 어떤 일이 벌어지고 있는지를 잘 보여준다.

마찬가지로 지도는 우리가 지금 어디에 있고, 목적지로 가려면 어떻게 가야 하는지 도와준다. 지질학자들은 유전 매장 가능성이 큰 지역의 지층구조를 알아내기 위해 차트화된 지진 데이터를 추적한다.

어느 분야든 우리가 현재 상황을 올바로 평가하고 정확히 판단할 수 있도록 도와주는 도구가 있게 마련이다. 투자의 세계 역시 그렇다. 그래프로 표시한 경제 지표들은 경제를 이해하는 데 도움이 된다. 주가의 흐름과 거래량을 차트화하면 그 주식이 강세인지, 좋은 주식인지, 매수가 늘어나고 있는지 알 수 있다. 반대로 그 주식이 약세인지, 이상 징후가 있지 않은지 판단하는 데도 활용할 수 있다.

당신이 만일 심장수술을 받아야 하는데 의사가 아주 중요한 검사 도구조차 갖추지 않았다면 그대로 수술을 진행시키겠는가? 당연히 아닐 것이다. 그건 정말 말도 안 되는 일이다. 그런데도 많은 투자자들이 주식을 사고팔면서 아주 잠깐조차도 주가 차트를 보지 않는다. 마치 의사가 X-레이도 찍지 않고, CT 촬영도 하지 않고, 심전도 검사도 하지 않고서 수술을 한다면 무책임하다는 비난을 받는 것처럼, 투자자도 차트를 통해 주가와 거래량의 흐름을 제대로 읽지 않고 주식을 매매한다면 정말 어처구니없는 일일 것이다. 다른 무엇보다도 차트를 제대로 챙기게 되면 매수한 종목이 예상을 빗나갔을 때 매도 시점을 알 수 있다.

개인 투자자들은 자신이 보유한 주식이 천정을 치고 꽤 긴 조정 국면에 진입했을 때 이를 알아보는 방법을 몰라서, 혹은 자기와 마찬가지로 그걸 모르는 사람의 말을 듣다가 큰 손실을 입는다.

차트 읽기의 기본

수천 개 종목의 주가 움직임을 기록한 것이 차트다. 주식시장은 이 세상에서 가장 큰 경매장이고, 이곳에서 매일매일 벌어지는 수요와 공급의 결과로 주가는 변동한다. 차트를 통해 주가의 움직임을 제대로 읽을 줄 아는 투자자는 이런 방법을 아예 모르거나 잘 알지 못하는 투자자에 비해 월등히 앞설 수 있다.

비행기를 몰고 가면서 제대로 장비 점검을 하지 않는다거나 자동차로 대륙 횡단을 하면서 지도조차 챙기지 않는다면 말이 되겠는가? 차트는 투자의 세계에서 당신이 어느 곳에 서 있고, 어디로 가야 할지를 알려주는 지도와 같은 존재다. 탁월한 경제학자인 밀튼 프리드먼과 로즈 프리드먼 부부는 그들의 유명한 저서 《선택의 자유Free to Choose》를 쓰면서 맨 앞부분 28페이지를 할애해 역동적인 시장에서 벌어지는 사건들과 가격의 보이지 않는 손으로서의 전능함이 의사 결정권자에게 얼마나 중요하면서도 정확한 정보를 제공하는지 설명했다.

차트에 나타난 주가 패턴, 즉 "모양"은 앞서 주가가 상승한 다음 조정을 거치면서 에너지를 축적하는 과정을 나타낸 것이다. 모양의 80~90%는 시장 전반이 조정을 겪는 중에 만들어진다. 차트를 분석하기 위한 기술을 익히려면 주가와 거래량이 과연 정상적인 흐름인지, 아니면 이상 흐름인지 파악할 수 있어야 한다. 주가와 거래량은 강세인가 약세인가?

대세상승 국면에서는 눈에 띄는 아주 강한 주가 흐름이 발견된다. 실수를 한 다음 잘 살펴보면 늘 차트에서는 그것이 잘못이었음을 이미 분명히 알려주었다는 사실을 깨닫게 된다.

차트를 제대로 해석할 수 있는 시간과 능력만 있다면 언제든 투자 수익을 올릴 수 있다. 프로 투자자라 할지라도 차트를 활용하지 않는다면 더할 나위 없이 값진 도구이자 정확한 타이밍을 제공해주는 장치를 스스로 팽개쳐버리는 셈이다. 한번 더 강조하겠다. 상당히 높은 수준의 프로 투자자들이 수익률 악화로 인해 시장을 떠나는 사례를 나는 수없이 목격했다.

이들이 형편없는 실적을 낸 이유를 알아보면 시장 흐름과 차트를 제대로 못 읽었기 때문인 경우가 많다. 대학에서도 금융론이나 투자론을 가르치면서 차트는 관련이 없다거나 중요하지 않다며 아예 커리큘럼에서 빼버린다. 이건 시장이 실제로 어떻게 작동하는지, 또 최고 수준의 프로가 어떻게 투자하는지 전혀 모르고 있기 때문이다.

개인 투자자 입장에서는 반드시 주가 차트를 읽어내는 방법을 배울 필요가 있다. 그렇게 하면 성과를 거둘 수 있다. 단순히 어떤 기업의 순이익이나 매출액 같은 펀더맨털이 좋다고 해서 그 종목을 덥석 매수하는 것은 충분치 않다. 정말로 그 주식을 매수할 타이밍인지, 아니면 기업 내용도 괜찮고 업계 선두 기업이기는 하지만 모양을 형성한 다음 주가가 너무 올라 일단 매수를 보류하는 게 나은지 여부를 판단하려면 반드시 차트를 살펴봐야 한다.

역사는 반복된다: 앞서의 사례를 활용하라

서문에서 설명했듯이 최고의 주식을 찾아내는 우리 시스템은 시장이 실제로 어떻게 움직이는가에 바탕을 두고 있다. 나는 물론이거니와 다른 누구의 주관적 의견이나 이론에 근거한 것이 아니다. 우리는 과거 최고의 투자 수익률을 거둔 기업들을 분석한 결과 이들 기업이 CAN SLIM 이라는 약자로 대표되는 공통된 특징 7가지를 갖고 있다는 점을 발견했다. 우리는 또한 일단의 성공적인 주가 패턴과 에너지 축적 과정이 계속해서 반복적으로 나타난다는 사실도 발견했다. 주식시장에서도 역사는 되풀이된다. 인간의 본성이란 어지간해서는 변하지 않기 때문이다. 수요와 공급의 법칙 역시 변하지 않는다. 과거 최고의 주식들이 보여준 주가 패턴은 앞으로 매수 대상 종목을 선정하는 데 활용할 수 있다. 어떤 주식을 매수할 것인가를 분석할 때 살펴봐야 할 주가 패턴은 여러 가지가 있다. 뿐만 아니라 잘 틀리고 속기 쉬운 주가 패턴도 있는데, 여기서는 이런 모양에 주의하는 방법도 알려줄 것이다.

가장 일반적인 주가 패턴: "손잡이가 달린 컵"

주가 패턴 가운데 가장 눈여겨봐야 할 게 바로 손잡이가 달린 컵(Cup with Handle) 모양인데, 컵의 옆 모습이 윤곽을 드러낼 때 주목해야 한다. 컵의 모양은 최소 7주에서 최장 65주까지 다양한 기간에 걸쳐 그 모습을 드러내며, 대개의 경우 3~6개월 정도가 걸린다. 통상 컵의 맨 윗부분이라고 할 수 있는 앞선 천정으로부터 조정을 받기 시작해 컵의 맨 아랫부분인 바닥까지 적게는 12~15%, 많게는 33% 이상의 주가 하락률을 기록한다. 어떤 모양이든 강력한 주가 패턴은 모양을 새로 시작하기 전에 아주 분명하면서도 확실한 상승세를 보여주었어야 한다. 모양을 형성하기 전에 주가가 적어도 30% 상승했던 종목을 먼저 찾아내야 하는 것이다.

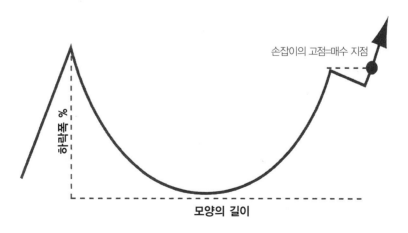

이와 함께 상대적 주가 강도도 더 높아졌어야 하고, 앞서의 상승 국면에서 거래량이 큰 폭으로 증가했었는지도 체크해봐야 한다.

반드시 그런 것은 아니지만 컵의 바닥 부분은 둥근 형태의 "U"자 모양이 돼야지 뾰족한 "V"자 모습이어서는 안 된다. 바닥이 둥근 형태가 돼야 컵의 맨 아랫부분에서 마지막으로 두세 차례의 작은 하락 파동을 거치면서 자연스러운 조정을 끝마칠 수 있기 때문이다. "U"자 형태의 넓은 바닥권이 특히 중요한 것은 마음 약한 투자자들은 결국 이 기간에 주식을 팔아버리고, 투기꾼들조차 이 정도 되면 외면해버리기 때문이다. 결국 다가올 상승 국면에서도 쉽게 매도하지 않을, 의지가 굳은 주식 보유자들이 남아 컵 모양을 완성해가는 것이다.

성장주의 경우 시장 전반이 중간 정도의 조정을 받아 하락할 때 컵 모양을 그리면서 주요 지수보다 1.5~2.5배 정도 더 떨어지는 게 일반적이다. 이처럼 중간 정도의 조정기에 가장 적은 하락률로 컵의 바닥을 완성한 종목이 바로 최선의 매수 대상이다. 강세장이든 약세장이든 주요 지수보다 2.5배 이상 떨어진 종목은 하락폭이 너무 크고 모양 자체도 느슨하다는 점에서 일단 조심스럽게 접근해야 한다. JDS 유니페이스를 비롯한 수십 개의 첨단 기술주가 2000년 2분기와 3분기에 폭이 깊고 느슨하면서 길다란 컵 모양을 그렸었다. 이런 주식들은 컵 모양을 그리고 난 뒤 신고가 경신을 시도한다 해도 거의 모두 실패하는, 속기 쉬운 주가 패턴이므로 반드시 피해야 한다.

변동성이 심한 시장 주도주 가운데 몇몇 종목은 강세장에서 40~50%나 급락하기도 한다. 강세장인데도 이렇게 큰 폭으로 하락하는 주가 패턴은 비록 나중에 신고가 경신을 시도하며 상승세를 이어간다 해도 실패

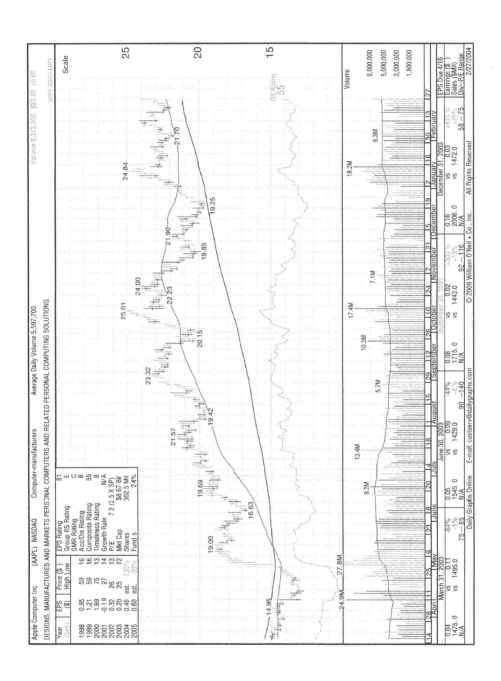

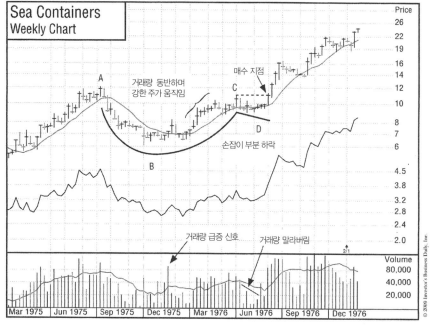

Sea Containers
Weekly Chart

거래량 동반하며
강한 주가 움직임

매수 지점

A
C
D

손잡이 부분 하락

B

거래량 급증 신호   거래량 말라버림

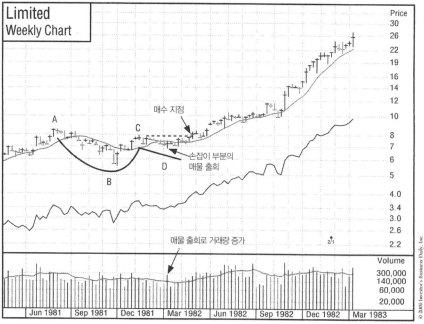

Limited
Weekly Chart

매수 지점

A
C
D
손잡이 부분의
매물 출회

B

매물 출회로 거래량 증가

할 확률이 아주 높다. 왜 그럴까? 고점에서 저점까지 50%나 떨어졌다는 것은 다시 예전의 고점을 회복하기 위해서는 100% 올라야 한다는 의미다. 지난 역사에서 우리가 알아낸 사실은 폭발적인 상승세를 보이며 신고가를 경신했던 종목의 경우 떨어져봐야 최초의 신고가에서 5~15% 하락했다는 것이다. 컵의 바닥에서 곧장 치솟아 신고가를 경신해버리는 주식도 되돌림 과정이 전혀 없었다는 점에서 매우 위험하다.

시 컨테이너의 경우 눈여겨봐야 할 예외적인 경우다. 이 종목은 1975년 강세장에서 맞은 중간 정도의 조정기에 50%나 하락했다. 하지만 곧이어 손잡이가 달린 컵 모양의 완벽한 주가 흐름을 타더니 101주 동안 554%나 상승했다. 당시 이 회사는 순이익 증가율이 54%에 달했고, 최근 분기의 순이익 증가율은 192%나 됐다. 나는 손잡이가 달린 컵 모양의 아주 전형적인 차트를 그리고 있는 이 종목을 1975년 6월 초 피델리티와 가진 월례 컨설팅 모임에서 소개했다. 이 모임에 참석했던 한 펀드매니저가 이 회사의 엄청난 실적을 보더니 즉시 관심을 보인 것은 당연했다.

여기서 볼 수 있듯이 강세장에서 맞은 중간 정도의 조정기나 약세장에서 50%나 60%, 심지어 그 이상 하락하는 주가 패턴도 얼마든지 성공할 수 있다.(시 컨테이너와 더 리미티드의 차트를 보라.) 이런 종목의 경우 하락률은 시장 전반의 하락세가 얼마나 강한지, 또 앞서 얼마나 높은 상승률을 기록했는지와 밀접한 관계가 있다.

손잡이 부분의 기본적인 특징

일반적으로 손잡이 부분은 적어도 1~2주 이상에 걸쳐 만들어지며, 주가가 주르르 흘러내려가거나 "매물 출회"가 이뤄진다. 매물 출회로 인한 주가 하락은 손잡이 부분에서 몇 주 전 만들었던 저점을 경신하는데, 대개 하락 흐름의 마지막 수순이라고 보면 된다. 손잡이 부분의 주가 되돌림 국면에서 저점 근처에 이르면 거래량이 눈에 띄게 줄어든다. 일부 예외도 있기는 하지만, 강세장에서는 대다수 종목이 손잡이 부분에서 거래량이 늘어나지 않는다.

또 손잡이가 없는 컵 모양은 손잡이가 달린 컵 모양에 비해 실패할 확률이 더 높지만 많은 종목이 손잡이를 만들지 않고도 성공적인 수익률을 기록했다. 변동성이 심했던 몇몇 기술주의 경우 1999년에 불과 1~2주 만에 손잡이를 만든 다음 본격적인 상승세를 탔다.

손잡이는 반드시 컵의 상단에서 만들어져야 한다. 컵 모양이 시작되는 앞서의 천정 지점과 컵의 바닥 지점 사이에서 중간 이상 부분에 손잡이가 걸쳐져야 하는 것이다. 손잡이는 반드시 10주 이동평균선 위에 있어야 한다. 손잡이가 컵의 아랫부분에 걸쳐있다든가 10주 이동평균선 밑으로 완전히 내려왔다면 이런 모양은 약하고 실패할 가능성도 크다. 손잡이가 이렇게 아래로 내려온다는 것은 컵의 바닥까지 떨어졌던 앞서의 낙폭을 절반조차도 만회하지 못할 만큼 수요가 적다는 반증이기 때문이다.

이와 함께 손잡이 부분에서 저점이 조금씩 올라가는 쐐기형을 나타내거나 저점이 더 이상 떨어지지 않고 계속 횡보하는 경우에도 신고가 경신에 실패할 가능성이 매우 높다. 손잡이의 저점을 따라 쐐기형을 만들게 되면 컵의 바닥으로부터 컵의 윗부분까지 상승한 뒤 불가피하게 거쳐야 하는 매물 출회나 주가의 되돌림을 놓칠 수 있기 때문이다. 리스크가 큰 이런 쐐기형은 세 번째나 네 번째 모양에서 나타나는데, 주가 움직임이 둔한 종목이나 또는 모든 사람이 다 따라왔을 정도로 너무 분명했던 주도주에서 발견할 수 있다. 이런 쐐기형 손잡이는 피해야 한다.

손잡이 부분에서의 하락률은 강세장에서 고점 대비 10~15%가 적정한데, 1975년의 시 컨테이너처럼 컵의 모양이 매우 크게 만들어졌다면 하락률이 더 커질 수 있다. 강세장인데도 불구하고 손잡이 부분의 하락률이 적정선을 넘는다면 이건 상당히 특이한 것으로, 대부분의 경우 리스크도 높고 매수하기 부적합하다. 그러나 만약 약세장의 바닥에서 마지막으로 매물이 출회되는 국면이라면 다르게 볼 수 있다. 이 경우 시장의 약세 기조로 인해 손잡이 부분의 하락률이 20~30%에 달했다고 해도 곧 시장 전반의 분위기가 반전돼 대세상승이 시작된다면 주가 패턴은 양호하다고 할 수 있다.

좋은 주가 패턴은 진폭이 짧다

꾸준히 물량을 확보해나가고 있는 종목의 주가 패턴은 아주 짧은 진폭을 가졌다는 점을 알 수 있다. 주봉 차트를 보면 이런 종목은 주중 고점과 저점 간의 차이가 아주 작고, 몇 주 동안 주간 종가가 거의 변동이 없거나 전 주의 종가 근처에서 마감된다. 만약 바닥권에서 주봉의 고점과 저점 간의 차이가 매우 크다면 이런 주식은 이미 시장의 주목을 받고 있다는 의미인데, 신고가를 경신하는 데 실패하는 경우가 많다. 그러나 아마추어 투자자는 이런 차트를 잘 구별하지 못한다. 이런 종목은 5~15% 상승하면서 차트를 잘 읽지 못하는 투자자들을 현혹한 뒤 급락세로 돌아선다.

"거래량 변화"에 주목해 매수 시점을 찾아라

어떤 주식이 손잡이가 달린 컵 모양을 훌륭하게 그려낸 뒤 매수 지점, 그러니까 제시 리버모어의 표현을 빌자면 "분기점" 혹은 "최소 저항선"을 넘어 상승하게 되면 하루 거래량이 평소보다 적어도 40~50% 이상 증가해야 한다. 새로운 시장 주도주의 경우 본격적인 주가 상승을 시작하면서 거래량이 200%, 500%, 1000%씩 늘어나는 게 그리 놀라운 일도 아니다. 주가 수준이 적정하고 기업 내용도 괜찮은 성장주가 분기점을 돌파하는 순간 거래량이 급증해 평균을 크게 웃돈다면 십중팔구는 프로 기관 투자가들이 매수하고 있는 것이다. 일반 투자자의 95%는 이 시점에 주식 매수를 두려워하는데, 이들은 연중 최고가에 주식을 사는 것은 매우 위험하고 어리석은 짓이라고 생각하기 때문이다.

당신이 해야 할 일은 제일 값싼 주식을, 저점 근처에서 매수하는 게 아니라 성공할 가능성이 가장 높은 주식을, 정확한 시점에 확실하게 매수하기 시작하는 것이다. 그러려면 주가가 오름세로 반전할 때까지 기다렸다가 매수 지점에 도달했을 때 매수를 결행하는 방법을 배워야 한다. 만일 직장 일로 인해 주식시장을 계속 주시할 수 없다면 휴대폰이나 인터넷을 통해서도 주가가 신고가를 돌파하고 새로운 영역으로 들어서는지 확인할 수 있다.

성공하는 개인 투자자는 이렇게 정확한 매수 지점까지 기다렸다가 주식을 산다. 바로 이 지점이야말로 진짜 본격적인 주가 상승 행진이 시작되는 흥분된 순간이다. 이 지점에 다다르기 전에 주식을 산다면 일을 그르칠 수 있다. 많은 경우 신고가를 돌파하지 못할 뿐만 아니라 주가가 횡보하거나 하락할 수도 있다. 그러므로 어떤 주식에 투자하기 전에는 우선 주가 흐름이 얼마나 강한지부터 확인해야 한다. 또 정확한 매수 지점에서 5~10% 오른 다음 매수하면 너무 늦어버릴 가능성이 크다. 이런 경우 얼마 뒤 주가가 조정을 받게 되면 견뎌내지 못할 수 있다. 너무 늦게 매수하는 바람에 정상적으로 나타나는, 작지만 급격한 조정인데도 불구하고 8% 하락하면 무조건 손절매 한다는 당신의 원칙(제10장 참조)에 따라 어쩔 수 없이 매도해야 하는 것이다. 따라서 너무 높은 수준까지 추격 매수하는 것은 좋지 않다.

올바르게 형성된 주가 패턴에서 매수 지점의 주가가 반드시 이전 최고치와 일치할 필요는 없다. 대부분의 경우 오히려 전고점보다 5~10% 정도 낮다. 대개는 손잡이 부분에서 가장 높은 주가가 매수 지점을 결정하는데, 이때의 주가는 컵 모양의 가장 높은 곳보다는 거의 항상 낮다. 이점은 매우 중요하므로 명심해야 한다. 새로 신고가를 경신하기를 기다렸다가 매수했다가는 너무 늦을 수 있다. 시험 매수를 해보고 싶다면 컵 모양이 시작되는 이전 최고점과 손잡이가 시작되는 고점을 잇는 추세선을 그려보는 게 좋다. 몇 주 뒤 손잡이 부분에서 주가가 이 추세선을 뚫고 올라갈 때 매수하기 시작하는 것이다. 그러나 이렇게 하려면 차트 읽기와 주식 분석에 정통해야 한다.

저점 근처에서 거래량이 고갈되는지 확인하라

제대로 형성된 모양은 거의 전부 컵의 바닥과 저점 부근에서 1~2주 혹은 손잡이 부분에서 몇 주 동안 거래량이 급격히 말라버리는 모습을 보여준다. 이것은 이제 대규모 매도 물량이 거의 다 소화됐으며 더 이상 시장에 출회될 매물이 없다는 사실을 의미한다. 매수 에너지를 축적해가고 있는 좋은 주식들은 하나같이 이런 모습을 보인다. 바닥권에서의 거래량 증발이 앞서 소개한 짧은 진폭(일간 혹은 주간 주가 변동폭이 아주 작은 것)과 함께 나타난다면 아주 긍정적인 신호다.

거래량의 급증도 눈여겨보라

노련한 차트 전문가가 주목하는 또 다른 매수 신호는 일간 거래량과 주간 거래량의 급격한 증가다. 마이크로소프트의 경우 폭발적인 주가 상승 행진을 하기 직전 갑작스럽게 거래량이 급증한 대표적인 사례다.

대규모 거래량을 수반한 주가 상승이 몇 주 동안 이뤄진 다음 몇 주간 거래량이 급격히 줄어드는 것도 긍정적인 신호다. 주간 차트와 함께 일간 차트도 함께 활용하게 되면 때로 단 하루만 일어나는 이례적인 거래 움직임을 발견할 수 있을 것이다. 차트에서 보듯 마이크로소프트가 매수 지점인 31.50달러를 통과하던 날 거래량은 평균보다 545%나 많았고, 이건 대형 기관 투자가가 매수하고 있다는 사실을 알려주는 결정적인 신호였다. 마이크로소프트는 그 후 13년간 강세 행진을 이어간 끝에 주식 분할을 감안할 경우 10센트에서 53.98달러까지 올라갔다. 이런 기록적인 상승을 누가 상상이나 할 수 있었겠는가?

거래량은 아주 신중하게 살펴봐야 하는 소중한 자료다. 기관 투자가가 어떤 주식을 계속해서 매수하고 있는지 혹은 매물로 출회하고 있는지 파악하는 데 거래량은 큰 도움이 된다. 일단 스스로 파악할 수 있게

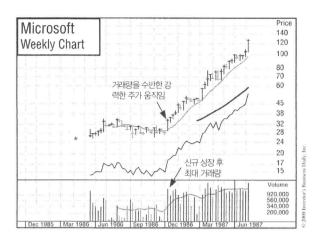

Microsoft
Weekly Chart

Price
140
120
100
80
70
60
45
38
32
28
24
20
17
15

거래량을 수반한 강
력한 주가 움직임

신규 상장 후
최대 거래량

Volume
920,000
560,000
340,000
200,000

Dec 1985 | Mar 1986 | Jun 1986 | Sep 1986 | Dec 1986 | Mar 1987 | Jun 1987

© 2009 Investor's Business Daily, Inc.

되면 군이 애널리스트나 자칭 전문가들의 주관적 의견에 귀 기울일 필
요도 없어진다. 매수 지점을 비롯한 결정적인 타이밍에서 대규모 거래량
은 필수적이다.

거래량은 수급이라는 측면과 함께 기관 투자가의 뒷받침이 있느냐를
판단하는 데 가장 중요한 요소다. 수급과 기관 투자가의 뒷받침은 종목
분석이 성공하느냐를 결정짓는 두 가지 잣대다. 매수 시점을 정확히 잡
아내는 데 차트를 어떻게 활용할 것인지 익혀야 한다. 잘못된 타이밍에
주식을 매수하면 그 대가가 너무 크다. 이보다 더 나쁜 것은 매수 에너
지가 축적되지도 않았고, 주가 패턴도 실패할 가능성이 큰 주식을 매수
하는 것이다.

다음 번에 주식을 매수할 때는 반드시 주간 거래량을 확인해보라. 모
양을 형성해가는 과정에서 "평균 거래량보다 많은 거래량을 수반하며 주
가가 상승한 주(週)"가 "평균 거래량보다 많은 거래량을 수반하며 주가가
하락한 주"보다 더 많다면 이는 긍정적인 신호다.

정상적인 크기의 손잡이가 달린 컵 모양

차트를 보면 알 수 있듯이 텍사스 인스트루먼트와 애플, 제네럴 케이블, 프리시전 캐스트파트는 모양의 길이와 깊이 면에서 모두 크기가 비슷하다. 애플과 프리시전 캐스트파트의 유사성을 한눈에 알아보겠는가? 이건 사실 대단한 기술이기는 하지만 일단 배우게 되면 바로 이런 최고의 주식과 똑같은 손잡이가 달린 컵 모양을 앞으로 수없이 발견할 수 있을 것이다.

시장 전반의 조정은 필요하다

주가 패턴의 80~90%는 시장 전반의 조정기에 만들어진다는 점에서 중기적인 매도 공세나 공매도, 혹은 약세장이 좀 길게 이어지더라도 주식시장의 잠재력을 믿지 않거나 포기해서는 안 된다.

약세장은 3개월, 6개월 혹은 9개월 만에 끝날 수 있고, 길면 2년, 아주 드물게 3년까지 가는 경우도 있다. 이 책에서 설명하는 매도 원칙을 잘 따른다면 약세장이 닥쳐도 이미 주식을 팔고 이익을 거둬 들였거나 손절매로 손실폭을 줄이고 현금 보유를 늘렸을 것이며, 약세장이 새로 시작한 초기 국면에서 신용은 다 갚았을 것이다.

만일 주식을 전부 다 팔고 계좌에 현금만 있다 하더라도 절대 주식시장에서 눈을 떼서는 안 된다. 약세장이야말로 다음 번 강세장이 시작되면 1000% 이상의 놀라운 투자 수익률을 기록할 최고의 주식을 만들어내는 원천이기 때문이다. 인생에서 다시 찾아오기 힘들지 모를 기회가 지금 당신 눈앞에서 만들어지고 있는데 이를 포기한다면 너무 어리석

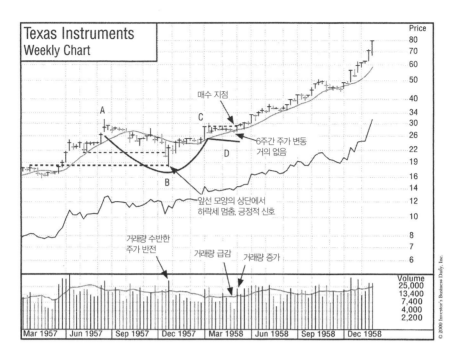

Texas Instruments
Weekly Chart

Price
80
70
60
50
40
34
30
26
22
19
16
14
12
10
8
7
6

매수 지점

A

C

6주간 주가 변동
거의 없음

D

B

앞선 모양의 상단에서
하락세 멈춤, 긍정적 신호

거래량 수반한
주가 반전

거래량 급감   거래량 증가

Volume
25,000
13,400
7,400
4,000
2,200

Mar 1957 | Jun 1957 | Sep 1957 | Dec 1957 | Mar 1958 | Jun 1958 | Sep 1958 | Dec 1958

© 2000 Investor's Business Daily, Inc.

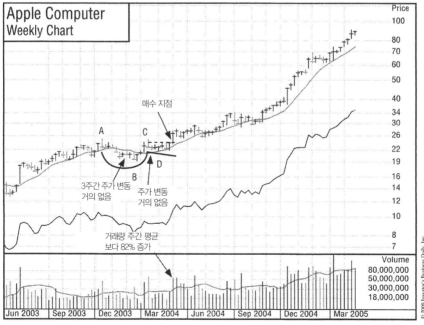

Apple Computer
Weekly Chart

Price
100
80
70
60
50
40
34
30
26
22
19
16
14
12
10
8
7

매수 지점

A

C

D

3주간 주가 변동
거의 없음

B

주가 변동
거의 없음

거래량 주간 평균
보다 82% 증가

Volume
80,000,000
50,000,000
30,000,000
18,000,000

Jun 2003 | Sep 2003 | Dec 2003 | Mar 2004 | Jun 2004 | Sep 2004 | Dec 2004 | Mar 2005

© 2000 Investor's Business Daily, Inc.

종목 선정과 타이밍 포착을 위한 전문적인 차트 읽기

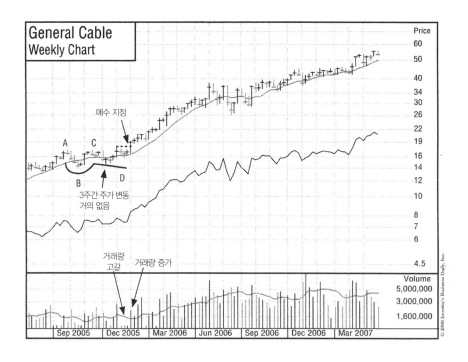

General Cable
Weekly Chart

매수 지점

A C

B D

3주간 주가 변동
거의 없음

거래량
고갈   거래량 증가

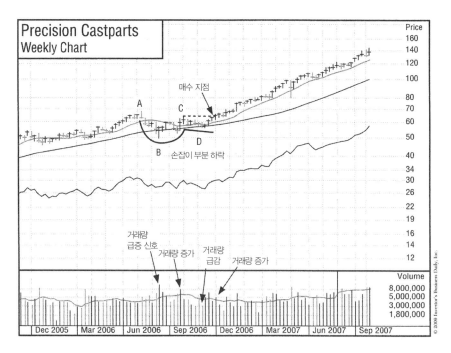

Precision Castparts
Weekly Chart

매수 지점

A   C

D

B 손잡이 부분 하락

거래량
급증 신호

거래량 증가   거래량
급감   거래량 증가

지 않은가.

약세장은 앞서의 투자 결정에 대해 스스로 분석해보는 기간이다. 지난해 당신이 주식을 매매했던 모든 시점을 일간 차트와 주간 차트에 표시해보라. 당신이 그때 어떤 결정을 내렸는지 잘 생각해보고 당신이 저지른 실수를 되풀이하지 않으려면 어떤 새로운 원칙이 필요한지 한번 종이에 적어보라. 그리고 당신이 놓쳤던, 또 너무 성급하게 팔아버렸던 최고의 주식들에 대해 연구해보라. 다음 번 강세장에서는 이런 최고의 주식을 매수할 수 있도록 당신의 원칙을 보다 구체화하라. 최고의 주식은 곧 나타날 것이다. 최고의 주식들이 모양을 만들어가고 있는 지금이 바로 주목해야 할 때다. 관건은 이들 종목을 최대한 활용하고자 하는 계획과 의지를 갖고 있는냐다. 문제는 당신에게 달려있다.

주목해야 할 다른 패턴들

"손잡이가 달린 접시" 주가 패턴

손잡이가 달린 접시(Saucer-with-Handle) 모양은 앞서 소개한 손잡이가 달린 컵 모양과 거의 비슷하지만 접시 부분에 훨씬 오랜 기간이 소요되고 접시의 깊이가 더 얕다는 점이 다르다. "손잡이가 달린 컵"이라든가 "손잡이가 달린 접시"라는 표현이 이상하게 들린다면 흔히 찾을 수 있는 별자리인 "북두칠성(Big Dipper)"과 "작은 북두칠성(Little Dipper)"이라고 생각하면 된다. 1967년 4월에 나타난 잭 에커드의 모양은 완벽한 손잡이가 달린 접시 모양이다.

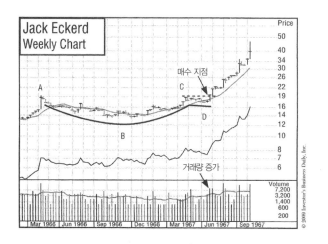

"이중 바닥" 주가 패턴의 특징

이중 바닥(Double-Bottom) 주가 패턴은 "W"자와 비슷한 모양이다. 이 같은 주가 패턴은 손잡이가 달린 컵 형태처럼 자주 나타나지는 않는다. 이 모양에서 중요한 것은 "W"자의 두 번째 저점이 첫 번째 저점과 같거나, 거의 대부분의 경우 약간 더 낮다는 점인데, 심지가 굳지 않은 투자

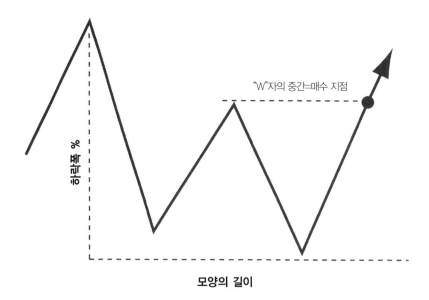

138

자들은 여기서 보유 물량을 내놓고 떨어져 나간다. 두 번째 저점이 첫 번째 저점보다 높을 경우 이중 바닥 "근사형"이 만들어지는데 실패하기 쉽다. 이중 바닥도 손잡이를 가질 수 있으나 반드시 필요한 것은 아니다.

이중 바닥에서 저점까지의 깊이나 모양이 완성되는 기간은 컵 모양과 비슷하다. 이중 바닥 모양에서 매수 지점은 주가가 두 번째 저점을 찍고 상승하는 "W"자의 오른쪽 상단 지점이다. 매수 지점의 주가는 반드시 "W"자의 가운데 있는 중간 고점과 일치해야 하는데, 이때의 주가는 모양이 시작되는 이전 고점보다 낮아야 한다. 이중 바닥이 만일 손잡이를 갖는다면 손잡이의 고점이 바로 매수 지점이 된다. 돔 페트로리움과 텍사스 오일 앤 가스, 프라이스 코퍼레이션, 시스코는 각각 1977년과 1978년, 1982년, 1990년에 한눈에 들어오는 이중 바닥 주가 패턴을 보여주었다. 그 뒤를 이어 EMC와 NVR, 이베이도 이중 바닥 모양을 만들어냈다.

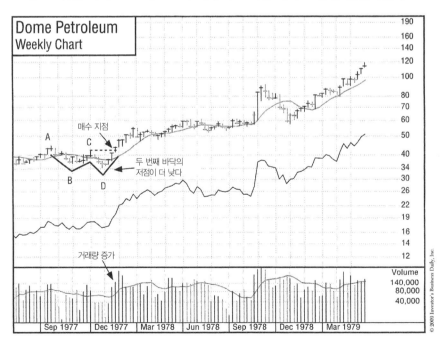

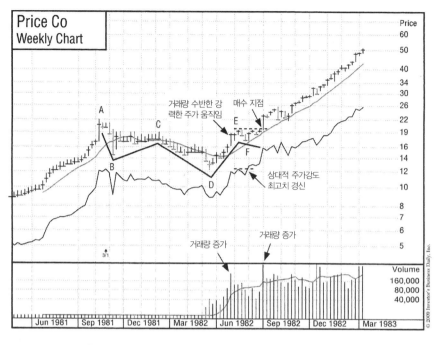

Price Co
Weekly Chart

Price
60
50
40
34
30
26
22
19
16
14
12
10
8
7
6
5

거래량 수반한 강
력한 주가 움직임

매수 지점

A

C

E

B

F

D

상대적 주가강도
최고치 경신

3/1

거래량 증가

거래량 증가

Volume
160,000
80,000
40,000

Jun 1981   Sep 1981   Dec 1981   Mar 1982   Jun 1982   Sep 1982   Dec 1982   Mar 1983

© 2009 Investor's Business Daily, Inc.

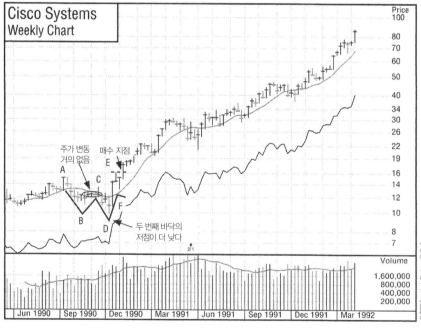

Cisco Systems
Weekly Chart

Price
100
80
70
60
50
40
34
30
26
22
19
16
14
12
10
8
7

주가 변동
거의 없음

매수 지점

A

C

E

B

F

D

두 번째 바닥의
저점이 더 낮다

2/1

Volume
1,600,000
800,000
400,000
200,000

Jun 1990   Sep 1990   Dec 1990   Mar 1991   Jun 1991   Sep 1991   Dec 1991   Mar 1992

© 2009 Investor's Business Daily, Inc.

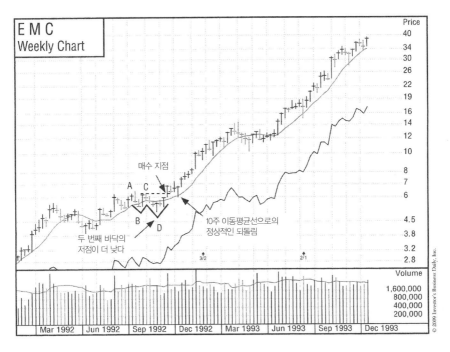

EMC
Weekly Chart

매수 지점

A C

B D

두 번째 바닥의
저점이 더 낮다

10주 이동평균선으로의
정상적인 되돌림

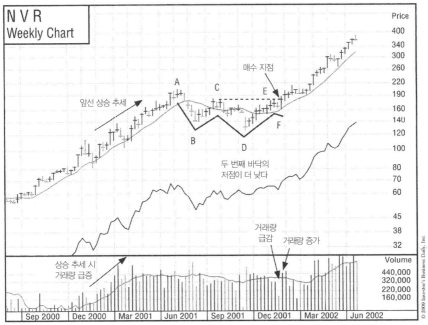

NVR
Weekly Chart

앞선 상승 추세

A C E

B D F

매수 지점

두 번째 바닥의
저점이 더 낮다

거래량
급감

거래량 증가

상승 추세 시
거래량 급증

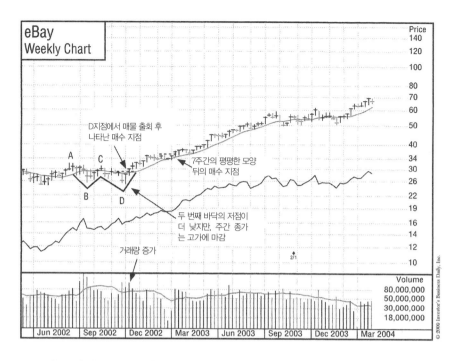

eBay
Weekly Chart

D지점에서 매물 출회 후
나타난 매수 지점

7주간의 평평한 모양
뒤의 매수 지점

두 번째 바닥의 저점이
더 낮지만, 주간 종가
는 고가에 마감

거래량 증가

이중 바닥 주가 패턴에서 기호는 다음과 같다: A=이중 바닥의 시작, B=첫 번째 저점, C=W자의 중간 고점으로 매수 지점의 주가를 알려준다, D=두 번째 저점, 만일 이중 바닥 모양이 손잡이를 갖는다면 E=손잡이의 고점으로 매수 지점의 주가를 알려준다, F=손잡이의 저점.

"평평한 모양"의 정의

평평한 모양(Flat-Base) 역시 높은 투자 수익률을 올려주는 주가 형태다. 이 모양은 손잡이가 달린 컵 모양이나 손잡이가 달린 접시, 또는 이중 바닥 주가 패턴이 나타난 다음 주가가 20% 이상 오른 뒤 이어지는 두 번째 국면에서 주로 만들어진다. 평평한 모양은 적어도 5~6주간 아주 좁은 가격대에서 주가가 횡보하고, 조정을 받아도 10~15%조차 떨어지지 않는다. 1979년 5월에 나타난 오하이오 스탠더드 오일, 1978년 3월의 스

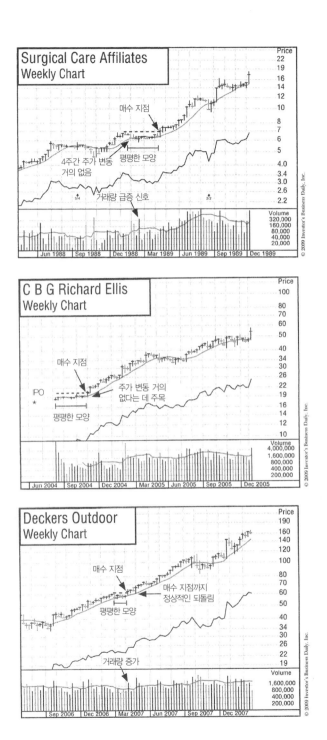

미스 클라인, 1982년의 달러 제너럴이 평평한 모양의 전형적인 모습이다. 1981년 3월에 만들어진 펩 보이스는 긴 형태의 평평한 모양이다. 만일 당신이 손잡이가 달린 컵 모양의 주가 패턴을 놓쳤다 하더라도 계속 차트를 주목해야 한다. 그러면 얼마 지나지 않아 평평한 모양이 만들어지고, 당신은 새로운 매수 기회를 발견할 것이다. 여기에 차트를 소개한 서지컬 케어 어필리에이츠, CBG 리처드 엘리스, 데커스 아웃도어는 평평한 모양의 최근 사례들이다.

새로운 모양 "정방형"

정방형(Square Box) 주가 패턴은 손잡이가 달린 컵 혹은 이중 바닥을 만든 다음 주가 상승을 이어간 뒤 나타나는 모양으로 통상 4주에서 7주에 걸쳐 만들어진다. 이 모양에서 조정폭은 깊지 않아 대개 10~15%에 그치고, 모양이 완성되면 사각형 상자처럼 보인다. 나는 최근 몇 년 사이 이 주가 패턴을 주목하게 됐고, 연구 분석한 결과 새로운 모양으로 분류했다. 여기에 소개한 롤릴라드, 코어베트, 텍사스 인스트루먼트, 홈 디포, 델, 타로가 대표적인 것들이다.

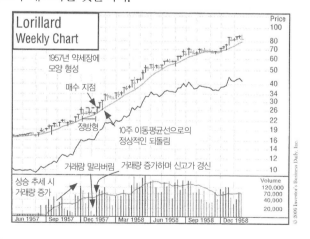

144

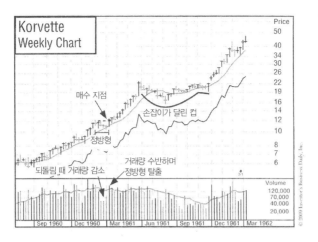

Korvette
Weekly Chart

Price
50
40
34
30
26
22
19
16
14
12
10
8
7
6

매수 지점

손잡이가 달린 컵

정방형

되돌림 때 거래량 감소

거래량 수반하며
정방형 탈출

Volume
120,000
70,000
40,000
20,000

| Sep 1960 | Dec 1960 | Mar 1961 | Jun 1961 | Sep 1961 | Dec 1961 | Mar 1962 |

© 2009 Investor's Business Daily, Inc.

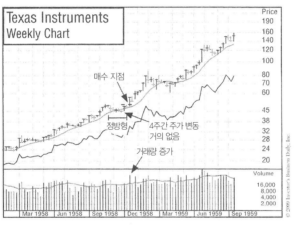

Texas Instruments
Weekly Chart

Price
190
160
140
120
100
80
70
60
45
38
32
28
24
20

매수 지점

정방형

4주간 주가 변동
거의 없음

거래량 증가

Volume
16,000
8,000
4,000
2,000

| Mar 1958 | Jun 1958 | Sep 1958 | Dec 1958 | Mar 1959 | Jun 1959 | Sep 1959 |

© 2009 Investor's Business Daily, Inc.

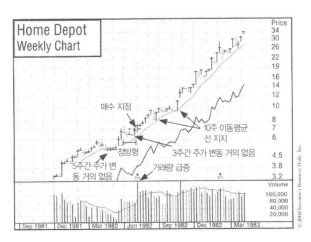

Home Depot
Weekly Chart

Price
34
30
26
22
19
16
14
12
10
8
7
6
4.5
3.8
3.2

매수 지점

10주 이동평균
선 지지

정방형

3주간 주가 변동 거의 없음

5주간 주가 변
동 거의 없음

거래량 급증

Volume
160,000
80,000
40,000
20,000

| Sep 1981 | Dec 1981 | Mar 1982 | Jun 1982 | Sep 1982 | Dec 1982 | Mar 1983 |

© 2009 Investor's Business Daily, Inc.

종목 선정과 타이밍 포착을 위한 전문적인 차트 읽기

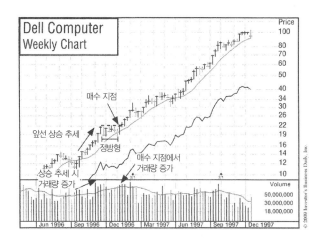

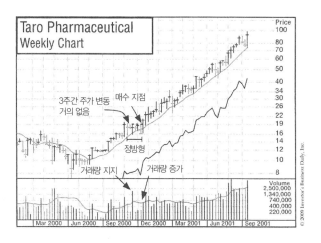

드물게 나타나는 "높이 치솟은 깃발형"

높이 치솟은 깃발형(High, Tight Flag)은 아주 드물게 나타날 뿐만 아니라 강세장이라 해도 한두 종목에서나 가능하다. 이 모양은 4~8주 정도의 매우 짧은 기간 동안 주가가 100~120% 상승한 뒤 나타나는데, 조정을 받더라도 3~5주 정도 횡보하면서 기껏해야 10~25% 이내로 하락한다.

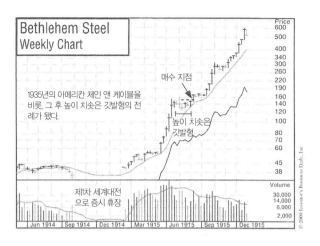

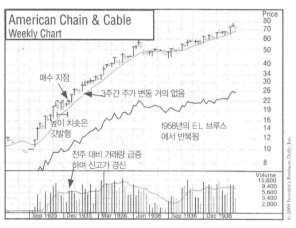

아주 강력한 주가 패턴이지만, 리스크도 크고 올바르게 구분해내기가 여간 어렵지 않다. 이런 형태를 띠게 되면 보통 200% 이상 상승한다. 1915년 5월의 베들레헴 스틸, 1935년 10월의 아메리칸 체인 앤 케이블, 1958년 6월의 EL 브루스, 1961년 1월의 서든-티드, 1963년 7월의 신텍스, 1964년 7월의 롤린스, 1965년 11월의 시몬스 프리시전, 1995년 1월의 어큐스태프, 1999년 10월의 에뮬렉스, 1999년 10월의 JDS 유니페이스, 1999년 12월의 퀄컴, 2003년 11월의 테이저 인터내셔널, 2004년 9월

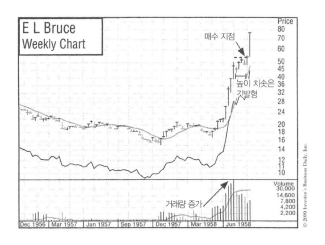

E L Bruce
Weekly Chart

매수 지점

높이 치솟은
깃발형

거래량 증가

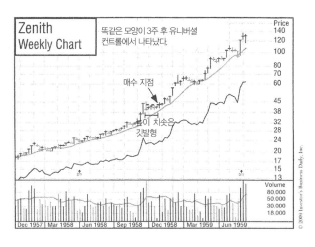

Zenith
Weekly Chart

똑같은 모양이 3주 후 유니버셜
컨트롤에서 나타났다.

매수 지점

높이 치솟은
깃발형

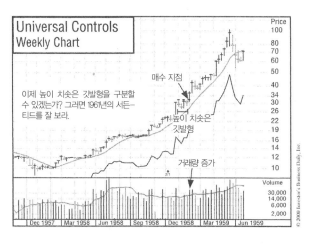

Universal Controls
Weekly Chart

이제 높이 치솟은 깃발형을 구분할
수 있겠는가? 그러면 1961년의 서든-
티드를 잘 보라.

매수 지점

높이 치솟은
깃발형

거래량 증가

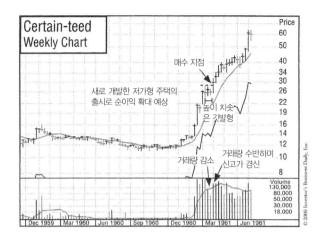

Certain-teed
Weekly Chart

Price
60
50
40
34
30
26
22
19
16
14
12
10
8

매수 지점

새로 개발한 저가형 주택의
출시로 순이익 확대 예상

높이 치솟
은 깃발형

거래량 감소

거래량 수반하며
신고가 경신

Volume
130,000
80,000
50,000
30,000
18,000

© 2009 Investor's Business Daily, Inc.

Dec 1959 | Mar 1960 | Jun 1960 | Sep 1960 | Dec 1960 | Mar 1961 | Jun 1961

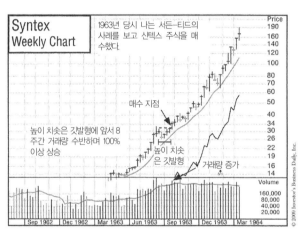

Syntex
Weekly Chart

1963년 당시 나는 서든–티드의
사례를 보고 신텍스 주식을 매
수했다.

Price
190
160
140
120
100
80
70
60
50
40
34
30
26
22
19
16
14

매수 지점

높이 치솟은 깃발형에 앞서 8
주간 거래량 수반하며 100%
이상 상승

높이 치솟
은 깃발형

거래량 증가

Volume
160,000
80,000
40,000
20,000

© 2009 Investor's Business Daily, Inc.

Sep 1962 | Dec 1962 | Mar 1963 | Jun 1963 | Sep 1963 | Dec 1963 | Mar 1964

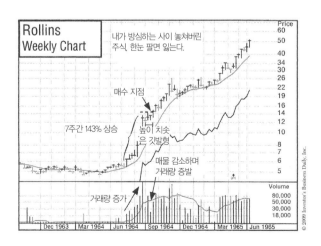

Rollins
Weekly Chart

내가 방심하는 사이 놓쳐버린
주식, 한눈 팔면 잃는다.

Price
60
50
40
34
30
26
22
19
16
14
12
10
8
7
6
5

매수 지점

7주간 143% 상승

높이 치솟
은 깃발형

매물 감소하며
거래량 증발

거래량 증가

Volume
80,000
50,000
30,000
18,000

© 2009 Investor's Business Daily, Inc.

Dec 1963 | Mar 1964 | Jun 1964 | Sep 1964 | Dec 1964 | Mar 1965 | Jun 1965

종목 선정과 타이밍 포착을 위한 전문적인 차트 읽기

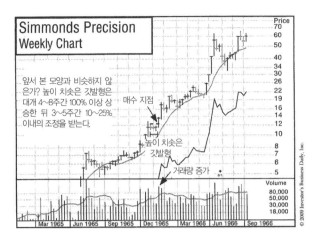

Simmonds Precision
Weekly Chart

앞서 본 모양과 비슷하지 않
은가? 높이 치솟은 깃발형은
대개 4~8주간 100% 이상 상
승한 뒤 3~5주간 10~25%
이내의 조정을 받는다.

매수 지점

높이 치솟은
깃발형

거래량 증가

Price
70
60
50
40
34
30
26
22
19
16
14
12
10
8
7
6
5
Volume
80,000
50,000
30,000
18,000

Mar 1965 Jun 1965 Sep 1965 Dec 1965 Mar 1966 Jun 1966 Sep 1966

© 2009 Investor's Business Daily, Inc.

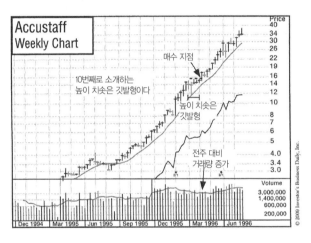

Accustaff
Weekly Chart

10번째로 소개하는
높이 치솟은 깃발형이다

매수 지점

높이 치솟은
깃발형

전주 대비
거래량 증가

Price
40
34
30
26
22
19
16
14
12
10
8
7
6
5
4.0
3.4
3.0
Volume
3,000,000
1,400,000
600,000
200,000

Dec 1994 Mar 1995 Jun 1995 Sep 1995 Dec 1995 Mar 1996 Jun 1996

© 2009 Investor's Business Daily, Inc.

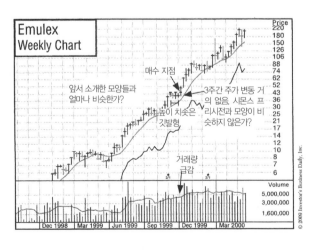

Emulex
Weekly Chart

앞서 소개한 모양들과
얼마나 비슷한가?

매수 지점

3주간 주가 변동 거
의 없음. 시몬스 프
리시전과 모양이 비
슷하지 않은가?

높이 치솟은
깃발형

거래량
급감

Price
220
180
150
126
106
88
74
62
52
43
36
30
25
21
17
14
12
10
8
7
6
Volume
5,000,000
3,000,000
1,600,000

Dec 1998 Mar 1999 Jun 1999 Sep 1999 Dec 1999 Mar 2000

© 2009 Investor's Business Daily, Inc.

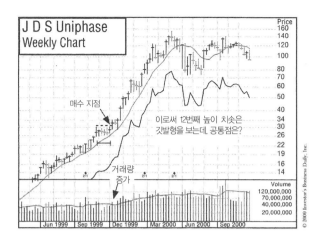

J D S Uniphase
Weekly Chart

Price
160
140
120
100
80
70
60
50
40
34
30
26
22
19
16
14

매수 지점

이로써 12번째 높이 치솟은
깃발형을 보는데, 공통점은?

거래량
증가

Volume
120,000,000
70,000,000
40,000,000
20,000,000

Jun 1999 | Sep 1999 | Dec 1999 | Mar 2000 | Jun 2000 | Sep 2000

© 2000 Investor's Business Daily, Inc.

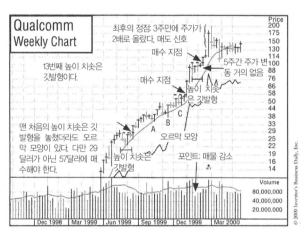

Qualcomm
Weekly Chart

최후의 정점: 3주만에 주가가
2배로 올랐다. 매도 신호

매수 지점

5주간 주가 변
동 거의 없음

13번째 높이 치솟은
깃발형이다.

매수 지점

높이 치솟
은 깃발형

맨 처음의 높이 치솟은 깃
발형을 놓쳤더라도 오르
막 모양이 있다. 다만 29
달러가 아닌 57달러에 매
수해야 한다.

C
B
A

오르막 모양

높이 치솟은
깃발형

포인트: 매물 감소

Price
200
175
150
130
114
100
88
76
66
58
50
44
38
33
29
25
22
19
16
14

Volume
80,000,000
40,000,000
20,000,000

Dec 1998 | Mar 1999 | Jun 1999 | Sep 1999 | Dec 1999 | Mar 2000

© 2000 Investor's Business Daily, Inc.

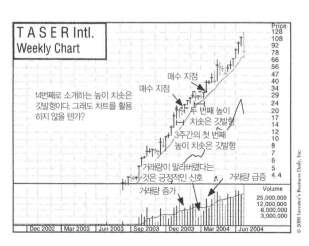

T A S E R Intl.
Weekly Chart

매수 지점

매수 지점

14번째로 소개하는 높이 치솟은
깃발형이다. 그래도 차트를 활용
하지 않을 텐가?

두 번째 높이
치솟은 깃발형

3주간의 첫 번째
높이 치솟은 깃발형

거래량이 말라버렸다는
것은 긍정적인 신호

거래량 급증

거래량 증가

Price
128
108
92
78
66
56
47
40
34
29
24
20
17
14
12
10
8
7
6
5
4.4

Volume
25,000,000
12,000,000
6,000,000
3,000,000

Dec 2002 | Mar 2003 | Jun 2003 | Sep 2003 | Dec 2003 | Mar 2004 | Jun 2004

© 2000 Investor's Business Daily, Inc.

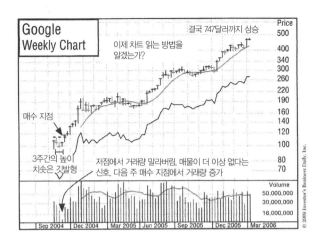

의 구글이 전형적인 모습이었다. 이들 주가 패턴을 잘 연구해보면 나중에 나타날 패턴을 구별해내는 데 도움이 될 것이다.

EL 브루스의 경우 1958년 2분기에 50달러 수준에서 횡보하다 치솟았는데, 이런 주가 패턴은 1961년 서든-티드가 상승할 때 되풀이했던, 아주 완벽한 높이 치솟은 깃발형이었다. 나는 서든-티드의 차트를 보고 난 뒤 마침내 내 생애 첫 최고의 주식이 된 신텍스를 1963년 7월 매수할 수 있었다.

"모양 위의 모양"이란?

약세장이 끝나갈 무렵이 되면 언뜻 부정적으로 보이는 상황 속에서도 앞으로의 강세장을 이끌어줄 새로운 강력한 주도주가 모습을 드러낸다. 나는 이런 보기 드문 경우를 모양 위의 모양(Base on Top of a Base)이라고 이름 붙였다.

이런 주가 패턴은 아주 강력한 종목이 모양을 형성한 뒤 신고가를 경신하며 상승했지만 시장 전반이 다시 하락세로 돌아서는 바람에 상승률

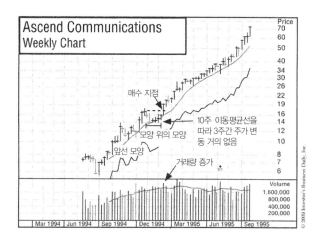

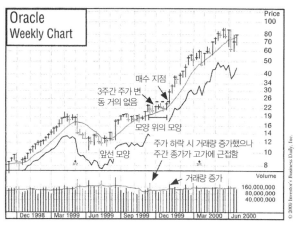

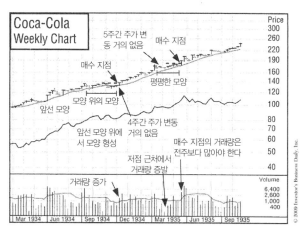

이 20~30% 수준을 넘지 못할 때 나타난다. 결국 이 주식은 다시 떨어져 주요 지수가 새로운 저점을 만드는 사이 앞서 형성했던 모양보다 약간 높은 수준에서 등락을 거듭하며 에너지를 축적하는 두 번째 모양을 만들게 된다.

시간이 지나면 늘 그렇게 되지만 시장 전반의 약세 기조는 마침내 끝나고, 이 주식은 가장 먼저 신고가를 경신하면서 엄청난 상승세를 보여준다. 마치 육중한 무게에 짓눌려있던 용수철 같은 형국이다. 짓눌렸던 무게가 사라지면 용수철은 마음껏 치솟는다. 시장 분위기에 휩쓸려 동요하거나 자신감을 잃는 것이 얼마나 어리석은 일인지 확실히 보여주는 사례다. 몇 달만 지나면 새로운 상승 행진이 시작됐을 테니 말이다.

우리는 1978년에 바로 이 같은 모양 위의 모양 주가 패턴을 보여준 보잉과 M/A-커뮤니케이션 주식을 기관 투자가들에게 최고의 매수 대상 종목으로 추천했다. 이들 두 종목은 그 후 각각 180%, 950% 상승했다. 어센드 커뮤니케이션즈와 오라클도 대표적인 사례로 손꼽힌다. 어센드 커뮤니케이션즈는 1994년 12월 약세장이 끝난 뒤 17개월 만에 1500%나 상승했다. 오라클도 1999년 10월 똑같이 모양 위의 모양 주가 패턴을 형성한 뒤 거의 300%나 치솟았다. 코카콜라는 대공황의 와중이던 1934년에 모양 위의 모양을 만들어냈다.

"오르막 모양"

오르막 모양(Ascending Bases)은 평평한 모양과 마찬가지로 손잡이가 달린 컵 모양이나 이중 바닥을 만든 뒤 상승세를 타는 와중에 나타난다. 이 모양은 매도 공세로 인해 세 차례 정도 주가가 10~20% 되돌림 하면서 형성되는데, 각각의 저점은 앞서의 저점보다 조금씩 높아 내가 오르막 모양이라고 부르게 된 것이다.

이때의 주가 되돌림은 시장 전반이 하락하면서 불가피하게 이뤄지는 것이다.

보잉은 1954년 2분기에 13주간에 걸쳐 오르막 모양을 만들었는데, 그후 주가가 두 배로 뛰어올랐다. 이동식 주택 건설업체였던 레드맨 인더스트리도 1968년 1분기에 11주간에 걸친 오르막 모양을 형성한 뒤 불과 37주만에 500%의 상승률을 기록했다. 1998년 10월 손잡이가 달린 컵 모양을 완성하고 상승세를 탔던 아메리카 온라인 역시 1999년 1분기에 오르막 모양을 만든 다음 500%의 급등세를 다시 이어갔다.

보다시피 역사는 되풀이된다. 과거의 주가 패턴을 많이 알고 구분하는 능력이 있다면 앞으로 주식시장에서 더 많은 투자 수익을 거둘 수 있을 것이다.

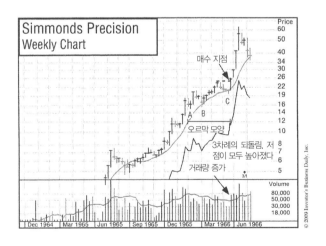

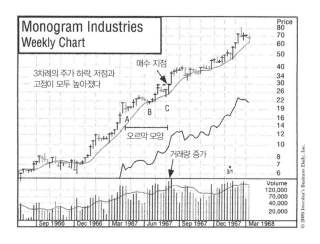

Monogram Industries
Weekly Chart

3차례의 주가 하락, 저점과
고점이 모두 높아졌다

매수 지점

오르막 모양

거래량 증가

A B C

Price
80
70
60
50
40
34
30
26
22
19
16
14
12
10
8
7
6

3/1

Volume
120,000
70,000
40,000
20,000

Sep 1966 | Dec 1966 | Mar 1967 | Jun 1967 | Sep 1967 | Dec 1967 | Mar 1968

© 2009 Investor's Business Daily, Inc.

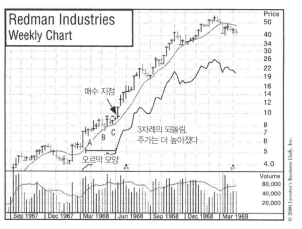

Redman Industries
Weekly Chart

매수 지점

3차례의 되돌림,
주가는 더 높아졌다

오르막 모양

A B C

Price
50
40
34
30
26
22
19
16
14
10
8
7
6
5
4.0

2/1

Volume
80,000
40,000
20,000

Sep 1967 | Dec 1967 | Mar 1968 | Jun 1968 | Sep 1968 | Dec 1968 | Mar 1969

© 2009 Investor's Business Daily, Inc.

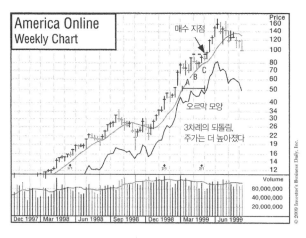

America Online
Weekly Chart

매수 지점

A B C

오르막 모양

3차례의 되돌림,
주가는 더 높아졌다

Price
160
140
120
100
80
70
60
50
40
34
30
26
22
19
16
14
12

Volume
80,000,000
40,000,000
20,000,000

Dec 1997 | Mar 1998 | Jun 1998 | Sep 1998 | Dec 1998 | Mar 1999 | Jun 1999

© 2009 Investor's Business Daily, Inc.

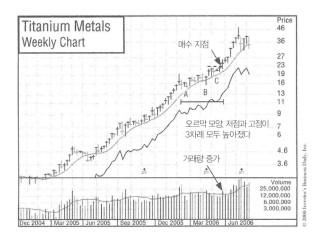

Titanium Metals
Weekly Chart

매수 지점

Price
46
36
27
23
19
16
13
11
9
7
6

C
A   B

오르막 모양, 저점과 고점이
3차례 모두 높아졌다

거래량 증가

4.6
3.6

Volume
25,000,000
12,000,000
6,000,000
3,000,000

Dec 2004   Mar 2005   Jun 2005   Sep 2005   Dec 2005   Mar 2006   Jun 2006

© 2009 Investor's Business Daily, Inc.

너무 길고 느슨한 주가 형태는 실패하기 쉽다

너무 길고 느슨하게 보이는 차트는 대개 실패하지만 나중에 탄탄한 모습
이 될 수 있다. 뉴잉글랜드 누클리어와 휴스턴 오일 앤 미네랄의 경우 길
고 느슨한, 특이한 주가 흐름을 보여주다가 다시 팽팽하게 조여진 대표적
인 사례다. 내가 이들 두 종목을 소개하는 이유는 당시 내가 놓쳤기 때문
이다. 이렇게 최고의 주식을 놓쳐버리면, 정확한 모양을 만든 뒤 비상하
려고 할 때 왜 이런 종목을 알아채지 못했는지 되돌아보는 게 중요하다.

뉴잉글랜드 누클리어는 다음 차트에서 보듯이 A~E지점까지 이어지는
이중 바닥 비슷한 주가 패턴을 나타냈지만 너무 길고 느슨해서 실패하는
모습이었다. 이 주식은 A지점에서 D지점까지 40% 가까이 떨어졌다. 하
락률은 너무 컸고, 바닥을 치는 데 시간도 많이 걸려 약 6개월이나 소요
됐다. 하지만 이처럼 실패하기 쉬운 주가 패턴을 만나면 상대적 주가 강
도(RS)의 추세를 통해 다른 신호를 찾아봐야 한다. E지점에서 매수하는
것은 잘못이다. 손잡이가 너무 짧아 매물 출회가 제대로 이뤄지지 않았

다. 손잡이의 저점이 쐐기형으로 올라가고 있다.

뉴잉글랜드 누클리어는 E지점에서 F지점을 거쳐 G지점까지 두 번째 모양을 형성했다. 그러나 만일 G지점에서 매수한다면 이것 역시 틀린 것이다. 주가 패턴이 여전히 길고 느슨하다는 점에서 아직 완전하지 않다. E지점에서 F지점까지는 상대적 주가강도가 계속 악화되면서 느린 속도로 하락하고 있다. F지점에서 G지점까지의 상승은 3개월밖에 소요되지 않았을 정도로 너무 빠르고 비정상적이다. 상대적 주가강도가 호전되면서 지난 17개월간 하락한 낙폭을 3개월만에 만회했지만 그렇다고 앞서의 부진했던 추세를 긍정적인 추세로 돌리기에는 미흡하다.

이 주식은 다시 G지점에서 H지점까지 하락했는데, 이 모습은 E지점에서 F지점과 G지점을 거쳐 만들어진 컵 모양의 손잡이 부분처럼 보여진다. 이를 손잡이가 달린 컵 모양이라고 생각하고 I지점에서 매수한다면 이 역시 잘못된 것이다. 손잡이가 너무 느슨하기 때문이다. 하락률이 20%에 달한다. 그러나 이 시점에 이르면 마침내 I지점에서 J지점을 거쳐 K지점에 이르는 과정이 단단하게 조여졌고, 결국 15주 후인 K지점에서 이제 훌륭하게 모양을 만든 뒤 신고가를 돌파했으며, 그 후 주가는 3배 가까이 상승했다. 그러면 이제 K지점에서 다시 F지점으로 돌아가 지난 11개월간 이 주식의 상승세와 상대적 주가강도가 얼마나 개선됐는지 살펴보라.

어떤 종목이든 틀림없이 매수하는 데 맞는 타이밍이 있고, 틀린 타이밍이 있다. 하지만 이 차이를 이해하려면 상당한 노력이 필요하다. 주식시장에서 하루아침에 성공하는 경우는 없다. 남에게서 귀동냥을 하고 행운을 빈다고 해서 성공이 따라오지는 않는다. 스스로 공부하고 준비해

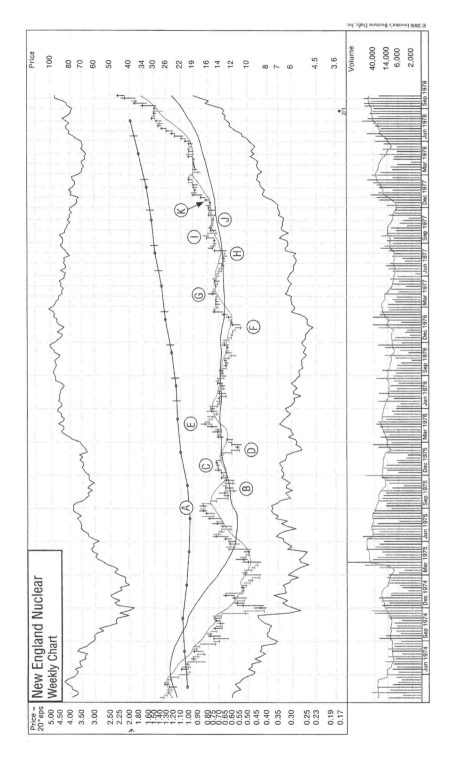

야 한다. 그래야 자기 힘으로 자신의 투자에서 성공할 수 있다. 더 많은 지식을 쌓아야 한다. 처음에는 쉽지 않겠지만 나중에는 반드시 보상을 받을 것이다. 누구든지 배울 수 있다. 당신도 할 수 있다. 배울 수 있다고 확신하라. 그동안 통하지 않았던 잘못된 지식들은 전부 내려놓으라.

여기 소개하는 몇 가지 길고 느슨한 주가 패턴은 2000년 3월에 시작된 기나긴 약세장에서 눈먼 투자자들을 끌어들였지만 결국 실패하고 말았다. 2000년 10월 20일의 베리타스 소프트웨어, 2000년 12월 28일의 아나렌 마이크로웨이브, 2001년 1월 24일의 컴버스 테크놀러지가 대표적이다.

앞서 언급했던 휴스턴 오일 앤 미네랄의 경우는 더욱 극적이었다. 이 주식은 F지점에서 G지점까지 조정을 받으면서 손잡이 형태가 됐지만 너무 길고 느슨했는데, 나중에 이것이 탄탄해지면서 아주 긍정적인 주가 차트를 만들어냈다. A지점에서 B지점과 C지점까지의 과정은 너무 길고 느슨한 데다 하락폭이 비정상적으로 크다. 또 B지점에서 C지점까지 상승할 때 되돌림 한 번 없이 곧장 올라갔다. C지점과 D지점 모두 잘못된 주가 패턴을 만들었지만 신고가 경신에는 실패하는 모습이었고, H지점에 이르러서야 길고 느슨한 형태의 손잡이가 달린 컵 모양을 뚫고 올라가려는 시도를 하게 된다. 마침내 H지점에서 I지점을 거쳐 J지점으로 이르는 9주간의 짧고 단단한 모양을 만들어낸 것이다.(1975년 12월의 저점에서 거래량이 급격히 줄어들었다는 데 주목하라.)

코네티컷 주 하트포드에 있는 영민한 증권회사 직원 하나가 당시 나에게 이 형태에 주목하라고 전화를 걸어왔다. 그러나 나는 너무나 좋지 않은 주가 패턴이 2년이나 지속돼왔고, 순이익도 썩 좋은 편이 아니라는 데

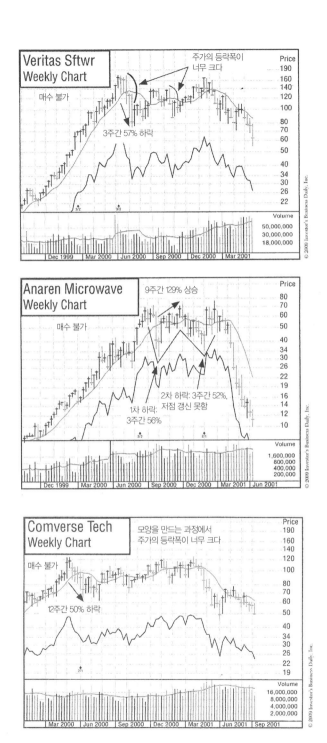

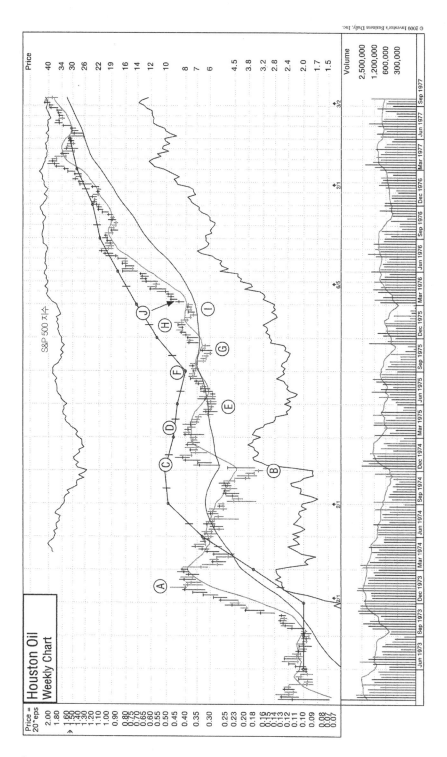

Houston Oil
Weekly Chart

Price =
20*eps

S&P 500 지수

Price

40
34
30
26
22
19
16
14
12
10
8
7
6
4.5
3.8
3.2
2.8
2.4
2.0
1.7
1.5

2.00
1.80
1.60
1.50
1.40
1.30
1.20
1.10
1.00
0.90
0.80
0.75
0.70
0.65
0.60
0.55
0.50
0.45
0.40
0.35
0.30
0.25
0.23
0.20
0.18
0.16
0.14
0.13
0.12
0.11
0.10
0.09
0.08
0.07

Volume

2,500,000
1,200,000
600,000
300,000

Jun 1973 Sep 1973 Dec 1973 Mar 1974 Jun 1974 Sep 1974 Dec 1974 Mar 1975 Jun 1975 Sep 1975 Dec 1975 Mar 1976 Jun 1976 Sep 1976 Dec 1976 Mar 1977 Jun 1977 Sep 1977

162

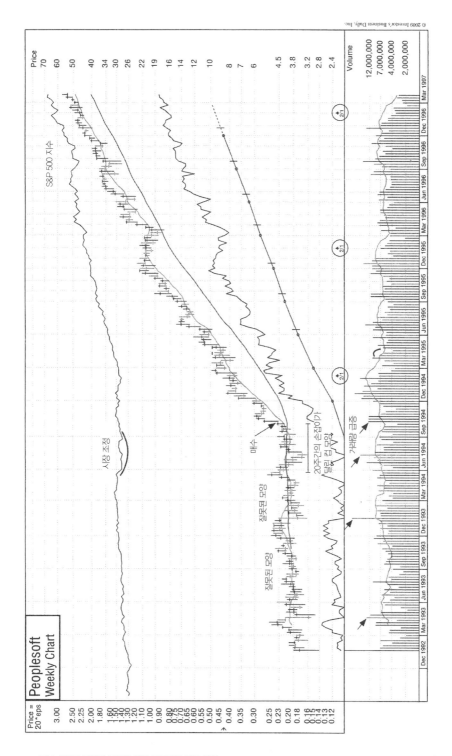

더 무게를 두고 있었기 때문에 불과 9주일 정도 양호한 흐름을 보였다고 해서 마음을 바꾸고 싶지 않았다. 더구나 나는 1973년 초 휴스턴 오일의 주가가 엄청나게 올랐던 것도 마음에 걸렸다. 결국 인간의 판단이란 종종 틀리지만 시장은 결코 틀리지 않는다는 옛 격언을 입증해준 사례였다.

이 사례에서 또 한 가지 매우 중요한 사실을 배울 수 있다. 우리가 오랫동안 가져왔던 의견을 바꾸는 데는 그만큼 많은 시간이 필요하다는 점이다. 당시 이 회사의 분기 순이익 증가율은 357%에 달했지만 앞서 3분기 연속 순이익 증가율이 감소했기 때문에 나는 약세를 이어갈 것이라는 내 잘못된 판단을 바로잡지 못했다. 어쨌든 정확한 매수 지점은 1976년 1월이었다.

뉴잉글랜드 누클리어와 휴스턴 오일이 그렸던 똑같은 형태를 1994년 8월 피플소프트가 만들어냈다. 피플소프트는 1993년 9월 길고 느슨한 데다 저점이 쐐기형으로 올라가는 주가 패턴을 나타내며 신고가 경신에 실패했다. 1994년 3월에는 두 번째로 실패했는데, 이때는 손잡이가 컵의 아랫부분에 달려버렸다. 하지만 마침내 주가 패턴이 올바르게 형성되고 시장 전반의 분위기도 나아지자 피플소프트는 1994년 8월 그야말로 치솟기 시작했다.

피플소프트처럼 몇 번의 시도 끝에 결국 성공한 형태가 1999년 1월 첫주 샌디에이고에 본사를 둔 퀄컴에서 만들어졌다. 퀄컴은 1996년 말에 손잡이가 너무 밑에 달리는 바람에 모양 형성에 실패한 뒤 1997년 10월에는 신고가를 경신했지만 느슨하고 실패하기 쉬운 모양을 만들어냈다. 이때가 두 번째 잘못된 모양이었고, 역시 손잡이가 컵의 아랫부분으로 내려와 실패하고 말았다. 세 번째 모양은 멋지게 성공했다. 1999년 1월 첫 주에 아주 훌륭한 손잡이가 달린 컵 모양을 만들어낸 것이다. 퀄컴은 그 후 단 1년 만에 주식 분할을 감안할 경우 7.50달러에서 200달러까지 수직 상승했다. 당신도 시간을 들여 과거의 사례를 공부해보는 게 좋을 것이다. 당신이 퀄컴 주식에 7500달러를 투자했는데 1년 만에 20만 달러가 됐다면 무슨 생각이 들겠는가?

실패하는 주가 패턴과 형태를 잘 구분하라

안타깝게도 지난 78년간 주가 패턴을 분석하려는 독창적인 연구나 진지한 조사가 전혀 없었다. 〈포브스Forbes〉의 금융부문 편집자였던 리처드 샤베커는 1930년에 《주식시장의 이론과 실제Stock Market Theory and Practice》라는 책을 펴냈다. 이 책에서 그는 삼각형, 코일형, 페넌트형 같은 여러 패턴들에 대해 설명했다. 하지만 우리가 오랫동안 주가 패턴을 조사하고 모델을 구축하면서 알게 된 사실은 샤베커의 책에 나온 패턴들이 현실성이 떨어지며 매우 위험하다는 것이다. 그가 소개한 패턴은 아마도 대부분 종목의 주가가 천정부지로 치솟았던 "질풍노도 같았던 1920년대"에나 가능했던 것 같다. 몇 가지는 1999년과 2000년 1분기에 비슷하게나마 나타나기도 했는데 다름아닌 많은 사람들이 현혹돼 돈을 잃은 패턴들이었다. 이 시기는 무지막지한 투기 바람으로 인해 튤립 구근(球根)의 가격이 하늘 높은 줄 모르고 치솟았던 17세기 네덜란드의 튤립 광기 때와 비슷했다.

우리의 연구 결과 신뢰할 수 있는 주가 패턴 대부분은 최소한 7~8주간의 에너지 축적 과정을 거치는 것으로 나타났다. 물론 아주 드물게 나

Qualcomm
Weekly Chart

Price =
20 * eps

Price
180
155
135
114
98
84
72
62
54
47
41
35
30
26
22
19
16
14
12
10
9
7
6
5
4
4.2

Volume
80,000,000
40,000,000
20,000,000

S&P 500 지수

시장 조정

4번째에 바로소 손잡이가
달린 컵 모양을 만들었다

매수

매수 물가 모양의 이
랫부분에 몰려 있다

매수 물가 3중 바닥이
제대로 형성되지 않았다

1 2 3

매수 물가 모양이
아랫부분에 몰려 있다

24주간의 손잡이가 달린 컵 모양

102/100

거래량 증가

166

타나고 구분하기도 어려운 높이 치솟은 깃발형과 5~6주 사이에 모양을 형성하는 평평한 모양, 4~6주만에 형태를 만들어내는 정방형은 예외로 하고 말이다. 샤베커가 설명한 삼각형이나 코일형, 페넌트형은 제대로 된 모양을 형성하기에는 시간도 충분치 않고 불가피한 조정 과정도 없다. 1주나 2주, 혹은 3~4주만에 만들어낸 모양은 매우 위험하다. 어떤 경우에도 이런 모양은 피해야 한다.

존 맥기와 로버트 D. 에드워즈도 1948년에 펴낸 《주가의 추세에 관한 기술적 분석Technical Analysis of Stock Trends》에서 샤베커가 앞서 소개한 잘못된 주가 패턴들을 똑같이 다시 설명했다.

1962년에 윌리엄 질러가 펴낸 《차트는 주식 투자에 어떤 도움을 주는가How Chart Can Help You in the Stock Market》는 아주 쉽게 풀어 쓴 책인데, 기술적 분석의 이면에 있는 정확한 원칙들을 잘 설명했다. 하지만 이 책 역시 대공황 이전 시대에나 적합할 실패하기 쉬운 패턴들을 되풀이해서 다루고 있다.

삼중 바닥(Triple Bottoms)과 헤드 앤 쇼울더 바닥(Head and Shoulder

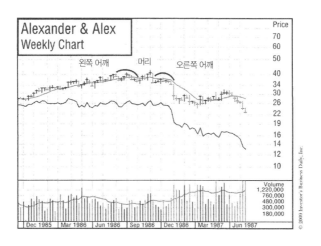

Bottoms)은 아마도 기술적 분석을 다루는 책마다 나오는 가장 일반적인 주가 패턴일 것이다. 우리 역시 이런 모양이 약세장에서 나타나는 패턴이라는 사실을 확인했다. 헤드 앤 쇼울더 바닥이 나타난 뒤 상승에 성공하는 경우가 간혹 있기는 하지만, 이 모양에서는 강력한 시장 주도주라면 당연히 보여주어야 할 강한 상승 추세가 결여돼 있다는 점이 문제다.

그러나 어떤 주식이 천정을 쳤는지 확인할 때 헤드 앤 쇼울더 천정 (Head and Shoulder Top) 패턴으로 정점을 친 모습이라면 상당히 신뢰할 만하다. 하지만 조심해야 한다. 차트에 관해 제대로 알지 못하고 있다면 진짜로 헤드 앤 쇼울더 천정 패턴을 만들었는지 정확히 읽을 수 없다. 많은 프로들조차 이 주가 패턴을 제대로 읽어내지 못한다. 두 번째로 형성되는 오른쪽 어깨는 반드시 왼쪽 어깨보다 약간 아래 위치해야 한다.(알렉산더 앤 알렉산더의 차트를 참조하기 바란다.)

삼중 바닥은 이중 바닥에 비해 느슨하고 약하며 매력도 없는 주가 패턴이다. 이중 바닥의 경우 주가가 조정을 받아 하락하면서 두 차례 저점을 만들고, 손잡이가 달린 컵 모양은 한 차례 저점을 만드는 데 반해 삼

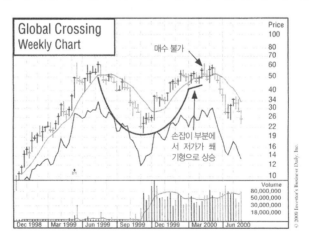

중 바닥은 세 차례나 저점을 만들기 때문이다. 앞서 언급했듯이 손잡이가 쐐기형으로 올라가는 형태의 컵 모양은 대개 실패하기 쉬운데 글로벌 크로싱의 차트를 보면 금방 알 수 있다. 숙련된 차트 전문가라면 틀림없이 글로벌 크로싱 주식을 외면했거나 팔아버렸을 것이다. 이 회사는 결국 파산했다.

상대적 주가 강도를 올바로 활용하기

펀더맨털을 중시하는 많은 애널리스트들은 기술적 분석이 단지 상대적 주가 강도가 가장 높은 주식을 매수하는 것이라고 생각한다. 그런가 하면 기술적 분석이 그저 "모멘텀이 강한" 주식을 사는 것이라고 주장하는 이들도 있다. 하지만 모두 틀렸다.

기업 실적이 가장 좋은 종목 가운데 상대적 주가 강도가 제일 높은 주식을 산다고 해서 성공하는 것은 아니다. 제대로 된 모양 형성 기간을 거친 뒤 모양을 뚫고 나오면서 시장 평균보다 더 나은 수익률을 기록한 종목을 매수해야 하는 것이다. 한편 주가 상승이 너무 빠르게 이뤄졌고, 모양을 형성한 지 상당히 오랜 시간이 경과했으며, 상대적 주가 강도가 과도하게 높다면 주식을 팔아야 할 때다. 이 차이를 이해하려면 일간 혹은 주간 차트를 활용해야 한다.

매물 벽이란?

주가의 흐름을 분석할 때 이해해야 할 아주 중요한 개념이 바로 매물 벽(Overhead Supply)의 원칙이다. 매물 벽이란 하락세를 거친 주식이 다시 상승하려는 과정에서 강한 저항대에 부딪쳤을 때 나타난다.

이 저항대는 앞서 이 주식의 매수가 이뤄진 가격대를 나타내는데, 이제 주가 상승을 제한하고 짓누르게 된다. 왜냐하면 이 가격대에 주식을 매수한 투자자들은 일단 자신의 진입 지점까지 주가가 회복되면 팔려고 하기 때문이다. 손실이 사라지면 이익이 없더라도 우선 팔아서 고통거리를 없애려는 것이다.(앳 홈의 주가 차트를 보라.) 가령 어떤 주식이 25달러에서 40달러로 상승했다가 30달러로 떨어졌는데, 많은 투자자들이 30달러 대 후반에서 40달러 수준에서 매수했다고 하자. 이 경우 재빨리 주식을 처분했거나 손절매하지 않은 투자자 대부분이 손실을 보고 있을 것이다. 결국 이 주식이 30달러 대 후반이나 40달러 수준으로 다시 오르면 손실을 보고 있던 투자자들이 우르르 매물을 내놓은 뒤 안도의 한숨을 내쉴 것이다.

이런 투자자들은 아마도 스스로에게 이렇게 다짐했을 것이다. "손해 본 것만 만회하면 무조건 판다." 사람의 본성이란 이처럼 단순하다. 그래서 큰 손실을 기록한 뒤 주가가 올라 겨우 본전 수준만 되면 많은 사람들이 매도에 나서는 것이다.

뛰어난 차트 전문가들은 매물 벽이 얼마나 두껍게 형성돼 있는지 읽어내는 방법을 안다. 이들은 매물 벽에 엄청난 물량이 몰려있는 종목을 매수하는 우는 절대 범하지 않는다. 사실 펀더맨털만을 고집하는 많은 애널리스트들이 종종 저지르는 치명적인 실수가 바로 이런 주식을 매수하는 것이다.

하지만 주가가 다소 높다 하더라도 매물 벽을 허물고 올라갈 여지가 있다면 매수해도 괜찮다. 결국 매물 벽에 물려있는 물량을 소화할 만한 충

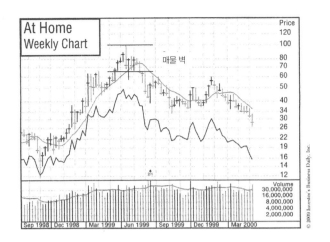

분한 수요가 있다면 저항대을 뚫을 수 있기 때문이다. 매물 벽이 2년 이
상 되면 저항대가 매우 약해진다. 물론 처음으로 신고가를 경신하고 새
로운 상승 국면으로 진입한 주식이라면 매물 벽이 있을 리 없으므로 더
할 나위 없이 매력적이라고 할 수 있겠다.

새로 상장된 낯선 종목에서 기회를 잡으라

늘 긴장하고 있는 투자자들은 최근 10년 사이 새로 주식시장에 상장
된 종목을 전부 추적한다. 바로 이런 주식들 가운데 몇몇 종목이 한두
해 뒤 최고의 주식으로 부상한다는 점에서 이런 자세는 매우 중요하다.

어떤 신규 상장 종목은 상장 직후 조금 오르다가 시장이 약세로 기우
는 바람에 하락세로 돌아서 신저가를 경신하기도 한다. 그러면 이런 종
목은 첫 인상부터 구겨져버린다. 하지만 다음 번 강세장이 시작되면 이렇
게 잊혀졌던 신규 상장 종목들 가운데 몇몇이 슬며시 반등하면서 좋은
주가 패턴을 만들고 갑자기 비상해 주가가 2~3배 오르게 된다.

대부분의 투자자들이 이런 출중한 주가 흐름을 놓치게 되는 이유는 잘 모르는 회사 이름 때문이다.

첨단 기술 업종의 성공 가도를 달리고 있는 젊은 성장주들은 사업에 뛰어든 지 5~10년 사이의 기간에 가장 빠른 순이익 성장률을 기록한다. 이들이 초창기에 고성장을 지속하는 동안 주목해야 한다.

요약하자면 올바른 종목 선정을 위해서는 차트를 읽고 활용하는 방법을 배워야 한다는 것이다. 차트는 정보의 보고(寶庫)다. 차트를 제대로 활용하는 데는 시간과 노력이 필요하지만 이를 읽고 해석하는 것은 생각보다 어렵지 않다.

현명한 투자자일수록 약세장을 조심한다!

마지막으로 한가지 사려 깊게 행동하라는 말을 꼭 전하고 싶다. 만일 당신이 주식 투자를 처음 시작한 초보자거나 이 책에서 설명한 과거 사례를 통해 증명된 투자 전략을 처음 봤거나, 더욱 중요한 것은 이 책을 읽고 있는 시기가 약세장이 막 시작된 초입이거나 약세장의 한가운데라면 주가 패턴에서 매수 지점을 잡으려 하지 말아야 한다. 약세장에서는 신고가를 경신한다고 해서 절대 매수해서는 안 된다. 그렇게 하면 대부분 실패한다.

주가 패턴이 앞서의 패턴에 비해 더 깊고 느슨하며 기간도 오래 걸릴 때가 있다. 세 번째 혹은 네 번째 모양이 그렇다. 손잡이가 쐐기형이거나 느슨하고 깔끔하지 않다. 손잡이가 컵의 아랫부분에 걸쳐있다. 모양의 바닥을 치고 신고가를 향해 상승하면서 손잡이도 만들지 않고 "V"자 모양을 그린다. 어떤 주가 패턴은 상대적 주가강도가 하락하는 소외주의 모습을 보여주기도 하고, 어떤 주가 패턴은 거래량이 늘어나야 할 때 오히려 줄어들거나 매주 주가의 등락폭이 더 커지기도 한다.

이런 경우는 모양을 형성하고 신고가를 경신하더라도 작동하지 않는다. 타이밍도 틀렸고, 주가 흐름도 잘못됐다. 주가와 거래량의 패턴이 실패하기 쉬운 거짓 모습이라는 말이다. 시장 전반이 약세로 돌아섰다면 이제 팔아야 할 시점이다. 주식을 100% 현금화한 뒤 후일을 기약하면서 인내심을 갖고 공부하라. 어쩌면 그리 오래지 않아 모든 뉴스가 끔찍스럽게 들려올 때 비로소 겨울은 다 지나가고 새로이 엄청난 강세장이 불쑥 찾아와 활짝 피어날 것이다. 여기서 설명한 실전 투자 기술과 이미 입증된 원칙들은 몇 번이고 경기 순환이 반복돼도 여전히 효과가 있을 것이다.

C = 현재의 주당 분기 순이익:
클수록, 빠르게 성장할수록 좋다

델 컴퓨터, 시스코 시스템스, 아메리카 온라인(AOL), 이들은 매일 주식시장에서 거래되는 수천 개 종목 가운데 1990년대 가장 뛰어난 수익을 거둔 주식이다. 각각 1780%, 1467%, 557%의 상승률을 기록했다. 그 이유는 무엇이었을까?

구글은 또 어떠했는가? 2004년 8월 주식시장에 상장돼 85달러에 거래되기 시작한 뒤 쉬지 않고 상승해 2007년 700달러를 넘어선 이유는 어디에 있을까? 애플의 경우는? 6개월간 완벽한 손잡이가 달린 컵 모양을 만들어낸 뒤 45개월만에 (주식 분할을 감안할 때) 12달러에서 202달러까지 치솟은 비밀은 무엇일까?

주가가 오르내리는 이유는 수백 가지가 있겠지만, 이들 기업이 공통적으로 가졌던 핵심적인 요소는 그 중 무엇이었을까?

괜히 해보는 그런 한가로운 의문이 아니다. 여기에 대한 답이야말로 주식시장에서의 진정한 성공의 비밀을 풀어줄 것이다. 우리는 지난 한 세기 반 가까운 세월에 걸쳐 주식시장에서 슈퍼스타로 떠올랐던 종목들을 전부 연구한 결과, 이들이 정말로 공통적인 특성을 가지고 있음을 발견했다.

그러나 그 중에서도 가장 중요한 특성은 시세의 대폭발에 앞서 직전 1~2분기에 순이익이 급증했다는 사실이다. 몇 가지 사례다.

- 델 컴퓨터는 1996년 11월부터 주가가 치솟기 시작했는데, 그에 앞선 2분기 동안 연속해서 순이익이 각각 74%, 108% 늘어났다.
- 시스코 시스템스는 1990년 5~7월 분기와 8~10월 분기에 순이익이 각각 150%, 155% 늘어났고, 주가는 그 후 3년 넘게 급등세를 이어갔다.
- 아메리카 온라인은 분기 순이익이 연속해서 900%, 283% 늘어난 직후인 1998년 10월부터 6개월간 주가가 폭발적으로 상승했다.
- 신데렐라처럼 주식시장에 등장해 놀라운 상승세를 기록한 구글은 상장 직전 2분기 동안 순이익이 각각 112%, 123% 증가했다.
- 애플은 주가가 날아가기 직전 분기에 순이익이 350% 증가했고, 다음 분기에 또다시 300% 늘어났다.

그러나 이건 최근에야 벌어진 놀라운 사건이 아니다. 순이익의 폭발적인 증가가 주가 급등세를 동반한 것은 주식시장 역사를 통틀어 계속 있

C = 현재의 주당 분기 순이익: 클수록, 빠르게 성장할수록 좋다

어왔던 일이다. 스투드베이커의 경우 1914년에 순이익이 296% 늘어나자 주가는 8개월 사이 45달러에서 190달러로 뛰어올랐다. 쿠반 아메리칸 슈가도 1916년에 순이익이 1175%나 급증했는데, 그해 주가는 35달러에서 230달러로 치솟았다.

1919년 여름 스투츠 모터카는 베어캣이라는 고성능 스포츠카 출시를 앞두고 순이익이 70% 증가했고, 주가는 40주만에 75달러에서 385달러로 상승했다.

유에스 캐스트 아이언 파이프의 주당 순이익은 1922년 1.51달러에서 1923년 21.92달러로 1352%나 급증했다. 그러자 1923년 말 30달러였던 주가가 1925년 초에는 250달러까지 올랐다.

폰 드 네모스는 1926년 3월 순이익이 259% 증가했다고 발표했는데, 그해 7월 41달러에 머물렀던 주가가 1929년 증시 붕괴 직전에는 230달러까지 상승했다.

사실 주식시장에서 매년 최고의 수익률을 기록한 종목들을 살펴보면 순이익의 급증과 주가의 급등 간에 상관관계가 있음을 쉽게 발견할 수 있다.

따라서 우리가 왜 다음과 같은 결론을 내리게 됐는지도 알 수 있을 것이다.

매수할 주식을 고를 때는 반드시 최근의 분기별 주당 순이익이 전년도 같은 분기와 비교해 상당히 큰 폭으로 증가한 종목을 선정해야 한다.

당기 순이익이 크게 증가하고 있는 주식을 찾으라

1952년부터 2001년까지 가장 뛰어난 주가 상승률을 기록한 600개 종목을 조사한 결과, 넷 중 셋은 시세 폭발에 앞서 공식적으로 발표된 최근 분기 순이익이 평균 70% 이상 늘어났다. 나머지 하나도 시세 분출 직전에는 급격한 분기 순이익의 증가가 없었으나 바로 다음 분기에 순이익이 급증했고, 그것도 평균 90%에 달했다!

프라이스라인닷컴은 2006년 2분기에 순이익이 "고작" 34% 늘어났지만, 곧바로 주가가 뛰어오르기 시작해 30달러에서 140달러까지 상승했다. 그런데 그 뒤 분기 순이익은 폭발적으로 늘어나 매 분기 증가율이 53%, 107%, 126%에 달했다!

1910년부터 1950년까지 최고의 수익률을 기록한 주식 대부분은 시세 폭발 직전 40~400%의 순이익 증가율을 보여주었다.

이처럼 최고의 주식들이 시세 분출 직전에 공통적으로 순이익이 큰 폭으로 늘어났다면, 다른 요인을 찾아봐야 무슨 의미가 있겠는가? 사실 나스닥과 뉴욕 증권거래소(NYSE)에 상장된 기업 가운데 이 정도 순이익 증가율을 보여주는 경우는 단지 2%에 불과하다. 하지만 명심해야 할 게 있다. 당신이 찾는 종목은 예외적인 것이라는 의미지, 희미해서 보이지 않는다는 것은 아니다. 걱정하지 말라. 분명히 있다.

그러나 이런 종목을 탐색할 때 조심해야 할 게 있다. 함정과 덫이 있을 수 있으니 잘 피해야 한다는 것이다.

당신이 주목해야 할 주당 순이익(EPS)은 그 기업의 세후 순이익을 현재 발행돼 있는 보통주 주식수로 나눈 것이다. 바로 이 EPS의 증감이 종목

C = 현재의 주당 분기 순이익: 클수록, 빠르게 성장할수록 좋다

선정 시 가장 중요한 요소다. EPS 증가율이 높을수록 더 좋다.

하지만 인터넷 주식 붐이 불었던 1990년대 말 대부분의 인터넷 관련 주와 닷컴주가 적자를 면치 못했는데도, 많은 사람들이 순식간에 이익이 크게 늘어나 부자가 될 거라는 거창한 이야기에 현혹돼 이들 주식을 매수했다. 그나마 AOL과 야후 같은 기업은 실제로 이익을 내고 있었지만, 당신의 귀중한 돈을 장래가 불확실한 종목에 투자하는 위험을 감수할 필요는 없다.

AOL과 야후는 당시 인터넷 관련주의 리더였다. 불가피하게 주식시장에 조정기(하락기)가 찾아오면, 투자등급은 떨어지고 적자 기업들의 주가는 더 빨리 떨어져 최악의 하락을 면치 못하게 된다. 굳이 이런 위험을 짊어질 필요는 없다.

개인 투자자도 아닌 전문적인 펀드매니저가, 최근 분기 순이익이 전년 동기에 비해 그대로거나 줄어든 종목을 사는 걸 보면 놀라울 뿐이다. 그 기업의 현재 순이익이 좋지 않은데도 불구하고 그 주식이 큰 시세를 이어갈 리는 만무하기 때문이다.

심지어 순이익 증가율이 5~10%에 달한다 해도 주가가 급상승하기에는 충분치 않다. 오히려 8~10% 정도의 순이익 증가율을 발표한 기업 중에는 다음 분기에 갑자기 순이익이 줄어드는 경우가 많다.

펀드 규모가 커서 자산 운용에 제약이 있는 기관 투자가와는 달리 개인 투자자는 주가 상승기에 최고의 주식만 골라서 투자할 수 있다는 이점을 갖고 있다. 닷컴주 열풍이 불었던 1998~99년에도 아마존닷컴과 프라이스라인닷컴처럼 순이익을 한 푼도 내지 못하던 기업들의 주가가 크게 오르기도 했지만, 결국 AOL이나 찰스 슈왑 같이 확실한 순이익을 내고 있던 종목을 매수한 투자자가 더 나은 수익률을 거두었다.

순이익을 무엇보다 강조하는 CAN SLIM 전략을 따라서 하면 주식시장이 어느 국면에 있든 언제나 가장 확실한 종목을 고를 수 있다. 일시적으로 불어 닥치는 엄청난 열기의 투기적 "거품"이나 광기에 휩싸여 있을 때도 마찬가지다. 물론 순이익 증가율 한 가지만 보고 주식을 매수해서는 안 된다. 다른 중요한 요소들에 대해서는 다음 장부터 차례대로 살펴보겠지만, 주당 순이익이 무엇보다 중요하다는 점은 명심하라.

잘못된 실적 발표에 주의하라

이런 내용의 분기 실적 보고서를 읽어본 적이 있는가?

> 우리 회사는 지난 3개월 동안 정말 최악이었습니다. 본사의 비효율성으로 인해 회사의 전망은 더욱 나빠졌습니다. 경쟁사는 훨씬 좋은 신제품을 내놓았고, 이는 우리 회사 매출에 악영향을 미칠 것입니다. 더구나 중서부 지역의 영업망을 잃고 있습니다. 이 역시 경영진의 큰 실수입니다.

물론 아니다. 당신이 읽는 분기 실적 보고서는 이렇게 쓰여 있을 것이다.

> 3월 31일로 끝난 그레이트쉐이크스 코퍼레이션의 분기 매출액은 사상 최대인 720만 달러로 지난해 같은 기간의 600만 달러에 비해 20% 늘어났습니다.

만일 당신이 이 회사의 주식을 갖고 있다면, 이 같은 분기 실적 보고서는 무척 반가운 소식일 것이다. 적어도 실망하지는 않을 것이다. 분명히 이 회사는 괜찮은 기업이고(그렇지 않았다면 애당초 투자하지도 않았을 것이다), 분기 실적 보고서는 당신의 이런 생각을 확인시켜주었다.

그러나 "사상 최대의" 매출액을 발표했다고 해서 꼭 좋은 실적 보고서일까? 가령 이 회사의 주당 순이익도 2.10달러로 사상 최고치를 기록했고, 이는 지난해 같은 분기의 주당 2.00달러에 비해 5% 늘어난 것이라고 하자. 그렇다면 더 좋게 보이는가? 정말로 따져봐야 할 문제는 왜 매출액은 20%나 늘어났는데 순이익은 단지 5% 증가하는 데 그쳤는가 하는 점이다. 이 같은 수치를 통해 알 수 있는 이 회사의 마진율은 과연 얼마인가?

투자자 대부분은 자신이 읽은 실적 보고서의 표현에 만족스러워 한다. 기업 역시 언론사에 보내는 보도자료를 통해, 또 텔레비전의 투자 관련 프로그램에 출연해 회사 실적을 최대한 부풀려 자랑한다. 비록 매출액이 20%나 늘어나 사상 최대를 기록했지만, 이것이 순이익으로 연결됐다는 의미는 아니다. 성공하는 투자자라면 반드시 이런 의문을 가져야 한다.

현재의 주당 분기 순이익은 전년 동기 대비 몇 %나 늘어났는가?

당신이 투자한 기업이 실적 발표를 하면서 매출액은 10% 늘어났고, 순이익은 12% 증가했다고 밝혔다고 하자. 괜찮은 실적 아닌가? 하지만 그렇지 않을 수도 있다. 기업이 거둔 순이익 전부에 집착해서는 안 된다. 당신이 회사 지분을 100% 갖고 있는 것은 아니지 않은가? 당신은 그 기업의 주식 일부만 갖고 있을 뿐이다. 그 기업은 어쩌면 그 사이 증자를 해서 주식을 추가로 발행하는 바람에 보통주의 가치가 "희석"됐을 수 있다. 따라서 이 회사의 순이익이 12% 늘어났다 해도, 주당 순이익(투자자로서 가장 주목해야 할 부분이다)은 5~6% 증가하는 데 그쳤을 수 있다.

기업의 실적 발표에 숨어있는 왜곡된 부분을 찾아낼 수 있어야 한다. "매출액"이니 "순이익"이니 하는, 회사 측에서 사용하는 표현에 현혹돼 주당 분기 순이익 같은 진짜 주목해야 할 대목을 놓쳐서는 안 된다. 이 점을 보다 명확히 하자.

> 반드시 현재의 주당 분기 순이익을 지난해 같은 기간의 주당 순이익과 비교해봐야 한다. 직전 분기와의 비교가 아니다. 그래야만 계절적 요인에 따른 왜곡을 피할 수 있다. 다시 말하지만, 4분기 순이익을 3분기 순이익과 비교해서는 안 된다. 정확한 판단을 위해서는 4분기 순이익을 지난해 4분기 순이익과 비교해야 한다.

일회성 특별이익은 차감하라

계속성이 없는 이익에 마음이 움직여서는 성공하는 투자자가 될 수 없다. 가령 어떤 컴퓨터 제조업체가 최근 분기에 부동산을 처분했는데, 이런 비경상적인 활동 덕분에 이익을 냈다고 하자. 이런 이익은 다음 분기에도 계속 일어날 수 없는 이익이므로 당연히 실적 비교에서 제외시켜야 한다. 이 같은 비경상적인 이익은 일회성으로 끝난다. 지속적으로 일어날 수 없다. 기업의 진정한 수익성을 반영하지 못하는 것이다. 따라서 이런 종류의 이익은 무시해야 한다.

최소한의 순이익 증가율을 미리 설정하라

경험이 많은 노련한 투자자든 초보자든 관계없이 나는 이렇게 조언한다. 가장 최근의 주당 분기 순이익이 최소한 전년 동기 대비 18~20% 증가하지 않은 기업의 주식은 사지 말라. 큰 시세를 낸 종목들을 연구한 결과, 한결같이 폭발적인 주가 상승에 앞서 이런 특징을 보여주었다. 성공한 투자자들 가운데 상당수는 최소한의 순이익 증가율을 25~30%로 잡는다. 더욱 보수적인 투자자는 한 분기가 아니라 최근 두 분기의 순이익 증가율이 인상적인 수치여야 한다고 강조한다.

대세 상승기에는 더욱 강력한 순이익 증가율(40%에서 500% 이상)을 보이는 종목에 집중하라. 당신 앞에는 선택할 수 있는 수천 가지 주식이 있다. 왜 선택 가능한 최고의 상품을 사려고 하지 않는가?

종목 선정을 더욱 확실하게 하기 위해서는, 향후 1~2분기의 순이익 예상치와 1년 전 같은 분기의 순이익을 비교해봐야 한다. 그 기업이 1년 전 비경상적인 손익으로 인해 이례적인 순이익을 냈다면 이번에는 어떻게 됐는지 살펴보라. 1년 전의 비경상적인 손익으로 인한 실적은 계절적 요인이 아니다. 따라서 이런 검증 절차를 밟음으로써 이 회사가 다음 분기에 괜찮은 실적을 발표할 것인지, 아니면 실망스러운 결과를 낼지 예상할 수 있다.

이와 함께 많은 애널리스트들이 예상한 실적 추정치를 합산한 다음 이를 몇 분기 후, 그리고 1~2년 후의 순이익 예상치와 비교해 봄으로써 시장이 이 기업을 긍정적인 시각으로 바라보는지 알 수 있다. 실적 추정치를 제공하는 금융서비스 업체의 자료 가운데는 여러 기업의 향후 5년간에 걸친 연간 순이익 증가율을 알려주는 것들도 있다.

많은 개인 투자자들, 심지어 일부 기관 투자자마저 최근 분기의 순이익이 감소했는데도, 단지 그 기업을 선호한다든가 주가가 싸다는 이유만으로 주식을 매수하는 경우가 있다. 이들은 대개 순이익이 가까운 장래에 다시 크게 늘어날 것이라는 회사 측 설명을 액면 그대로 받아들인다. 어떤 경우에는 이 말이 사실일 수도 있지만 대부분은 그렇지 않다. 중요한 사실은 당신 앞에 선택 가능한 수천 가지 주식이 있으며, 이들 가운데 상당수는 아주 빼어난 실적을 보여주고 있다는 점이다. 결코 실현되지 않을지도 모를 장밋빛 청사진만 믿고 투자할 필요는 없다.

현명한 투자자는 현재의 분기 순이익이 크게 늘어나야 한다는 원칙을 견지함으로써 종목 선정에서 실수할 위험을 줄인다. 하지만 이해해 둬야 할 게 하나 더 있다. 강세장의 막바지 단계에서는 오랫동안 상승세를 이어온 상당수 주도주들이 100%의 순이익 증가율을 기록하더라도 주가는 이미 천정을 쳤을 수 있다는 점이다. 투자자들이나 애널리스트들 모두 여기에 잘 당한다. 당신의 과거 투자 사례를 돌아보면 큰 도움이 될 것이다.

현상 유지에 급급한 경영진은 피하라

설립한 지 오래된 많은 미국 기업들은 계속해서 이류 수준의 실적만 발표하는 그저 그런 경영진을 갖고 있다. 나는 이들을 가리켜 "참호에서 나오려 하지 않는 현상 유지자" "일상적인 관리나 하는 경영진"이라고 부른다. 이런 기업은 누군가 나서서 최고 경영진을 교체하지 않는 이상 투자하고 싶지 않을 것이다. 우연의 일치인지는 몰라도, 대개 이런 기업들이 온갖 수를 다 써서 8~10% 정도의 당기 순이익 증가율을 발표한다. 하지만 탁월한 신제품을 출시하고, 훌륭한 경영진을 보유한 진정한 성장 기업은 굳이 현재의 실적을 극대화하는 데 연연하지 않는다.

분기 순이익 증가율이 갈수록 커지는 회사를 찾아라

최고의 주식들에 대한 우리의 분석 결과, 거의 대부분이 폭발적인 주가 상승 직전 10분기 동안 순이익 증가율이 가속화됐다는 점을 알 수 있었다. 다시 말해 단순히 순이익이 늘어난다고 해서 시세가 분출하는 것은 아니라는 것이다. 순이익 증가율의 폭도 중요하지만 앞선 분기의 순이익 증가율보다 얼마나 더 커졌는가 하는 점 역시 중요하다. 어느 기업의 연간 순이익이 15% 정도 늘어나다가 갑자기 순이익 증가율이 가속화돼 40~50%씩 성장하기 시작했다면, 이런 경우 대부분은 주가가 비상할 수 있는 여건이 만들어진 셈이다. 월스트리트에서는 이런 경우를 "어닝 서프라이즈(earnings surprise)"라고 부른다.

기업 실적을 추적하는 또 다른 좋은 방법이 있다. 최근 몇 달 동안 애널리스트들이 그 기업의 순이익 예상치를 몇 번이나 높였는가를 확인하는 것이다. 또 지난 여러 분기의 실제 실적이 순이익 예상치를 넘어섰던 경우가 얼마나 되는지 계산해보는 것이다.

매출액 증가율에도 주목하라

이번 분기의 순이익이 아주 큰 폭으로 증가했다 하더라도, 반드시 이번 분기 매출액이 최소한 25% 늘어났거나, 적어도 3분기 이상에 걸쳐 매출액 증가율이 가속화하고 있어야 의미가 있다. 주식시장에 새로 상장된 신규 공개기업들은 최근 8~12분기에 걸쳐 최대 100% 이상의 엄청난 매출액 증가율을 기록하는 경우도 있다. 이런 기업은 꼭 확인해봐야 한다.

당신이 투자한 종목이 최근 3분기 동안 매출액과 순이익 증가율이 가속화하고 있다면 특별히 따로 적어두기 바란다. 이런 종목은 절대 초조해하거나 서둘러 매도할 필요가 없다. 꿋꿋이 당신의 포지션을 지키면 된다.

1998년 초 프로 투자자 몇 명이 웨이스트 매니지먼트 주식을 50달러에 매수했다. 이 회사의 최근 3분기 동안 순이익 증가율이 각각 24%, 75%, 268%에 달했기 때문이다. 그러나 매출액은 단지 5% 늘어난 게 전부였다. 몇 달 후 주가는 15달러까지 떨어졌다.

이 사례가 시사하는 바는 무엇인가? 적어도 몇 분기 정도는 비용 절감을 통해, 혹은 연구개발비나 감가상각비, 충당금 전입액, 광고선전비를 삭감해 순이익을 부풀릴 수 있다는 점이다. 그러나 순이익 증가율이 계속 이어지려면 반드시 매출액 증가가 수반돼야 한다. 이런 사례는 웨이스트 매니지먼트에만 국한된 문제가 아니다.

최근의 분기 매출액 대비 세후 순이익의 비율이 회사 설립 이후 최고 수준에 가까운 기업의 주식을 매수한다면 투자에 성공할 가능성은 더욱 높아질 것이다. 그렇다. 투자 수익률을 정말로 높이고 싶다면 좀더 공부해야 한다. 땀을 흘리지 않으면 보상도 없다.

C = 현재의 주당 분기 순이익: 클수록, 빠르게 성장할수록 좋다

2분기 연속 순이익 감소는 심각한 문제다

분기 순이익 증가율의 가속화에 주의를 기울이는 게 중요한 만큼 분기 순이익 증가율이 감소하기 시작할 때, 특히 급격히 줄어들 때를 아는 것도 매우 중요하다. 가령 어느 기업이 50%씩 순이익이 늘어나다가 갑자기 15%만 증가했다면, 아마도 무언가 큰 문제가 생겼을 것이며, 당신은 이런 주식을 외면할 것이다.

그러나 최고의 기업으로 손꼽히는 회사라 해도 가끔은 분기 순이익 증가율이 둔화될 수 있다. 따라서 무조건 이런 주식을 외면하기에 앞서 2분기 정도의 순이익 감소율이 정말로 그렇게 심각한지 따져봐야 한다. 가령 순이익 증가율이 100%에서 30%로 감소했거나 50%에서 15%로 감소하는 식으로, 앞선 분기의 순이익 증가율에 비해 3분의 2정도 줄어들었다면 이건 심각하다고 판단할 만하다.

로그화한 주간 그래프를 참고하라

순이익 증가율이 가속화하고 있는지, 혹은 둔화하고 있는지 판단해야 한다는 원칙은 반드시 숙지하는 게 좋다.

다음해 순이익이 크게 늘어날 것이라는 전제 아래 매수 추천을 하는 애널리스트도 실은 잘못된 사실에 근거했을 수 있다. 가령 올해에는 주당 5달러의 순이익을 올렸고, 내년에는 6달러의 주당 순이익이 기대되는 기업이 있다고 하자. 20%의 주당 순이익 증가는 "매력적"이지만 올해 이전의 순이익 증가율과 비교해보지 않는다면 잘못된 판단을 내릴 수 있다. 주당 순이익이 앞선 해에는 60%나 증가했었을 수 있지 않은가? 애널리스트의 추천에 따라 주식을 사고파는 투자자들 가운데 높은 수익률을 올리는 경우가 극히 드문 데는 이런 이유가 한 몫을 한다.

그런 점에서 로그화한 그래프는 주식을 분석하는 데 매우 중요하다. 로그화한 그래프는 분기별 순이익 증가율이 가속화하고 있는지, 둔화하고 있는지를 아주 분명하게 보여주기 때문이다. 로그 그래프로 주가 추이를 그려보거나 순이익 변동을 나타내면, 증가율의 변화가 그래프에서 정확히 똑같이 표시된다. 물론 수치의 변동을 그대로 그래프화할 경우 이렇게 표시되지 않는다. 예를 들어 수치의 변동을 그대로 그래프화할 경우, 주가가 10달러에서 20달러로 100% 상승했을 때나 20달러에서 30달러로 50% 상승했을 때의 상승폭은 똑같이 10달러만큼 표시된다. 반면 로그화한 그래프에서는 100%의 주가 상승이 있었다면 어떤 경우에서든 50% 상승에 비해 그 폭이 두 배가 된다.

투자에 관련된 의사결정을 자기 스스로 하는 개인 투자자라면 분기별 순이익을 로그화한 그래프 위에 최근 분기의 주당 순이익을 표시하고, 이를 지난 세 분기의 주당 순이익과 비교해봄으로써 순이익 증가율이 가속화하고 있는지, 아니면 둔화하고 있는지 파악해야 한다. 최고의 주식으로 손꼽히는 기업이라면 최근 12개월간 매 분기별 주당 순이익이 신고점을 기록하거나 그에 근접하는 모습을 보여줄 것이다.

같은 업종의 다른 주식들도 살펴보라

보다 확실하게 하려면 매수 대상 종목이 속한 업종의 다른 기업들은 순이익이 어떤지 확인해봐야 한다. 만일 해당 업종에서 눈길을 잡아 끄는

C = 현재의 주당 분기 순이익: 클수록, 빠르게 성장할수록 좋다

기업을 최소한 하나 이상 찾아내지 못했다면 당신의 투자 판단이 틀렸을 수 있다.

최근의 분기별 순이익을 어디서 구할 수 있는가

기업의 분기 실적 발표는 일간 신문의 경제면 혹은 기업면이나 증권면에서 읽을 수 있다. 〈인베스터스 비즈니스 데일리Investor's Business Daily〉(윌리엄 오닐이 발행인으로 있는 신문이다-옮긴이)는 한 걸음 더 나아가 새로 나오는 모든 실적 발표를 순이익이 "증가한" 기업과 "감소한" 기업으로 나눠 표시함으로써, 뛰어난 실적을 올린 주식과 그렇지 못한 주식을 독자들이 쉽게 파악할 수 있도록 하고 있다.

또 데일리 그래프와 데일리 그래프 온라인 같은 차트 서비스 업체들도 차트를 제공하는 모든 기업의 최근 순이익과 매주 새로 발표되는 실적을 알려준다. 가령 최근 분기의 주당 순이익 증가율을 지난해 같은 분기와 비교할 수 있고, 직전 분기와도 비교해볼 수 있다. 3월 말로 끝난 1분기 실적을 본 뒤 2분기, 3분기, 4분기의 실적을 차례로 살펴보면 이 기업의 순이익 증가율이 과연 가속화화고 있는지, 혹은 급격히 둔화하고 있는지 알 수 있을 것이다.

이제 여러분은 매수 대상 주식을 고르는 데 가장 중요한 첫 번째 원칙을 배웠다.

> 이번 분기의 주당 순이익은 지난해 같은 기간에 비해 반드시 상당히 큰폭(최소한 25~50%)으로 증가해야 한다. 최고의 기업이라면 순이익 증가율이 100%에서 500%, 혹은 그 이상이 될 수도 있다!

10%나 12% 정도의 그저 그런 수준으로는 안 된다. 성공하는 주식을 고를 때 무엇보다 중요한 게 바로 이 원칙이다.

A=연간 순이익 증가율:
　성장의 열쇠를 찾으라

가끔 한 번 정도 괜찮은 분기 순이익을 내는 것은 어느 기업이든
할 수 있다. 앞장에서도 설명했듯이 최근의 분기 순이익이 크게
늘어나는 것이야말로 최고의 주식을 선정하는 데 결정적인 요소다. 하지
만 이것만으로는 충분치 않다.

　당신이 주목하고 있는 기업이 정말로 우량기업이며, 최근 실적이 일시
적인 것이 아니라는 점을 분명히 하려면 몇 가지 확인 작업이 더 필요하
다. 이를 위해서는 기업의 연간 순이익 증가율을 알아봐야 한다.

　우선 최근 3년간의 연간 주당 순이익이 매년 증가 추세였는지 살펴보
라. 비록 최근의 연간 순이익이 전년도보다 나아져 사상 최고치를 기록
했다 하더라도, 전년도의 순이익이 그 전 해보다 줄어들었다면 선뜻

손이 나가지 않을 것이다. 최고의 주식이 되기 위해서는, 적어도 성공할 가능성이 높은 주식이 되려면 최근 분기 순이익이 아주 뛰어날 뿐만 아니라 연간 순이익 증가율도 돋보여야 한다.

연간 순이익 증가율이 25~50% 혹은 그 이상인 주식을 선택하라

당신이 매수할 기업의 연간 순이익 증가율은 최소한 25~50%는 넘어야 하며, 100% 이상으로 한정할 수도 있다. 1980~2000년 사이 우리가 찾아낸 최고의 주식들은 폭발적인 주가 상승에 앞서 연평균 36%의 증가율을 기록했다. 특히 이들 최고의 주식 가운데 넷 중 셋은 주가의 도약에 앞서 5년 연속 연간 순이익이 증가했다.

한 기업의 주가가 본격적인 상승세를 타기 직전 5년 동안 나타나는 전형적인 주당 순이익 증가 추세는 0.70달러에서 1.15달러, 1.85달러, 2.65달러, 4.00달러 식이다. 특별히 예외적인 경우가 있다면, 5년 가운데 한 해는 순이익이 직전 연도보다 줄어들어도 곧바로 다음해에 순이익이 크게 늘어나 사상 최고치 행진을 다시 이어갈 경우 매수해볼 만하다는 점이다.

가령 어느 기업의 첫 해 주당 순이익이 4달러였고, 다음해에는 5달러, 그 다음해에는 6달러로 늘어났지만, 네 번째 해에는 2달러로 줄어들었다고 하자. 그런데 그 다음해의 주당 순이익이 2.50달러로 전년도의 2.00달러에 비해 25% 증가했다면, 이는 순이익이 증가하기는 했지만 그리 좋지 못한 것이다. 굳이 이런 경우에도 이 주식이 매수 대상이 될 수 있다면, 그것은 주당 2.00달러를 기록했던 해의 상황이 워낙 좋지 않았고, 따라서 조금이라도 상황이 바뀌었다는 점을 긍정적으로 받아들일 수 있다는 게 유일할 이유일 것이다. 문제는 순이익의 회복세가 너무 완만하며 아직도 사상 최고치인 주당 6.00달러에 훨씬 못 미치고 있다는 점이다.

다음해의 순이익 예상치 역시 당연히 증가해야 한다. 증가율은 클수록 좋다. 그러나 순이익 추정치란 말 그대로 단순한 의견일 뿐 얼마든지 틀릴 수 있다는 점을 명심해야 한다. 실적 보고서를 통해 실제로 발표되는 순이익만이 사실이다.

자기자본 이익률은 얼마나 높은가

기업의 수익성과 성장성을 체크하면서 두 가지 더 확인할 요소가 있다. 자기자본 이익률(ROE)과 주당 현금 흐름이다.

자기자본 이익률은 순이익을 자기자본 금액으로 나눈 것으로, 기업이 자기 돈을 얼마나 효율적으로 사용했는지 보여준다. 따라서 이 수치를 비교해보면 그 기업의 경영진이 얼마나 우수한지 알 수 있다. 우리의 연구 결과 과거 50년간 최고의 주식들은 최소 17%의 자기자본 이익률을 기록했다.(아주 탁월한 성장주의 경우에는 자기자본 이익률이 25~50%에 달하기도 한다.)

현금 흐름은 순이익에다 감가상각비처럼 현금 지출이 없는 비용을 더하고, 현금 수입이 없는 수익을 뺀 것인데, 기업이 내부적으로 창출한 현금이 어느 정도인지 보여준다. 일부 성장주의 경우 연간 주당 현금 흐름이 실제 주당 순이익보다 20% 이상 많다.

최근 3년간 순이익 증가가 얼마나 안정적인가

우리는 성장주를 찾아내는 데 매우 중요한 요소를 하나 더 발견했다. 최근 3년간의 연간 순이익 증가율이 얼마나 안정적이며 지속적으로 이뤄졌느냐는 점이다. 우리의 안정성 측정 지수는 여타 통계지수와는 달리 1에서 99까지 지수를 매긴 것인데, 1에 가까울수록 순이익 증가율이 더 안정적이다. 이 지수는 최근 3~5년간의 분기별 순이익을 그래프상에 나타낸 뒤 이들의 추세선이 기본적인 순이익 증가 추세선과 얼마나 편차를 보이는가에 따라 결정된다.

순이익이 꾸준히 증가하는 성장주는 대개 이 지수가 20~25를 밑도는 안정된 수치를 나타낸다. 안정성 측정 지수가 30을 넘어가면 경기에 민감한 주식이며, 성장주와는 다소 거리감이 있다고 볼 수 있다. 다른 조건이 모두 똑같다면 당연히 순이익 증가율이 꾸준하게, 안정적으로, 또 지속적으로 이뤄진 주식이 더 좋아 보일 것이다.

똑같이 연간 순이익 증가율이 25%라 해도 이들 기업의 안정성 지수는 1도 될 수 있고 2나 3도 될 수 있다. 여러 해에 걸친 분기별 순이익을 로그화해서 그래프로 나타내면 거의 직선 형태로 계속 올라가는 차트가 돼야 한다. 이렇게 그려지면 대부분은 분기 순이익 증가율이 가속화되고 있을 것이다.

순이익 증가율의 안정성이 입증된 주식으로 매수 대상을 한정한다면 들쭉날쭉한 실적이나 경기 변동에 따라 일시적으로 실적이 회복된 기업에 투자하는 우는 범하지 않을 것이다. 사실 이런 기업은 매수하기에 앞서 이미 순이익 사이클에서 "천정을 쳤을" 가능성이 높다.

주식시장의 일반적인 사이클은 어떤 모습인가?

주식시장의 역사를 보면 강세장은 대부분 2~4년간 지속되며, 곧이어 약세장이나 경기 후퇴가 뒤따라온다. 그리고는 또다시 강세장이 시작되는 것이다.

새로운 강세장이 막 시작할 무렵이면 대개 성장주가 시장 주도주로 처음 등장하고 신고가를 쏟아낸다. 이들 기업은 약세장 기간에도 매 분기 순이익이 증가해왔지만, 시장이 안 좋아 주가가 오르지 못했던 것이다. 시장 전반은 하락하는데, 어느 기업의 순이익은 계속해서 증가한다면, 주가수익 비율(PER)이 크게 개선될 것이며, 주가수익 비율을 무엇보다 중시하는 기관 투자가들에게 매력적으로 비칠 것이다.

철강이나 화학, 제지, 고무, 기계 업종처럼 전통 산업에 속한 경기 민감주들은 새로운 강세장의 초기 국면에서 평균 투자 수익률을 밑도는 게 보통이다.

새로이 등장한 성장주들은 최소한 두 번의 강세장 사이클을 주도한다. 그리고 나서야 시장의 관심은 실적이 급반전한 턴어라운드 주식과 경기 민감주, 혹은 새로이 업황이 개선된 업종으로 눈을 돌리지만 그리 오래 가지는 않는다.

지금까지 주식시장에서 최고의 투자 수익률을 가져다 준 주식 가운데 넷 중 셋은 성장주였고, 나머지 하나만 경기 민감주 혹은 턴어라운드 주식이었다. 1982년 주식시장을 주도했던 크라이슬러와 포드는 턴어라운드 주식의 전형적인 예다. 경기 민감주와 턴어라운드 주식이 시장을 이끌었던 경우는 1953~55년, 1963~65년, 1974~75년이었다. 제지와 알루미늄, 자동차, 화학, 플라스틱 업종 같은 경기 민감주는 1987년 주식시장에서 다시 주도주로 등장했다. 역시 경기 민감주인 주택건설 관련 주식이 한동안 주도주로 부상하기도 했다. 1994년의 IBM이나 2003년의 애플은 턴어라운드를 모멘텀으로 주도주로 급부상한 대표적인 예다.

하지만 경기 민감주가 인기를 끄는 동안에도 젊고 멋진 성장주의 극적인 등장이 얼마든지 가능하다. 사실 미국에서조차 경기 민감주는 비효율적이고 낙후된 산업으로 치부될 정도다. 이들 기업은 국제경쟁력도 없었는데, 중국의 기초 산업이 빠르게 성장하면서 철강, 구리, 석유 및 화학제품 수요가 크게 늘어나자 되살아났다. 2000년에 시작된 약세장이 2003년에 끝나자 이들 경기 민감주가 급부상한 것은 이런 이유 때문이다.

그렇다 해도 여전히 경기 민감주다. 이들이 미국 경제의 미래를 대표할 수는 없다. 게다가 미국의 오래된 거대 기업들은 규모의 불경제라는 문제를 안고 있다. 몸집이 너무 크다 보니 혁신도 할 수 없고 체질 개선도 못한다. 이래서는 발 빠른 외국 기업이나 창의적인 벤처 기업과 경쟁할 수 없다.

경기 민감주의 랠리는 단명에 그치기 쉽고, 순이익이 다시 감소할 조짐만 보이면 하락세로 돌변하기 십상이다. 턴어라운드 주식을 사기로 했다 하더라도 연간 순이익 증가율이 적어도 5~10%는 돼야 하고, 분기 순이익이 2분기 연속 급증했을 뿐만 아니라 최근 1년간 순이익이 사상 최고치를 기록했거나 근접해야 한다. 주가 차트에서 최근 1년간 분기 순이익 증가 추세를 확인해보라. 순이익 증가 추세가 가파를수록 좋다.

만일 순이익의 급반전이 워낙 극적이어서 정말로 사상 최고치를 기록했다면 때로는 한 분기의 턴어라운드만으로도 충분할 수 있다. 철강업체들에게 철광석을 공급하는 기업인 클리브랜드 클리프스(지금은 클리프스 내추럴 리소시스로 이름을 바꿨다)는 적자에서 2004년 갑자기 급반전해 두 분기 연속 순이익이 각각 64%, 241% 증가했다. 이것이 추진력이 돼 주가는 그 후 8개월간 170% 상승했다.

형편없는 주식들을 어떻게 솎아낼 것인가

최근 3년간 연속해서 주당 순이익이 증가해야 한다는 조건을 충족시키는 종목은 어떤 업종에서든 전체 종목의 20%에도 못 미친다. 결국 이 조건을 통해 80% 이상의 형편없는 종목을 솎아낼 수 있는 셈이다. 사실 대부분의 주식은 성장률이라는 측면에서 매우 부진하거나 아예 정체되어 있고, 심지어는 뒷걸음질치기도 한다. 하지만 아래의 주식들은 달랐다.

- 제록스는 1963년 3월부터 1966년 6월까지 주가가 700%나 상승했는데, 이 회사의 연평균 순이익 증가율은 32%에 달했다.
- 1977년부터 1990년까지 무려 1만1200%의 주가 상승률을 기록한 월마트는 폭발적인 주가 상승을 앞두고 연평균 43%의 순이익 증가율을 보여주었다.
- 시스코 시스템스는 1990년 10월 257%라는 놀라운 순이익 증가율을 기록했고, 마이크로소프트는 1986년 10월 99%의 증가율을 기록했다. 두 종목은 곧이어 놀라운 주가 상승 행진을 시작했다.
- 프라이스라인닷컴은 2004년 주당 순이익 96센트에서 2006년에는

2.03달러로 급증했는데, 그 후 5분기 만에 주가가 3배로 뛰어올랐다.

- 구글의 주당 순이익은 2002년 55센트에서 2004년에는 2.51달러로 급증했고, 200달러였던 주가는 2007년 700달러가 됐다.

여기서 꼭 기억해둬야 할 점은 연간 순이익 증가율이 높은 기업이라고 해서 반드시 확실한 성장주는 아니라는 것이다. 실제로 소위 말하는 성장주의 상당수는 주식시장 상장 초기의 높은 성장률에 비해 훨씬 못 미치는 낮은 성장률을 보인다. 주식시장의 한 사이클에서 성장주로 각광받았던 종목 가운데 대다수가 다음 사이클에서는 주도주 대접을 받지 못한다.

지난 3년간 매년 30% 이상의 높은 성장률을 기록했던 회사가 갑자기 최근 몇 분기 동안 순이익 증가율이 10~15%로 낮아졌다면, 이는 이미 성장주로서의 생명이 다한 것으로 볼 수 있다. 조직이 크고 설립한 지 오래된 기업일수록 종종 성장률이 뒷걸음질치는 경우가 많은데 이런 기업은 피해야 한다. 혁신적이고 창조적인 기업이 끊임없이 새로 등장한다. 이들이 새로운 산업을 이끌어가는 것이다.

연간 순이익과 분기 순이익 모두 뛰어나야 한다

특출한 주식이라면 당연히 지난 몇 년간의 순이익 증가율이 우수해야겠지만 최근 몇 분기의 실적도 상당히 좋아야 한다. 최고의 주식, 아니 적어도 성공할 가능성이 높은 주식을 만들어내는 데는 이 두 가지 필수 조건을 만족시키는 게 절대적이다.

만일 새로 상장된 기업의 지난 3년간 순이익 증가율을 구할 수 없다면 최근 5~6분기의 순이익이 큰 폭으로 늘어나고 있는지, 그리고 분기별 매출액 증가율이 충분히 높은 수준인지 살펴봐야 한다. 단지 1~2분기의 순이익이 괜찮았다는 것만으로는 충분하지 않다. 이런 종목은 언제든 우리 기준을 벗어나는 형편없는 주식으로 추락할 가능성이 있기 때문이다.

주가수익 비율은 정말로 중요한가?

대부분의 투자자가 종목 분석을 할 때 가장 중요한 요소라고 생각하는 게 주가수익 비율(PER)일 것이다. 당신도 그렇다면 꿈에서 깨어나기 바란다.

주가수익 비율은 그동안 많은 애널리스트들이 기본적인 분석 지표로 사용해왔다. 주가수익 비율이 낮으면 그 주식은 저평가됐으므로 매수해야 하고, 주가수익 비율이 높으면 고평가됐으므로 팔아야 한다는 식이다. 하지만 우리가 1880년대까지 거슬러올라가 조사한 최고의 주식에 관한 연구 결과 밝혀낸 사실은 주가수익 비율이 주가 움직임과 전혀 관련 없는 요인이며, 특히 그 주식을 살 것인가 팔 것인가를 결정하는 데도 아무 상관이 없다는 점이다.

주가수익 비율보다 훨씬 더 결정적인 요소는 주당 순이익 증가율이다. 어떤 종목의 주가수익 비율이 낮다고 해서, 혹은 현재의 주가수익 비율이 사상 최저치라고 해서 그 주식이 저평가됐다고 말하는 것은 정말 어처구니없는 발상이다. 정말로 중요하게 고려해야 할 것은 순이익 증가율이 눈에 띌 정도로 늘어나고 있는지 혹은 줄어들고 있는지 여부다.

1953~85년 사이 최고의 투자 수익률을 기록한 종목들이 본격적인 주가 상승을 앞두고 기록한 평균 주가수익 비율은 20이었다.(당시 다우존스 산업평균 지수를 산정하는 30개 종목의 주가수익 비율은 평균 15였다.) 이들 최고의 주식은 주가 상승과 함께 주가수익 비율도 125%나 높아져 45에 달했다. 1990~95년에도 시장 주도 종목의 주가수익 비율은 대세상승에 앞서 평균 36에 달했지만, 그 후 주가 상승과 함께 80을 넘어서기도 했다. 물론 이 같은 주가수익 비율은 평균치다. 최고의 주식을 하나씩 보자면 주가수익 비율이 본격적인 주가 상승 이전에도 25~50에 달했고, 상승세가 본격화한 다음에는 60~115에 달했다. 지난 1990년대 말 강세 분위기가 피크에 달했을 무렵 주가수익 비율은 이보다 훨씬 더 높은 수준까지 치솟았다. 장부가치를 보고 매수했다면 이런 엄청난 투자 수익을 놓치고 말았을 것이다.

이처럼 환상적인 주식을 놓치고 마는 이유!

주로 평균치로 설명하기는 했지만 어쨌든 주가수익 비율이 25~50에 이르거나 심지어 그보다 훨씬 더 높은 주식을 과감히 매수하지 않는다면 당연히 이 같은 최고의 투자 기회를 놓쳐버릴 것이다! 주가수익 비율이 높다고 해서 매수하지 않는다면 마이크로소프트, 시스코 시스템스, 홈 디포, 아메리카 온라인 같은 종목이 폭발적인 상승 행진을 하고 있을 때 그저 바라보고만 있어야 한다는 말이다.

우리의 연구 결과 낮은 주가수익 비율은 순이익 증가가 막바지에 다다랐을 때 나타나는 효과다. 그러다 보니 기관 투자가의 매수를 유발해 주가도 강세를 띠는 것이다. 그러나 주가수익 비율이 탁월한 투자 수익률의 열쇠가 될 수는 없다. 한 예로 높은 주가수익 비율은 주로 시장의 강세 덕분에 나타난다. 낮은 주가수익 비율 역시 경기 민감주를 제외하고는 일반적으로 시장의 약세 때문에 나타난다.

엄청난 강세장에서는 단지 어느 종목의 주가수익 비율이 너무 높은 것 같다고 해서 외면해서는 안 된다. 이런 주식이 다음 상승기에 최고의 주도주로 부상할 수도 있다. 또 주가수익 비율을 감안하니 현재 주가가 싸게 보인다고 매수해서도 안 된다. 주가수익 비율이 낮은 데는 다 그럴만한 이유가 있기 때문이다. 주식시장에서는 주가수익 비율이 8~10인 기업의 주가가 더 떨어져 주가수익 비율이 4~5가 되는 일이 비일비재하다.

아주 오래 전 내가 주식시장 연구를 처음 시작했을 무렵, 노드롭의 주가수익 비율이 4일 때 매수했는데 그 후 주가수익 비율이 2까지 떨어지는 것을 도저히 믿기지 않는 심정으로 바라봐야 했다.

주가수익 비율에 대한 오해

월스트리트의 많은 애널리스트들은 어떤 종목의 주가수익 비율이 사상 최저치까지 떨어졌다는 이유로 "매수" 등급을 매긴다. 심지어 주가가 더 떨어지기 시작해 주가수익 비율 역시 더 낮아지고, 이에 따라 더 싸게 느껴지면 매수 추천을 내놓기도 한다.

이런 시각에서 보면 1998년 질레트와 코카콜라는 당연히 매수해야 할 종목이었다. 왜냐하면 이들 기업의 주가수익 비율은 매우 매력적인 한 자리 숫자에 불과했기 때문이다. 하지만 실상은 그렇지 않았다. 두 기업의 순이익 증가율은 이미 심각할 정도로 내리막길을 치닫고 있었고, 이로 인해 낮은 주가수익 비율이 가능했던 것이다. 주가수익 비율을 통한 분석은 기본적으로 개인의 주관과 오랜 세월 애널리스트와 학자들에 의해 전수된 이론에 상당 부분 기초하고 있다. 하지만 이들은 막상 주식시장에서 그리 좋은 성적을 내지 못하는 사람들이다. 2008년에 뱅크 오브 아메리카(BoA)의 주가가 급전직하하자 월스트리트의 일부 애널리스트들은 매수 추천을 하기도 했다. 주식시장에 안전하고 확실한 것은 없다. 무조건 매수나 무조건 매도는 피해야 한다.

주가수익 비율에 의존하다 보면 시장의 기본적인 흐름을 놓치는 경우가 많다. 가령 주식시장의 전반적인 분위기가 갑자기 가라앉아 대부분 종목의 주가가 떨어지고 있다고 하자. 이런 경우 어느 기업의 주가수익 비율이 앞서 22였을 때도 저평가돼 있다고 했는데, 이제는 15까지 떨어졌으니 정말로 매수해야 한다고 하면 얼마나 우습겠는가.

내가 주가수익 비율을 사용하는 경우는 딱 한 번뿐인데, 성장주로 분류되는 기업의 장래 순이익 예상치에 근거해 앞으로 6~18개월 후의 목표 주가를 산정할 때다. 목표 주가 산정 방식은 이렇다. 먼저 향후 2년간의 순이익 예상치를 구한 다음, 주가 차트에 나타난 처음 매수 지점에서의 주가수익 비율을 곱하고, 여기에 100% 혹은 그보다 약간 더 높은 수치를 또 곱해준다. 마지막으로 곱해주는 100% 혹은 그 이상의 수치는 성장주가 본격적으로 상승할 때 보여주는 평균적인 주가수익 비율의 상승폭이다.(따라서 100%라면 실제로는 2를 곱해줘야 한다-옮긴이) 이렇게 계산한 목표 주가에 따라 강세장 기간 중에도 성장주를 매도할 수 있다.

가령 찰스 슈왑의 경우 처음 모양을 완성했을 때(1998년 말)의 주가는

43.75달러, 매수 지점에서의 주가수익 비율은 40이었는데, 이 40에 시세 폭발 시의 주가수익 비율 상승폭인 130%를 곱해준다. 이렇게 나온 향후 가능한 주가수익 비율 92에 2년간의 주당 순이익 예상치 1.45달러를 곱한다. 그러면 우리가 원하는 성장주의 도달 가능한 목표 주가가 도출되는 것이다.

좋은 주식은 비싸다

주가수익 비율이 야기하는 또 한가지 오류는 한 업종에 속해 있는 여러 기업을 평가하면서 주가수익 비율이 가장 낮다고 해서 그 종목이 저평가돼 있다는 결론을 내리고 매력적인 매수 후보로 선정하는 것이다. 이런 잘못은 아마추어나 프로 투자자 모두 저지르는데, 실상은 주가수익 비율이 가장 낮은 기업이 대개 제일 나쁜 실적을 내고 있으며, 그래서 주가수익 비율이 가장 낮은 수준에 팔리고 있다는 것이다.

어떤 시점에서든 주가는 그 기업의 현재가치에 가장 근접한 수준에서 결정된다는 단순한 진리를 떠올려보라. 주가수익 비율이 20인 주식은 그렇게 결정된 일련의 요인이 있으며, 15인 기업 역시 또 다른 이유를 갖고 있다. 다시 말해 주가수익 비율이 7인 주식은 더 높은 주가수익 비율에 거래되는 주식에 비해 전반적인 실적이 좋지 않을 것이다. 마찬가지로 경기 민감주의 경우 통상 낮은 주가수익 비율에 거래된다. 이런 기업은 강세장에서도 성장주만큼 주가수익 비율이 큰 폭으로 높아지지 않는다.

쉐보레 가격을 주고 벤츠를 살 수는 없지 않은가. 바닷가에서 1마일이나 떨어진 곳의 땅값으로 멋진 해안가 휴양지를 살 수는 없다. 어떤 물건이든 수요와 공급의 법칙에 따라 바로 그 시점의 가치와 근사한 가격으로 팔린다.

꽤 오래 전 일인데, 조셉 두빈이라는 미술품 딜러가 위대한 회화 작품들을 거의 싹쓸이하다시피 사들였다. 그는 유럽 각국을 돌아다니면서 렘브란트를 비롯한 대가의 작품들을 시장가격보다 더 비싸게 구입했다. 그리고는 미국으로 돌아와 헨리 포드 같은 거물급 기업인에게 자신이 산 값보다 더 비싸게 팔았다. 다시 말해 두빈 경은 대가의 작품들을 비싸게 사들여 더 비싸게 팔았던 것이다.

요점을 말하자면 헐값에는 그저 그런 그림밖에 살 수 없다. 진짜 멋진 작품은 비싼 값을 줘야 한다. 미술품과 마찬가지로 주식시장에서도 진짜 좋은 주식에는 대개 더 높은 가격표가 붙어있다.

어떤 기업의 주가와 주가수익 비율이 가까운 장래에 바뀌기 위해서는 시장을 둘러싼 상황이 바뀌거나, 큰 사건이 일어나거나, 사람들의 심리가 바뀌거나, 혹은 순이익이 계속 좋아지거나 갑자기 나빠지는 일이 벌어져야 한다. 그러다 보면 어느 기업이든 주가수익 비율이 정점에 도달하게 된다. 하지만 이때는 주식시장 전체의 평균 주가수익 비율도 천정을 치고 대세하락을 시작하는 경우가 일반적이다. 기업의 순이익 증가율이 이제 막 떨어지기 시작할 때가 그 신호일 수 있다.

주가수익 비율이 높은 주식은 주가 변동성도 높은 게 사실이다. 특히 첨단 기술 기업의 경우 더욱 심하다. 주가수익 비율이 높은 기업은 일시적으로 주가가 적정 가치를 넘어설 수 있지만, 이런 경우는 주가수익 비율이 낮은 기업에서도 나타날 수 있다.

주가수익 비율이 높았어도 훌륭한 매수 기회가 된 사례

규모는 작아도 아주 대단한 성장세를 지속하면서 혁신적인 신제품까지 보유한 기업은 주가수익 비율이 높은 것처럼 보여도 실상은 낮은 것일 수 있다. 예를 들어보겠다.

- 제록스는 1959년에 최초로 건식 복사기를 내놓았는데, 1960년 주가 수익 비율이 100에 달했지만 그 후 주가는 3300%나 상승했다.(주식 분할을 감안하면 주가가 5달러에서 170달러로 치솟았다.)
- 신텍스는 피임약 특허를 처음으로 신청했는데, 1963년 7월 주가수 익 비율이 45에 달했지만 그 후 400%의 주가 상승률을 기록했다.
- 제넨텍은 신약 개발에 유전 정보를 활용한 선발 기업이자 주식시장 에 처음으로 상장된 바이오테크 기업인데, 1985년 11월 주가수익 비 율이 200이었지만 그 후 5개월간 주가가 300%나 뛰어올랐다.
- 아메리카 온라인은 수많은 사람들이 인터넷이라는 신세계에 들어올 수 있도록 소프트웨어를 개발했는데, 1994년 11월 주가수익 비율이 100을 넘어섰지만 1994년부터 1999년 12월까지 1만4900%의 경이 적인 상승률을 기록했다.
- 구글의 주가수익 비율은 2004년 9월 주가가 115달러였을 때부터 2006년 1월 초 475달러로 상승했을 때까지 계속 50~70 수준이었다.

주가수익 비율이 너무 높아서는 안 된다는 편견을 가진 투자자라면 이 들 기업의 주가가 하늘 높이 비상하는 것을 그냥 지켜보고만 있었을 것 이다. 강세장에서는 특히 주가수익 비율에 대한 편견으로 인해 진짜로 멋진 기회를 날려버릴 수 있다.

주가수익 비율이 높다고 공매도해서는 안 된다

주식시장이 뜨겁게 달아올랐던 1962년 6월 비버리 힐스에 사는 돈 많은 투자자가 내 친구가 운영하는 증권회사를 찾아왔다. 이 투자자는 당시 주가수익 비율이 50에 달했던 제록스의 주가가 너무 과도하게 올랐다며, 88달러에 2000주를 공매도했다.(이 투자자는 제록스 주식을 보유하지도 않고서 주가가 떨어지면 공매도한 주식을 싼 값에 매수해 차익을 챙기려고 한 것이다.)

제록스는 이 투자자가 공매도하자 마자 급등하기 시작해 주식분할을 감안하면 무려 1300달러까지 치솟았다. 주가수익 비율이 너무 높다는 주관적 판단이 얼마나 우스운 일인가! 투자자들의 개인적 의견은 이처럼 틀리기 십상이다. 하지만 시장은 거의 항상 옳다. 그러니 제발 시장과 싸우는 일은 그만두자.

지난 3년간의 눈에 띄는 순이익 증가율과 최근의 강력한 실적 호전이라는 확실한 근거를 갖고 있는 주식에 초점을 맞추라. 이런 기준에 조금이라도 어긋난다면 아예 관심을 갖지 말라.

N=신제품, 신경영, 신고가:
적절한 시점에 매수하라

주가가 비약적으로 상승하기 위해서는 뭔가 새로운 것이 필요하다. 새로운 것이란 너무나도 잘 팔려서 종전의 순이익 증가율을 훨씬 능가하는 이익을 창출해내는 신제품이나 새로운 서비스가 될 수 있다. 또 회사에 새로운 활력을 불어넣고, 새로운 아이디어와 함께 기존의 낡은 사고를 일소하는 신사고 방식의 경영 혁신이 될 수도 있다. 공급 부족과 판매가격의 상승, 혁신적인 생산기술 같은 산업 여건의 새로운 변화도 해당 업종에 속한 기업 대부분의 주가를 끌어올린다.

우리의 연구 결과 1880년부터 2008년까지 최고의 투자 수익률을 기록한 주식 가운데 95%는 앞서 소개한 "새로운" 범주 가운데 적어도 하나 이상을 충족시킨 종목이었다. 1800년대 말에는 미국 대륙 전역에 새로운 철로가 깔렸고, 전기와 전화, 이스트만 코닥의 카메라가 보급됐다. 에디슨은 축음기와 활동사진 카메라, 전구를 발명했다. 곧이어 자동차와 비행기, 라디오가 등장했다. 냉장고가 아이스박스를 대체했다. 텔레비전과 컴퓨터, 제트 비행기, 퍼스널 컴퓨터, 팩스, 인터넷, 휴대폰까지 창조적 기업가와 발명가들은 한시도 쉬지 않았다. 이들은 새로이 회사를 창업해 신제품을 내놓고 놀라울 정도로 빠르게 성장해나갔다. 덕분에 수백만 개의 일자리가 만들어졌고, 생활 수준도 높아졌다. 때로는 힘든 시기가 찾아오기도 했지만 대부분의 미국인들은 30년 전, 혹은 50년 전에 비해 훨씬 더 나은 삶을 살아가고 있다.

대단한 성공을 가져다 준 신제품

기업이 괄목할만한 성공을 거두고, 그 결과 주가도 도약할 수 있는 한 가지 열쇠는 신제품을 내놓는 것이다. 그렇다고 흔한 싸구려 잡동사니로는 안 된다. 신제품과 이런 신제품을 내놓는 기업은 우리가 살아가는 방식을 혁신적으로 변화시켜야 한다. 여기서는 수천 개의 창조적 기업 가운데 극히 일부만 소개했다. 이들은 한창때 수백만 개의 일자리를 창출했고 생활 수준 향상에도 큰 기여를 했다.

1. 노던 퍼시픽은 1900년경 처음으로 대륙 횡단 철도 허가를 받았고, 주가는 197주만에 4000% 이상 치솟았다.
2. 제너럴 모터스는 원래 뷰익 모터 컴퍼니로 출발했는데, 1913~14년 사이 주가가 1368%나 상승했다.
3. RCA는 1926년 라디오 시장을 석권했는데, 1927년 6월 50달러에 거래됐던 주가가 (주식 분할을 감안할 경우) 1929년 거품 붕괴 직전에는 575달러까지 올랐다.

4. 제2차 세계대전이 끝나자 렉살은 새로운 터퍼웨어 사업부를 출범시켰고, 주가는 16달러에서 1958년에는 50달러까지 상승했다.

5. 새로운 미사일용 로켓 연료를 개발한 씨오콜은 1957~59년 사이 주가가 48달러에서 355달러로 치솟았다.

6. 신텍스는 1963년 먹는 피임약을 출시했고, 6개월 만에 주가가 100달러에서 550달러로 상승했다.

7. 값싼 패스트 푸드 프렌차이즈를 선보인 맥도널드의 주가는 1967~71년 사이 1100%나 뛰어올랐다.

8. 대형 할인 가구 매장의 인기가 높아지면서 레비츠 퍼니쳐의 주가는 1970~71년 사이 660%나 상승했다.

9. 휴스턴 오일 앤 가스는 대형 유전의 발견과 함께 1972~73년 사이 61주 동안 주가가 968%나 올랐고, 1976년에 또다시 367% 상승했다.

10. 새로운 캐드-캠(CAD-CAM) 공장 자동화 설비를 생산한 컴퓨터비전의 주가는 1978~80년에 1235%나 치솟았다.

11. 새로운 사무 기기인 워드 프로세서를 개발한 왕 랩의 우선주는 1978~80년 사이 1350% 상승했다.

12. 남부 캘리포니아에서 혁신적인 회원제 창고형 할인점을 개장한 프라이스 컴퍼니는 1982~86년 사이 주가가 무려 15배 이상 올랐다.

13. 생명공학을 이용한 신약인 에포젠과 뉴포젠을 성공적으로 출시한 암젠의 주가는 1990년 60달러에서 1992년 초 460달러까지 치솟았다.

14. 라우터를 비롯한 네트워킹 장비를 개발한 시스코 시스템스는 1990년 11월부터 1994년 3월까지 3년 5개월만에 주가가 2000% 가까이 상승했고, 1990년부터 2000년까지 10년 동안 7만5000%라는 믿기지

않는 상승률을 기록했다.

15. 인터내셔널 게임 테크놀로지는 반도체 칩을 내장한 새로운 게임기를 출시한 뒤 1991~93년 사이 주가가 1600%나 올랐다.

16. 윈도 프로그램으로 퍼스널 컴퓨터 소프트웨어 시장을 점령한 마이크로소프트의 주가는 1993년 3월부터 1999년 말까지 1800% 가까이 상승했다.

17. 인사기록 소프트웨어 시장의 선두 업체였던 피플소프트는 1994년 8월부터 3년 반 동안 주가가 20배나 뛰었다.

18. 퍼스널 컴퓨터 시장에 주문 후 제작 시스템을 도입한 델 컴퓨터는 1996년 11월부터 1999년 1월까지 주가가 1780% 올랐다.

19. 고급 컴퓨터 메모리 장치 생산업체였던 EMC는 수요가 급증하는 네트워크 스토리지 사업에 집중한 덕분에 1998년 1월부터 15개월 동안 주가가 478%나 상승했다.

20. 인터넷에 "포털" 서비스라는 개념을 처음으로 도입한 AOL과 야후의 주가는 1998년 가을부터 1999년 정점에 이르기까지 500% 올랐다.

21. 오라클의 데이터 베이스 프로그램과 e-비즈니스용 소프트웨어는 1999년 9월 20달러에 불과했던 오라클 주가를 29주만에 90달러로 끌어올렸다.

22. 주식 거래의 대세가 온라인 거래로 옮겨가던 시기에 온라인 할인 증권사 가운데 선두였던 찰스 슈왑은 1998년 말부터 6개월만에 주가가 414% 올랐다.

23. 한센 내추럴은 에너지 과즙 음료인 "몬스터"가 히트를 치면서 2004년 말부터 86주 동안 주가가 1219% 상승했다.

24. 구글은 인터넷을 통해 전세계적으로 실시간 정보를 제공했고, 덕분에 주가는 2004년 주식시장 상장 이후 536% 올랐다.

25. 애플은 새로운 음악 재생기 아이팟이 센세이션을 일으키면서 1580% 상승했는데, 주가 차트를 보면 2004년 2월 27일에 전형적인 손잡이가 달린 컵 모양을 완성하고 비상을 시작했음을 알 수 있다.

아쉽게도 지금 소개한 애플의 황금 같았던 기회를 놓쳤다 해도 애플 주식은 4차례나 더 확실한 모양을 만들어주었다. 차트를 확인해 보면 2004년 8월 27일과 2005년 7월 15일, 2006년 9월 1일, 2007년 4월 27일에 확실하게 매수 지점이 형성됐음을 알 수 있을 것이다.

앞으로도 새로운 창조적 선도 기업이 수없이 등장할 것이고, 당신은 이런 기업의 주식을 얼마든지 살 수 있다. 절대 낙심하지도 포기하지도 말라. 주식시장은 평생에 걸쳐 당신에게 이런 기회를 선사할 것이다. 연구하고 준비하고 스스로 배워나가라. 그러면 당신 눈앞에 미래의 최고의 주식들이 숱하게 나타날 것이다. 당신도 할 수 있다. 당신에게 필요한 것은 동기와 의지다. 당신이 어떤 사람이고, 어디 출신이며, 나이가 얼마인지는 아무 관계도 없다. 오로지 당신에게 달려있다. 계속 나아가고 싶은가?

주식시장의 "대역설"

높은 투자 수익률을 가져다 준 종목들이 본격적인 주가 상승에 앞서 보여주는 한결 같은 공통점을 하나 발견했는데, 우리는 이것을 "대역설(Great Paradox)"이라고 부르기로 했다. 먼저 전형적인 주가 차트 3개를 봐주기 바란다. A, B, C, 이렇게 세 가지 중 어느 것이 최고의 매수 대

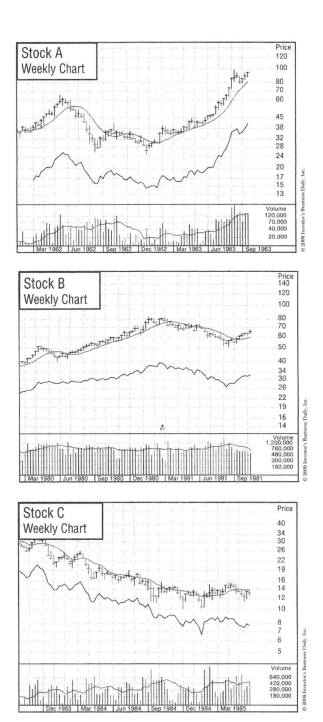

상이라고 생각하는가? 또 최악의 선택은 어느 것인가? 답은 이번 장의 맨 끝에서 하겠다.

주식 투자를 막 시작한 초보자든 경험이 많은 투자자든 성과가 신통치 않은 대다수 개인 투자자들은 어떤 주식이 천정을 친 뒤 크게 떨어진 다음에야 그 주식이 싸게 보인다며 기쁜 마음으로 매수에 나선다. 1970년대와 1980년대, 그리고 1990년대에도 계속된 나의 투자 강좌에 참석한 수십만 명의 개인 투자자들 가운데 98%가 대답하기를 신고가를 기록한 종목은 사지 않는다고 했다.

이런 편견은 개인 투자자들에게만 국한된 게 아니다. 내가 리서치 자료를 제공하고 있는 600개 대형 기관 투자가 가운데 상당수가 "바닥 매수자"들이다. 바닥으로 추락한 종목은 주가가 워낙 많이 떨어졌거나 사상 최저가 근방에 있다 보니 싸게 보이고, 그래서 안심하고 매수하는 것이다.

그러나 최고의 주식에 관한 우리의 연구 결과, 놀랍게도 "쌀 때 사서 비쌀 때 팔라"는 주식시장의 오랜 격언이 완전히 틀렸다는 사실을 발견했다. 사실은 이와 정반대라는 사실도 알아냈다. 정말로 믿기 어려운 주식시장의 대역설인 셈이다.

> 주가가 너무 높아 보이고 또 많은 사람들에게 위험하게까지 보이는 주식
> 이 더 높이 오르는 반면, 주가가 낮아 싸게 보이는 주식은 더 떨어지는 경
> 우가 많다.

이 같은 "고소공포의 역설"에 적절히 대응하기란 어려운 것일까? 그러면 또 하나의 연구 결과를 소개하겠다. 우리는 오랜 시간을 두고 주식

시장에서 두 가지 다른 종목군이 어떤 움직임을 보이는지 추적했다. 하나는 신고가를 기록한 종목군이고, 다른 하나는 신저가를 기록한 종목군이었다.

결과는 아주 극명하게 드러났다. 신고가를 기록한 종목군은 주가가 더 오르는 경향을 보인 반면 신저가를 기록한 종목군은 더 떨어지는 모습을 나타냈다.

이런 연구 결과에 입각한다면 매일 신문에 게재되는 신저가 리스트에 포함된 종목은 한마디로 장래가 없고 피해야 할 주식이 되는 셈이다. 사실 결단력이 강한 투자자라면 이런 주식이 신저가 리스트에 오르기 한참 전에 매도했을 것이다. 따라서 신고가 리스트에 오른 종목이라면, 특히 강세장에서 대량 거래를 수반하면서 처음으로 신고가를 기록한 종목이라면 향후 주가 상승 가능성이 큰 유망한 주식이라고 할 수 있을 것이다.

50달러짜리 주식이 100달러가 되는 과정

사상 최고치를 기록한 종목이라 선뜻 매수 주문이 나가지 않는다면 한번 자문해 보자. 몇 개월 동안 40~50달러를 오르내리던 주가가 지금 50달러에 거래되고 있다. 이 주식이 두 배가 되려면 어떤 과정을 거쳐야 할까? 우선 51달러를 뚫고 올라간 다음 52달러, 53달러, 54달러, 55달러, 이런 식으로 계속 신고가를 경신하면서 올라가야 마침내 100달러가 되지 않겠는가?

현명한 투자자라면 대다수 개인 투자자들이 주가가 너무 높아 보인다고 느낄 때 매수하고, 이 주식이 더 큰 폭으로 올라 이들 대다수 개인 투자자들이 비로소 매력적이라고 느낄 때 매도할 것이다. 시스코가 막 신고가를 경신하며 아찔한 고공행진을 시작했던 1990년 당시 만약 연중 최고가로 이 주식을 매수했다면 그 후 무려 7만5000%의 놀라운 상승률을 직접 경험할 수 있었을 것이다.

정확한 매수 타이밍은?

단순히 신고가를 기록했다고 해서 적절한 매수 타이밍이 되는 것은 아니다. 매수할 종목을 선정하는 데 아주 중요한 요소가 바로 주가 차트를 이용하는 것이다. 장기간에 걸친 주가 움직임은 세심하게 관찰해야 한다. 특히 신고가를 경신하기 전에 얼마나 확실한 모양을 적절하게 형성했는지 잘 살펴봐야 한다.(주가 차트를 읽는 법과 모양을 확인하는 방법은 제2장에서 자세히 설명했다.) 제1장에서 소개한 최고의 주식 차트 100개는 매우 훌륭한 자료가 될 것이다.

올바르게 만들어진 매수 지점은 진짜 본격적인 주가 상승 행진이 시작되는 지점이고, 시세 폭발 가능성이 가장 높은 시점이다. 긍정적인 에너지 축적 혹은 모양 형성에는 7~8주가 걸릴 수도 있고, 15개월이 소요될 수도 있다.

제2장에서도 설명했듯이 가장 완벽한 매수 지점은 강세장에서 주가가 모양을 만들고 치솟기 시작하는 시점이다.(아메리카 온라인의 차트를 참고하라.) 그러나 주가가 매수 지점에서 모양을 형성한 다음 5~10% 이상 상승했다면 매수해서는 안 된다. 만일 이럴 때 매수하게 되면 다음 번 조정기나 급격한 주가 되돌림 과정에서 손절매해버릴 가능성이 크다. 무조건

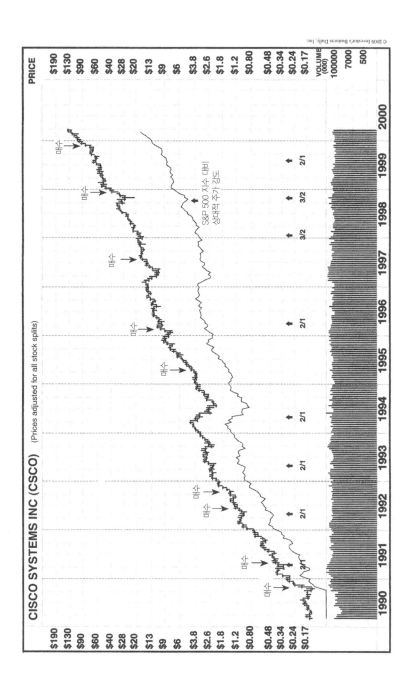

CISCO SYSTEMS INC (CSCO) (Prices adjusted for all stock splits)

N=신제품, 신경영, 신고가: 적절한 시점에 매수하라

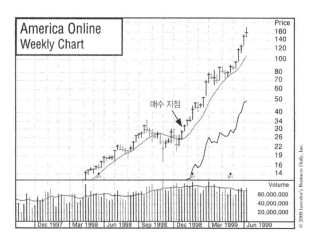

예전에 최고의 주식이었다고 해서 매수해서는 안 된다. 모든 일에는 해야 할 때가 있고, 하지 말아야 할 때가 있다.

주식시장의 대역설에 대한 답

이제 시장의 대역설을 이해했을 것이다. 앞서 소개한 세 가지 차트 가운데 어떤 것을 선택했는가? 정답은 A주식을 매수해야 한다는 것이다. A주식은 신텍스의 주가 차트로, 1963년 7월에 정확한 매수 지점이 화살표로 표시돼 있다. 이와는 대조적으로 B주식(핼리버튼)과 C주식(컴데이타 네트워크)은 차트에서 볼 수 있듯이 모두 하락했다.(화살표 표시는 앞서 소개한 차트의 끝나는 지점이다.)

획기적인 신제품이나 새로운 서비스를 개발한 기업 혹은 경영 혁신을 이뤄냈거나 산업 환경이 결정적으로 개선돼 수혜를 크게 받는 기업을 발굴해야 한다. 그 다음에는 이런 기업의 주가가 탄탄하면서도 확실한 모양을 만들어낸 뒤 거래량을 수반하며 신고가에 근접했거나 돌파했을 때 매수해야 한다.

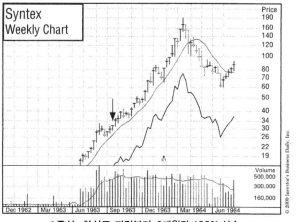

A주식: 화살표 지점부터 6개월간 482% 상승

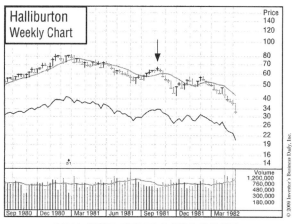

B주식: 화살표 지점부터 6개월간 42% 하락

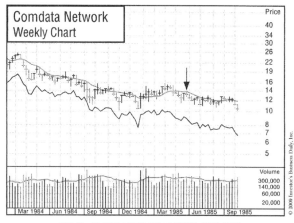

C주식: 화살표 지점부터 5개월간 21% 하락

N=신제품, 신경영, 신고가: 적절한 시점에 매수하라

S=수요와 공급:
결정적인 시점의 대규모 수요

수요와 공급의 법칙은 우리가 살아가는 데 필요한 거의 모든 것의
가격을 결정한다. 가령 식료품가게에서 상추를 사거나 토마토,
달걀, 고기를 사면서 지불하는 가격은 그 상품이 얼마나 많이 공급되며,
또 얼마나 많은 사람이 그 물건을 사고자 하는가에 달려있다. 이론상으
로는 가진 자와 못 가진 자의 차이가 없던 공산주의 국가에서도 수요와
공급의 법칙은 통했다. 국가가 독점 공급하는 상품은 항상 공급이 달려
일부 특권층에만 공급되거나 암시장에서 웃돈을 줘야 구입할 수 있었다.

　수요와 공급이라는 이 같은 기본 원칙은 주식시장에도 그대로 적용된
다. 월스트리트의 애널리스트가 제아무리 훌륭한 대학을 졸업했든, 박사
학위를 가졌든, 아무리 머리가 좋든, 그가 내놓는 투자 의견보다 수요와

공급의 법칙이 더 중요하다.

주식의 공급 물량

가령 보통주를 50억 주나 발행한 기업의 주가는 공급 물량이 과다해 쉽게 움직이기 어렵다. 이런 종목의 주가를 끌어올리려면 엄청난 수요 혹은 매수 주문이 있어야 한다. 반면 어느 기업의 발행 주식이 500만 주에 불과하다면 공급 물량이 비교적 적으므로 약간의 의미 있는 매수만 나온다면 주가가 상승할 수 있을 것이다.

만일 다른 요소는 똑같고 발행 주식수만 50억 주와 500만 주로 다른 두 종목 가운데 하나를 선택해야 한다면 발행 주식수가 적은 쪽이 더 나은 수익률을 가져다 줄 가능성이 크다. 그러나 발행 주식수가 적고, 따라서 자본금도 작은 종목은 그만큼 유동성도 떨어져 상승할 때처럼 급하게 하락하기도 한다. 기회가 큰 만큼 추가적인 위험도 커진다는 말이다. 하지만 이런 위험을 최소화하는 방법도 있는데, 제10장과 제11장에서 설명하겠다.

한 기업이 발행한 총 주식수는 주식시장에서 매매가 가능한 주식의 전체 물량이다. 하지만 노련한 투자자라면 전체 발행 주식수보다는 "유통 물량(floating supply)"에 주목한다. 전체 주식수에서 대주주 등이 보유한 채 시장에 내놓지 않는 주식을 차감한 물량이다. 최고 경영진이 많은 주식을 보유하고 있는 기업(대개의 경우 대기업은 전체 발행 주식의 1~3%, 중소기업은 이보다 더 높은 비율을 보유하고 있다)의 경우 그만큼 자기 회사 주식에 애착을 갖고 있다는 반증이므로 투자 판단 시 긍정적인 요인이다.

발행 주식수가 많은 회사의 주가 움직임이 둔할 수밖에 없는 이유는 수요와 공급이라는 측면 외에서도 찾을 수 있다. 이런 회사는 대개 설립한 지 오래 됐고, 성장률이 이미 둔화되고 있으며, 몸집도 비대해져서 변화에 제대로 대응하지 못할 가능성이 크기 때문이다.

그러나 1990년대에는 대형주의 주가 상승률이 소형주를 앞서는 해가 많았다. 이 같은 현상은 부분적으로 뮤추얼 펀드 회사들이 겪은 규모의 문제 때문인데, 갑자기 뮤추얼 펀드에 돈이 몰리자 펀드매니저들이 막대한 신규 자금을 대기업 주식을 매수하는 데 쏟아 부었다. 대형 펀드는 자본금이 큰 기업의 주식밖에 살 수 없었고, 대기업을 선호하는 것으로 비쳐졌다. 하지만 이것은 수요와 공급의 법칙에 따른 일반적인 효과, 즉 기관 투자가의 수요가 조금만 늘어나도 주가가 오르는 소형주가 더 선호된다는 주장과는 정반대되는 것이다.

대형주도 그런 점에서 이점이 있는 것이다. 높은 유동성, 일반적으로 하락 변동성이 작다는 점, 재무구조가 상대적으로 양호하고 리스크도 적다는 점이다. 요즘 거대 펀드의 엄청난 매수 여력은 대기업 중에서도 몸집이 가장 큰 기업의 주가를 소형주만큼이나 빠른 속도로 상승시키기에 충분하다.

창조적 기업가 정신을 가진 경영진을 찾으라

규모가 큰 대기업은 그만큼 강력한 힘과 영향력을 갖고 있다. 그러나 규모가 커지면 상상력이 부족해지고 생산 효율성이 떨어질 수 있다. 대기업을 보면 나이가 많고 보수적인 "관리인 수준의 경영진"이 끌어가는 경우가 종종 있는데, 이런 경영진은 혁신에 덜 민감하고, 위험을 감수하려 들지 않으며, 그저 세월을 따라잡기에 급급하다. 더구나 대기업의 최고 경영진은 대개 회사 주식을 그리 많이 보유하지도 않는다. 사실 영민한 투자자라면 경영진과 종업원이 자사주를 보유하지 않고, 그래서 회사가 성공하는 데 별로 애착이 없다면 부정적으로 받아들일 것이다. 또 대기업의 경영진 구조는 여러 단계로 이뤄지지도 하는데, 그러면 최고 경영진이 영업 현장에서 어떤 일이 벌어지고 있는지 모를 수 있다. 자본주의 사회에서 기업의 진정한 주인은 고객인데도 말이다.

세상은 그 어느 때보다도 빨리 변하고 있다. 한 회사가 오늘 아주 인기 있는 신제품을 출시했다 하더라도 계속해서 새로운 관련 제품을 내놓지 않는다면 2~3년 안에 매출이 큰 폭으로 줄어들 것이다. 신제품과 새로운 서비스, 기발한 발명품은 대부분 젊고 혁신적이지만 아직은 경제적으로 넉넉하지 못한 소기업의 창조적인 기업가로부터 나온다. 엄청나게 빠른 속도로 성장하고, 또 새로운 일자리를 거의 전부 창출해내는 것도 바로 이런 기업이다. 이들은 서비스 관련 업종이나 첨단 기술 업종에 많다. 마이크로소프트와 시스코 시스템스, 오라클은 1980년대와 1990년대 역동적인 소규모 혁신 기업으로 출발해 성장을 거듭한 끝에 마침내 대기업으로 발전한 몇 가지 사례에 불과하다.

이와는 대조적으로 설립한 지 오래된 공룡 같은 기업은 획기적인 신제품을 내놓았다 해도 이 제품의 매출이 회사 전체 매출에서 차지하는 비중이 너무 작기 때문에 주가에 큰 영향을 주지 못할 수 있다. 신제품 효과에 따른 추가 매출이 그저 "언 발에 오줌 누기" 격이 되고 마는 것이다.

과도한 주식 분할은 부정적일 수 있다

가끔 보면 일부 기업들이 너무 과도한 주식 분할을 하는 실수를 저지른다. 심지어 월스트리트의 투자은행이 주식 분할을 권하는 경우도 있다. 내 생각에 주식 분할을 하려면 1대2 혹은 2대3 정도가 적당하며, 1대3이나 1대5는 너무 과한 것 같다.(1대2의 주식 분할이 이뤄지면 1주를 갖고 있던 주주는 2주를 갖게 된다. 하지만 주가는 그만큼 떨어지게 된다.) 과도한 주식 분할은 주식 공급 물량의 급증을 초래하고, 금세 주가 움직임이 둔한 대형주로 바뀌어버릴 수 있다.

어느 기업이 강세장에서 처음 주식 분할을 했을 경우 대개 상승 행진을 멈춘다. 그러나 이런 경우에도 몇 주 정도 조정을 거친 뒤 다시 상승세를 탄다.

하지만 한두 해 상승 행진을 이어간 다음 강세장의 막바지 단계나 약세장의 초입에서 과도한 주식 분할을 발표한다면 이런 주식을 매수하는 건 매우 어리석은 일이다. 하지만 많은 기업들이 이렇게 하므로 주의해야 한다.

통상 이런 기업 입장에서는 주가가 싸지면 더 많은 매수자를 끌어들일 거라고 생각한다. 물론 일부 개인 투자자들의 관심을 끌 수도 있겠지만, 1~2년 사이 두 번째 주식 분할을 하는 것이라면 매도 세력이 크게 늘어나는 역효과를 초래할 수 있다. 노련한 프로 투자자나 영리한 개인 투자자라면 과도한 주식 분할 소식에 시장이 고무됐을 때 주식을 팔고 이익을 챙길 것이다. 게다가 많은 주식을 갖고 있는 투자자가 매도를 고려하고 있는 상황이라면, 1대3의 주식 분할 후 30만 주로 늘어난 주식을 파는 것보다 주식 분할 전에 10만 주를 파는 게 더 쉬울 것이다. 또한 약삭 빠른 공매도 투자자들이 노리는 종목은 기관 투자가가 이미 대규모로 보유하고 있고, 주가 급등 후 하락하기 시작하는 종목이다.

두세 차례의 주식 분할을 하게 되면 그 주식은 천청을 쳤다는 징후로 받아들일 수 있다. 연구 결과 최고의 주식 가운데 주식 분할을 실시한 다음해에 본격적인 주가 상승 행진을 보여준 경우는 전체의 18%에 불과했다. 퀄컴은 1999년 12월 1대4의 주식 분할 직후 천정을 쳤다.

자사주 매수 기업을 주목하라

반드시 그런 것은 아니지만 CAN SLIM 범주를 만족시키는 기업이 장내에서 일정 기간 지속적으로 자기 회사 주식을 사들인다면 상당히 긍정적인 신호라고 할 수 있다. 중소 규모의 성장주가 그럴 경우 더욱 긍정적이다.(자사주를 10%만 매수해도 무척 큰 것이다.) 자사주 매입은 주식시장에서 유통되는 주식 수를 줄이는 효과가 있고, 이런 기업은 가까운 장래에 매출과 순이익이 늘어날 것으로 예상하고 있기 때문에 자기 주식을 사들였다고 해석할 수 있다.

특히 자사주 매입에 따라 사실상 전체 발행 주식수가 줄어들게 돼 주당 순이익은 증가하는 효과를 가져다 준다. 앞서 설명했듯이 주당 순이익 증가는 탁월한 주식이 갖고 있는 결정적인 동력 가운데 하나다.

1970년대 중반부터 1980년대 초까지 성공적으로 자사주를 매입한 기업으로는 탠디와 텔레다인, 메트로미디아를 들 수 있다. 이들 기업은 자사주를 사들인 결과 주당 순이익 증가율이 획기적으로 높아졌고, 주가도 크게 올랐다. 찰스 탠디는 나에게 이런 말을 한 적이 있다. 주식시장이 조정을 보이고 자기 회사 주가도 떨어진다면, 그는 은행에서 돈을 빌려 자사주를 사들일 것이며 시장이 회복한 뒤에 대출받은 돈을 갚을 것이라고 말이다. 물론 그가 이런 말을 했을 때는 그의 회사 순이익이 꾸준히 증가하고 있었다.

탠디의 경우 주식 분할을 감안할 경우 1973년 2.75달러였던 주가가 1983년에는 60달러로 올랐다. 텔레다인의 주가도 1971~84년 사이 8달러에서 190달러로 치솟았고, 메트로미디어는 1971년 30달러였던 주가가 1977년에는 560달러까지 뛰어올랐다. 텔레다인의 경우 8차례의 자사주 매입으로 발행 주식수를 8800만주에서 1500만주로 크게 줄였는데, 덕분에 0.61달러에 불과했던 주당 순이익이 20달러 수준까지 늘어났다.

1989년과 1990년 인터내셔널 게임 테크놀러지(IGT)는 자사주로 전체 발행 주식의 20%를 매입하겠다고 발표했고, 그 후 주가는 1993년 9월까지 20배 이상 올랐다. 이들의 공통점은 성장주라는 데 있다. 만일 순이익이 증가하지 않는 상황에서 자사주를 매입한다면 과연 주가에 긍정적일지 의문이다.

부채 비율이 낮다면 더 좋다

전체 발행 주식수를 확인했다면 그 다음에는 이 기업의 자기 자본 대비 장기 부채 비율을 확인해보라. 일반적으로 부채 비율이 낮을수록 더 안전하고 더 나은 기업인 경우가 많다. 부채 비율이 높은 기업의 주당 순이익은 금리가 상승하면 급격히 쪼그라든다. 부채 비율이 높을수록 기업 내용이 부실하고 리스크도 높은 게 보통이다.

1995년부터 2007년까지 페니메이와 프레디맥을 비롯한 공영 모기지 회사와 은행, 증권회사들의 자기자본 대비 장기 부채 비율은 보통 40~50배에 달했다. 이들 기관은 연방정부의 강력한 지원 아래 저소득 계층에 막대한 금액의 서브프라임 대출을 해주다 결국 2008년 금융위기를 초래하게 된 것이다.

> 주식 투자자든 부동산 소유자든 그가 현명하다면 반드시 지켜야 할 제
> 1의 원칙은 자신이 감당할 수 없는 금액을 빌려서는 안 된다는 것이다.
> 과도한 부채는 개인이든 기업이든 정부든 다 망쳐버린다.

최근 2~3년간 부채를 상환해 부채 비율을 크게 낮춘 기업은 눈 여겨 볼 필요가 있다. 다른 여건에 변화가 없다면 이자 비용의 감소만으로도 주당 순이익이 상당히 증가할 것이기 때문이다.

덧붙이자면 전환사채를 발행한 기업은 이 전환사채가 보통주로 전환될 경우 주당 순이익이 희석될 수 있으므로 유의해야 한다.

수요와 공급에 대한 평가

어떤 주식의 수요와 공급을 가늠할 수 있는 가장 좋은 방법은 매일 매일의 거래량을 살펴보는 것이다. 어떤 종목의 주가가 후퇴하고 있을 때는 어느 지점에서 거래량이 말라붙어 버리는 게 바람직한데, 그러면 더 이상 강한 매도 압력이 없다는 의미다. 주가가 상승세를 탈 때는 거래량이 증가하는 게 좋은데, 이는 대개 개인 투자자가 아닌 기관 투자가의 매수

를 반영하는 것이다.

어느 종목이 모양을 형성한 뒤 매수 지점을 돌파할 때는 거래량이 평균보다 40~50% 이상 증가해야 한다.(주가 차트를 읽는 방법과 최고의 주식이 보여주는 주가 패턴은 제2장에서 설명했다.) 많은 경우 하루 거래량이 보통 때보다 100% 혹은 그보다 훨씬 더 많이 늘어나는데, 이는 매수세가 탄탄하며 추가 상승 가능성도 높다는 점을 시사한다. 일간 및 주간 주가 차트를 잘 활용하면 주가와 거래량의 상관 관계를 분석하고 해석하는 데 큰 도움이 될 것이다. 월간 차트도 요긴하다.

어느 종목이든 주가 차트를 분석할 때는 그 주식의 주가가 하락하면서 새로운 모양을 형성하기 시작해 마침내 모양을 완성했다고 생각되는 순간까지 매주 자세히 관찰해야 한다. 이번 주에는 주가가 얼마나 등락했으며, 지난주와 비교해 거래량은 얼마나 증감했는지 알아봐야 한다. 또 주간 종가가 고가에 가까운지 저가에 근접했는지도 확인해야 한다. 매주 이런 식으로 체크하고 주가 패턴의 전체적인 모양도 점검해보면 그 모양이 에너지 축적 과정을 제대로 거친 올바른 모양인지 아니면 결함이 많은 속기 쉬운 모양인지 알 수 있을 것이다.

명심해두기 바란다. 매수해야 할 주식은 기업의 규모와 관계없이 반드시 CAN SLIM 원칙을 충족시켜야 한다. 하지만 소형주는 주가가 오르든 내리든 변동성이 상당히 클 수 있다. 시장의 관심은 소형주에서 대형주로 옮아가기도 하고, 반대로 대형주에서 소형주로 쏠리기도 한다. 장내에서 자사주를 매수하는 기업, 그리고 경영진이 회사 지분을 많이 보유하고 있는 기업의 주식일수록 더 좋다고 할 수 있다.

L=주도주인가 소외주인가: 당신의 주식은 어느 쪽?

사람들은 대개 그저 호감이 간다거나 왠지 마음이 놓이는 주식을 사려고 한다. 그러나 역동적인 주도주들이 시장의 놀라운 상승세를 이끌어가는 강세장에서는 이런 식으로 개인적인 선호만으로 매수했다가는 오히려 철저히 외면당하는 주식을 붙잡고 있기 십상이다.

가령 당신이 지금 컴퓨터 업종의 주식을 사고자 한다. 만일 업계에서 수익성이 가장 뛰어난 기업의 주식을 정확한 타이밍에 매수했다면 상당한 주가 차익을 거둘 수 있을 것이다. 그러나 주가가 별로 오르지 못했거나 오히려 떨어진 종목이 더 싸게 보이고 안전하게 느껴진다고 해서 매수했다면 향후 주가 상승 가능성은 매우 적다고 봐야 한다. 왜 그 많은 종목 가운데 하필 맨 바닥에 있는 것을 고르는가?

장난하듯이 그저 당신 마음에 드는 주식을 매수해서는 안 된다. 깊이 파고들어야 한다. 탐구하는 작업이 필요하다. 그 주식이 다른 종목보다 훨씬 더 높이 상승할 수 있는 요인이 무엇인지 찾아봐야 한다. 하려고 마음만 먹으면 당신도 이렇게 할 수 있다.

업종 내 최고 종목 2~3개 중에서 매수하라

활황을 구가하고 있는 업종의 1위 기업 혹은 상위 두세 개 업체는 그야말로 믿기지 않는 성장률을 보여준다. 같은 업종의 다른 종목들은 전혀 성장하지 못하는 상황에서도 그렇다.

1979년과 1980년의 강세장에서 왕 랩과 프라임 컴퓨터, 데이터포인트, 롬, 탠디를 비롯한 뛰어난 컴퓨터 회사들은 5~7배의 주가 상승률을 기록한 뒤에야 천정을 치고 내려왔다. 그러나 사람들이 다들 호감을 가졌던 컴퓨터 업계의 거인 IBM은 거의 제자리 걸음을 했고, 역시 대규모 컴퓨터 기업이었던 버로우와 NCR, 스페리 랜드도 전혀 오르지 않았다. 물론 1981~83년의 강세장에서는 IBM이 되살아나 탁월한 수익률을 기록했지만 말이다.

소매 업종에서는 건축 자재 체인점의 대표격인 홈 디포가 1988~92년 사이 10배나 오른 반면 같은 업종의 소외주였던 와반과 헤칭거는 오히려 시장 평균 수익률을 크게 밑돌았다.

그런 점에서 반드시 발군의 주식을 매수하라는 것이다. 업계 리더면서 해당 분야에서 1위인 기업 말이다. 내가 발견한 최고의 주식들은 내가 매수했을 때 하나같이 업계 1위 기업이었다. 1963년의 신텍스, 1976~83

년의 픽 '앤' 세이브, 1982~85년의 프라이스 컴퍼니, 1985~86년의 프랭클린 리소시스, 1986~87년의 제넨테크, 1990~91년의 암젠, 1998~99년의 아메리카 온라인, 1998~99년의 찰스 슈왑, 1998~99년의 선 마이크로시스템스, 1999년의 퀄컴, 2002~04년의 이베이, 2004~07년의 구글, 2004~07년의 애플이 대표적인 예다.

내가 여기서 말하는 1위 기업은 반드시 규모가 가장 크다든가 브랜드가 가장 잘 알려진 회사가 아니다. 분기 순이익과 연간 순이익 증가율이 가장 높고, 사기자본 이익률이 제일 좋으며, 판매 마진폭이 가장 여유 있고, 매출액이 폭발적으로 증가하고 있으며, 주가 움직임도 가장 역동적인 기업을 말하는 것이다. 이런 기업이 생산하는 제품과 서비스는 다른 회사의 것보다 뛰어날 뿐만 아니라 독특하기까지 한데, 그래서 낡고 혁신적이지도 못한 경쟁업체의 시장점유율을 빼앗아오는 것이다.

주도주가 아니면 매수하지 마라

우리는 연구 결과 주식시장에 완전히 새로운 것은 거의 없다는 사실을 새삼 확인했다. 역사는 스스로 끊임없이 되풀이하는 것이다.

1963년 7월 나는 피임약 개발업체였던 신텍스 주식을 처음 매수했는데, 당시 이 주식은 높이 치솟은 깃발형을 완성하고 막 모양을 돌파한 상태였다.(곧이어 치솟기 시작해 400%나 상승했다.) 사람들 대부분은 이 주식을 건드리려 하지 않았다. 사상 최고가인 100달러를 넘어선 데다 주가수익 비율 45를 감안하면 주가가 두려울 정도로 높아 보였던 것이다. 그 무렵 증권회사 가운데 신텍스에 대한 기업 분석을 하는 곳은 하나도 없었고, 뮤추얼 펀드 중에서 유일하게 주식을 보유하고 있던 밸류라인 펀드는 주가 상승 행진이 시작되기 한 분기 전에 매각해버렸다. 대안으로 월스트리트의 여러 투자 회사들이 "동조하는 종목"이라며 GD 시어러를 추천했다. 시어러는 신텍스와 비슷한 제품을 생산했고, 주가는 그동안 전혀 오르지 않았으므로 훨씬 싸게 보였다. 그러나 수익률 측면에서 이 주식은 전혀 똑같지 않았다. 신텍스는 주도주였고, 시어러는 소외주였다.

동조하는 종목이라며 소외주를 대안으로 매수하는 것은 업종 주도주의 화려한 광채가 그 주식에도 옮겨가기를 바라는 것이다. 그러나 이런 기업의 실적은 주도주에 비해 형편없이 떨어진다. 어렵사리 주도주와 동조해 상승세를 탄다 해도 오름폭은 훨씬 못 미친다.

1970년에 당시 새로운 창고형 사업의 선두 기업이었던 레비츠 퍼니처는 최고의 주식으로 부상했다. 그러자 위키즈 코퍼레이션이 레비츠의 사업을 그대로 베꼈고, 많은 사람들은 위키즈의 주가가 "싸기" 때문에 이 주식을 매수했다. 하지만 위키즈는 레비츠를 따라 잡지 못했고, 종국에는 부도 위기에 몰렸다. 반면 레비츠는 천정을 치기 전까지 무려 900%나 상승했다.

철강왕 앤드루 카네기는 그의 자서전에서 이렇게 말했다. "가장 먼저 시작한 사람은 굴을 먹을 것이고, 두 번째로 시작한 사람은 그 껍데기를 가질 것이다."

주도주와 소외주의 구분: 주가의 상대적 강도

여러 주식으로 포트폴리오를 구성하고 있다면 반드시 투자 수익률이 제일 떨어지는 주식을 먼저 팔고, 수익률이 가장 좋은 주식은 좀더 보유해야 한다. 다시 말해 당신이 실수로 산 종목은 손실이 아직 작을 때 팔아버리고, 당신이 선택을 잘 한 종목은 최고의 주식으로 커나가는지 잘 지켜보라는 것이다. 그런데 인간의 본성 탓에 사람들 대부분은 이와 반대로 한다. 손실을 보고 있는 주식은 계속 보유하고 수익이 난 종목은 팔아버리는 것인데, 이것이야말로 늘 큰 손실로 이어지는 공식이나 다름없다.

지금 보유하고 있는 주식이 주도주인지 소외주인지 어떻게 알아내는가? 가장 빠르고 손쉬운 방법은 주가의 상대적 강도(RS)를 확인하는 것인데, 인베스터스 비즈니스 데일리(IBD)가 매일 각 종목의 RS 점수를 발표하는 방식은 이렇다.

> 어느 종목의 지난 52주간의 주가 상승률을 주식시장에서 거래되는 나머지 종목 전체의 상승률과 비교해 점수를 매긴다. 각 종목의 점수는 최저 1점부터 최고 99점까지 주어진다. RS 점수가 99점이라는 것은 이 종목의 주가 상승률이 나머지 99% 종목보다 우수하다는 것을 의미한다. RS 점수가 50점이라면 주식시장에서 거래되는 종목 중 절반은 이 종목보다 수익률이 높고, 나머지는 떨어진다는 것이다.

만일 당신이 보유한 주식의 RS 점수가 70점을 밑돈다면, 이 종목은 전체 시장에서 수익률이 아주 뛰어난 주식에 들지 못한다는 말이다. 그렇다고 해서 이 종목의 주가가 상승할 수 없다는 것은 아니다. 어떻게 해서 상승세를 탄다 해도 오름폭이 상대적으로 떨어질 것이라는 의미다.

1950년대부터 2008년에 이르기까지 매년 최고의 주식으로 꼽힌 주식들이 본격적인 주가 상승 행진을 시작하기 직전 기록했던 평균 RS 점수는 87점이었다. 다시 말해 최고의 주식들은 폭발적인 시세 분출을 하기도 전에 이미 주가 상승률이 거의 상위 10% 수준에 든다는 말이다. 따라서 최고의 주식을 결정하는 원칙은 이렇게 요약할 수 있다. 진정한 주도주에 주목하고, 소외주와 동조하는 주식은 피하라. 상대적 주가 강도 점수가 40~60점대인 주식은 매수하지 말라.

상대적 주가 강도는 주가 차트에 그래프로 표시할 수 있다. 만일 RS 그래프가 7개월 이상 하락 추세를 보이거나, 급락세가 4개월 이상 지속된다면, 이런 종목의 주가 흐름은 상당히 불확실하므로 매도해버리는 게 낫다.

상대적 주가 강도가 80~90대인 주식을 매수하라

주도주에만 집중할 수 있도록 종목 선정의 적중률을 높이고 싶은가? 그렇다면 상대적 주가 강도 점수가 80점 이상인 주식만 매수하라. 주식시장에서 이미 뒤쳐져 있는 소외주를 매수하는 것은 아무 의미도 없다. 그런데도 많은 투자자들이 딱 이렇게 한다. 그 이유는 상대적 주가 강도 점수나 차트에 나타난 상대적 주가 강도 그래프를 보지 않기 때문인데, 심지어 대형 투자 회사들마저 그렇게 한다.

나는 상대적 주가 강도 점수가 80점 미만인 주식은 아예 매수할 생각도 하지 않는다. 사실 놀라운 투자 수익을 올려준 주식의 경우 1차, 2차 모양을 형성하고 매수 지점을 돌파하기 직전 상대적 주가 강도 점수가 보통 90점이 넘었다. 어느 종목이 최고의 주식이 될 것인지 가늠할 때 상대적 주가 강도 점수는 메이저리그 투수가 던지는 공 빠르기나 마찬가지다. 메이저리그에서 뛰는 투수의 평균 구속(球速)은 시속 86마일 정도지만 메이저리그 최고의 투수라면 90마일은 넘어야 한다.

주식을 매수할 때는 반드시 다음 두 가지를 확인해야 한다. 우선 그 주식이 적절한 기간 동안 확실하게 모양을 만들어냈는지, 두 번째는 정확한 매수 지점, 즉 분기점에 매수하는 것인지 살펴봐야 한다. 앞서 설명했듯이 최초의 정확한 매수 지점보다 5~10% 이상 주가가 상승한 다음 매수해서는 안 된다. 그래야 모양을 돌파한 뒤 가파르게 상승하는 주식을 추격 매수하는 우를 범하지 않을 수 있고, 갑작스러운 매물 출회로 인해 주가가 조정 받을 때 보유 물량을 지켜낼 수 있다.

주식을 매수하기에 앞서 최소한의 기준조차 따르지 않으려는 투자자를 보면, 오래 전 매번 수술할 때마다 수술 도구를 소독해야 한다는 기본 상식조차 무시했던 의사들이 떠오른다. 의사들이 마침내 루이 파스퇴르와 조셉 리스터의 연구 결과를 어쩔 수 없이 받아들이기까지 수많은 환자들이 죽어나갔다. 무지는 우리 인생에 어떤 도움도 되지 않는다. 주식시장에서도 마찬가지다.

조정 국면에서 새로운 주도주 찾아내기

주식시장 전반이 조정을 받아 하락세로 접어들면 새로운 주도주를 찾아내기가 쉬워진다. 물론 찾는 방법을 알아야 한다. 괜찮은 성장주일수록 시장 평균보다 더 크게 떨어져 하락률이 1.5~2.5배에 이른다. 다시 말해 전체 시장이 10% 하락하면 괜찮은 성장주는 15~25% 떨어지는 것이다. 이렇게 강세장에서 조정 받을 때 하락률이 가장 작은 성장주가 최선의 선택이 되는 경우가 많다. 하락률이 가장 큰 종목이 대개 제일 약한 주식이다.

가령 전체 주식시장이 평균 10% 하락하는 중기 조정에 진입했다고 하자. 당신은 아주 훌륭한 성장주 3종목을 보유하고 있었는데, 하락률이 각각 15%, 25%, 35%에 달했다. 이런 경우 15%와 25% 하락한 두 종목은 주가 회복 후 최고의 주식이 될 가능성이 있다. 그러나 전체 주식시장이 10% 하락했는데 35~40%나 떨어졌다면 경고등이 켜진 것일 수 있으므로 주의하는 게 상책이다.

일단 시장 전반의 하락세가 끝났을 때 가장 먼저 신고가를 기록하는 종목들이 거의 대부분 우리가 찾는 주도주가 된다. 이들 주도주의 차트를 보면 약 13주 만에 매수 지점을 돌파하는데, 그 중에서도 최고의 주식은 대개 맨 처음 3~4주 만에 신고가를 기록한다. 이때가 매수할 타이밍이므로 절대 놓쳐서는 안 된다. 제9장에서 시장 전체의 방향을 읽어내는 방법을 설명했으니 이를 잘 활용하기 바란다.

프로들 역시 실수를 저지른다

많은 프로 펀드매니저들도 주가가 이례적으로 크게 떨어진 주식을 매수하는 결정적인 실수를 저지른다. 이런 실수야말로 수렁으로 빠져드는 가장 확실한 길이다.

1972년 6월 매릴랜드 주의 한 유력한 기관 투자가가 레비츠 퍼니처 주식을 매수했다. 이 주식이 처음으로 급락세를 보이며 일주일만에 60달러에서 40달러 수준으로 떨어진 직후였다. 이 주식은 그 후 몇 주간 반등하기도 했지만 곧 다시 추락해 18달러까지 하락했다.

1978년 10월 컴퓨터 주변장치 공급업체 중 선두 기업이었던 메모렉스의 주가가 처음으로 급락세를 보이며 매력적으로 비쳐지자, 여러 기관 투자가들이 매수에 나섰다. 하지만 메모렉스는 그 후 폭락했다.

1981년 9월에는 뉴욕의 유명 기관 투자가들이 돔 페트로리엄 주식을 매수했다. 주가가 16달러에서 12달러까지 떨어지자 싸게 보였고, 당시 월스트리트에는 이 주식에 대한 긍정적인 얘기들이 떠돌고 있었다. 몇 달 뒤 돔 페트로리엄은 1달러까지 추락했다.

1990년대 중반 AT&T에서 분사한 이후 월스트리트에서 신데렐라 대접을 받았던 루슨트 테크놀로지 주가가 2000년 초 78달러에서 50달러까지 하락하자 기관 투자가들이 매수에 나섰다. 그해 말 루슨트의 주가는 5달러 아래로 폭락했다.

역시 2000년에 벌어진 일인데, 시스코 시스템스 주가가 그해 초 기록했던 82딜러에서 50달러로 떨어지자 많은 사람들이 매수했다. 컴퓨터 네트워킹 장비 제조업체인 시스코는 1990년대 7만5000%나 상승한 최고의 주식이었고, 따라서 50달러면 싸게 보였다. 이 주식은 8달러까지 떨어진 뒤 아직까지 50달러를 회복하지 못하고 있다. 8년이 지난 2008년 말 현재 주가는 17달러에 불과하다. 주식시장에서 잘 해나가려면 이제부터 과거의 잘못됐던 방법과는 완전히 결별하고서 새롭고 더 나은 원칙과 방법으로 미래를 준비해야 한다.

가령 조라는 투자자가 신발 제조업체인 크록스 주식의 매수 기회를 놓쳤다고 하자. 이 종목은 2006년 9월 완벽한 손잡이가 달린 컵 모양을 형성했는데, 매수 지점에서의 주가는 주식 분할을 감안할 경우 15달러였다. 조는 2007년 4월에 만들어진 컵 모양과 매수 지점 28달러를 또 놓쳤다. 이 주식은 분기마다 순이익이 100%씩 증가하며 그해 10월 75달러까지 올랐다. 그런데 한 달 뒤 주가가 47달러로 떨어졌다. 조는 자신이 놓친 주식이 줄곧 올라가는 것만 지켜보며 살 기회를 노려왔는데, 이제 아주 싸게 보였다. 그런데 이 주식은 계속 떨어져 2009년 1월에는 1달러가 돼버렸다. 떨어지는 주식을 매수하는 것은 위험하다. 거덜날 수 있다. 이런 위험한 습관은 당장 버려라.

그러면 블루칩이자 초일류 은행으로 꼽히는 뱅크 오브 아메리카(BoA) 주식을 사는 건 어떨까? 2006년 12월 이 주식은 55달러였는데, 1년 뒤 당신은 40달러라는 싼값에 매수할 수 있었다. 그러나 다시 1년 뒤 6달러까지 주저앉았다. 그런데도 당신은 4센트의 배당금이 나온다며 여전히 장기 투자자라고 주장할 수 있을까?

바로 이런 이유 때문에 소위 우량주라 해도 주가가 하락세를 탈 때는 매수하지 말고, 손실이 7~8%에 달하면 무조건 손절매하라고 권하는 것이다. 어떤 주식이든 무슨 일이든 벌어질 수 있다. 당신이 힘들게 번 돈을 지켜내려면 확고한 원칙을 가져야 한다. 우리 누구나 실수를 저지를 수 있다. 주저하지 않고 자신의 실수를 바로잡는 법을 배워야 한다.

시스코나 크록스, 뱅크 오브 아메리카의 주가가 추락할 때 이들 주식을 매수했거나 계속 보유했던 프로 투자자와 일반 개인 투자자들은 정상적인 주가 하락과 치명적인 재앙으로 이어질 수 있는 대량 거래를 수반한 이례적인 조정을 전혀 구분하지 못했다. 그러나 진짜 문제는 이들이 여기저기서 주워들은 이야기나 주가수익 비율이 낮으면 "가치"가 있다는 식의 기본적 분석 방법에 의지했다는 점이다. 이들은 시장이 정말 어디로 흘러가는지 알려주는 주가의 움직임에는 아무런 관심도 두지 않았다.

정상적인 조정과 비정상적인 움직임 간의 차이를 주의 깊게 관찰하고 배우려는 사람이야말로 "시장에 대한 훌륭한 감각"을 갖고 있는 것이다. 시장이 말해주는 것을 무시하는 사람은 대개 큰 대가를 치른다. 값싸 보인다고 해서 떨어지는 주식을 매수하는 사람은 그렇게 하면 얼마나 많은 돈을 날릴 수 있는지 뼈저리게 배울 것이다.

약세장에서 나타나는 이상(異常) 강세에 주목하라

1967년 봄이었는데 그날 나는 뉴욕의 한 증권회사를 방문했다. 이날은 다우존스 지수가 당시로서는 매우 큰 폭인 12포인트나 떨어진 날이었다. 다우존스 지수가 1만 선을 오르내리는 요즘 기준으로 치자면 1000포인트쯤 떨어진 것이었다. 시세를 알려주는 전자식 티커를 보니 슈퍼컴퓨터 분야의 선도 기업인 컨트롤 데이터 주가가 대량 거래를 수반하며 3.50달러나 오른 62달러에 거래되고 있었다. 나는 즉시 이 주식을 매수했나. 나는 컨트롤 데이터의 기업 내용을 잘 알고 있었고, 시장 전반의 약세 분위기에도 불구하고 비정상적일 정도의 강세를 보이고 있었기 때문이었다. 이 주식은 그 뒤 150달러까지 치솟았다.

약세 기조가 한창 시장에 퍼져가던 1981년 4월 무렵 장외 시장에서 거래되고 있던 통신회사 MCI 커뮤니케이션즈의 주가가 모양을 형성한 뒤 분기점인 15달러를 돌파했다. 이 주식은 그 후 21개월 만에 90달러까지 상승했다. 약세장에서 이상 강세를 보여준 또 하나의 아주 멋진 사례였다.

담배 회사인 로릴라드가 1957년의 약세장에서 똑같이 그랬고, 소프트웨어 툴웍스는 1990년 초 하락장에서 급등했으며, 무선 통신 회사인 퀄컴은 1999년 중반의 조정장에서 큰 폭으로 올랐고, 2000년 초부터 시작된 약세장의 와중에서 타로 파마슈티칼은 그해 말 상승세를 탔다. 같은 해 주택 건설업체인 NVR의 주가는 50달러 수준이었지만 꾸준한 저금리 기조 덕분에 2003년 3월에는 360달러까지 올랐다. 2003년에 새로운 강세장이 시작되자 애플과 구글, 리서치 인 모션, 포태쉬, 그리고 여러 중국 기업 주식들이 주도주로 등장했다.

따라서 이 점을 잊어서는 안 된다. 정말로 애가 탈 정도로 싸게 보이는 주식이라 해도 소외주는 투자 수익을 가져다 주는 경우가 거의 없다. 시장 주도주만 주목하고, 매수할 주식은 그 중에서 선정하라. 매수 가격보다 8% 떨어진 소외주가 있다면 당장 팔아버려라. 그렇게 하지 않으면 치명적인 상처를 입을 수 있다.

I=기관 투자가의 뒷받침:
리더의 움직임을 좇으라

주가가 상승하기 위해서는 강력한 수요가 따라줘야 한다. 주식시장에서 이런 수요의 가장 큰 원천은 기관 투자가들, 즉 뮤추얼펀드와 연기금 펀드, 헤지펀드, 보험회사, 대형 투자자문사, 은행 신탁 부문, 자치단체, 자선기관, 교육기관 등이다. 규모가 큰 이들 투자자가 매일매일의 주식시장 거래에서 결정적인 역할을 하는 것이다.

기관 투자가의 뒷받침이란?

바로 이들 기관이 어느 주식을 보유하고 있을 경우 기관 투자가가 뒷받침하고 있다고 한다. 분명히 하자면, 증권회사의 리서치 자료나 애널리스트의 추천은 내가 말하는 기관 투자가의 뒷받침에 포함되지 않는다. 물론 이중 어떤 것은 아주 단기적으로 특정 종목에 영향을 주기도 하지만 말이다. 투자 정보 서비스나 시장 소식지 역시 내 기준으로는 기관 투자가의 뒷받침이 아니다. 왜냐하면 이런 것들은 기관 투자가들이 갖고 있는 지속적이면서도 집중적인 매수 혹은 매도 역량이 없기 때문이다.

최고의 주식이라고 해서 반드시 대다수 기관 투자가 보유하고 있어야 하는 것은 아니다. 하지만 적어도 여러 기관 투자가가 보유하고 있어야 한다. 신규 상장 기업이나 소형주처럼 아주 드문 경우에도 최소한 20개 정도의 기관이 보유해야 한다. 물론 최고의 주식 대부분은 이보다 훨씬 많은 기관 투자가가 보유하고 있다. 만일 이들 프로 투자자들이 어떤 종목을 전혀 보유하고 있지 않다면, 이 주식이 시장 평균 이상의 수익률을 내기란 극히 어렵다. 1만 곳이 넘는 기관 투자가 가운데 적어도 몇 곳은 이 주식을 눈 여겨 보았을 터인데 그냥 넘어간 것이기 때문이다. 비록 이들이 전부 틀렸다 하더라도 어쨌든 이 종목이 시세를 분출하기 위해서는 매수 에너지가 상당히 커야 하는 것이다.

기관의 질과 양에 모두 주목하라

성실한 투자자라면 여기서 그치지 않는다. 이들은 자신이 매수하려는 주식을 얼마나 많은 기관 투자가들이 보유하고 있는지, 또 기관 투자가의 수가 최근 몇 분기 동안 꾸준히 늘어나고 있으며, 바로 지난 분기에 그 숫자가 크게 늘어났는지 확인한다. 이와 함께 과연 그런 기관 투자가가 정확히 어떤 곳인가를 살펴본다. 특히 가장 뛰어난 운용 실적을 보여주고 있는 노련한 포트폴리오 매니저가 적어도 한두 명은 보유하고 있는 주식을 찾는다. 이게 바로 더 나은 기관 투자가의 뒷받침을 찾는 것이다.

기관 투자가의 질(quality)이 어떠한지를 분석하려면 해당 기관 투자가의 최근 12개월 및 3년간 투자 수익률을 보는 게 가장 좋다. 이런 방법은 신문의 증권면에 나오는 각 펀드의 36개월간 수익률 순위를 보면 금방 알 수 있다. 인베스터스 비즈니스 데일리(IBD)의 경우 수익률이 전체 펀드 가운데 상위 5% 안에 들면 "A+"를 매기는데, "B+"이상을 받은 펀드의 경우 우수한 수익률을 올린 펀드라고 할 수 있다. 그러나 명심해야 할 게 있다. 수익률이 좋은 성장주 펀드의 경우 약세장에서는 성장주의 조정폭이 깊어지므로 수익률도 더 떨어지게 된다.

하지만 펀드를 운영하는 핵심 펀드매니저가 회사를 떠난다든지 하게 되면 운용 성과는 확 달라질 수 있다. 일반적으로 성적이 가장 좋은 기관 투자가 자리는 세월이 흐르면 계속해서 바뀌고 변해간다.

과거에는 뮤추얼 펀드가 아주 공격적으로 자금을 운용했다. 그런데 최근에는 새로이 등장한 "기업가 정신을 가진" 투자 자문사가 공공단체 및 기관의 자금을 운영하는 데 두각을 나타내고 있다.

기관의 뒷받침이 늘어나는 주식을 매수하라

앞에서 설명했듯이 어떤 기업의 주식을 얼마나 많은 기관 투자가가 보유하고 있느냐 보다는 탁월한 운용 성과를 내고 있는 기관 투자가가 얼마나 많이 보유하고 있으며, 또 최근에 그 주식을 매수했느냐가 더 중요하다. 그 주식을 보유한 기관 투자가의 수가 늘어나고 있느냐 혹은 줄어들고 있느냐 역시 매우 중요하다. 그 중에서도 핵심은 최근 분기의 추세다. 최근 몇 분기 동안 그 기업의 매출액과 순이익이 양호한 데다 주식을 보유하고 있는 기관 투자가의 숫자도 늘어나고 있는 주식을 사는 게 최선이다.

지난 분기에 새로 매수한 주식에 주목하라

가장 최근에 발표된 기관 투자가의 보유 종목 가운데 어떤 종목이 새로이 비중 있게 편입됐다면 일정 기간 계속 보유하고 있던 종목보다 훨씬 눈 여겨 보아야 할 대목이다. 왜냐하면 일단 펀드가 새로운 포트폴리오를 구성하기 시작하면 당분간 이런 흐름에 따라 새로운 종목의 비중을 늘려갈 가능성이 높고, 이런 신규 편입 종목은 가까운 장래에 매각할 가능성이 작기 때문이다. 이런 내용은 펀드의 분기 혹은 반기 결산이 끝난 뒤 6주 정도 지나면 발표된다. 일간 및 주간 차트를 분석해 정확한 타이밍을 집어내는 현명한 투자자에게는 이런 발표 내용이 큰 도움이 될 것이다.

많은 투자자들은 각 펀드의 새로운 투자 내용이 너무 늦게 공개돼 쓸모가 없다고 생각한다. 그러나 이런 생각은 잘못된 것이다.

기관 투자가의 거래 단위는 통상 1000주에서 10만 주에 달하고, 그 이상이 될 때도 있다. 주도주의 경우 하루 거래량 가운데 기관 투자가의 매매 물량이 70%에 달하기도 한다. 이 정도면 결정적인 주가 흐름을 지속적으로 뒷받침할 수 있다. 사실 기관 투자가들이 사들이는 종목의 절반 정도는 그저 그런 투자 수익률에 그친다. 이 중에는 잘못된 투자가 더 많을 수도 있다. 하지만 나머지 절반에는 정말 탁월한 선택이 상당수 섞여있는 것이다.

이제 해야 할 일은 기관 투자가가 매수한 종목 가운데 어떤 게 현명한 판단과 고급 정보에 기초한 주식이며, 어떤 게 실수로 잘못 매수한 주식인지 구분하는 것이다. 물론 쉬운 일은 아니다. 하지만 이 책에서 제시하는, 이미 입증된 원칙과 가이드라인을 따르고 적용하는 방법을 배운다면 어렵지 않을 것이다.

시장이 어떻게 움직이는가를 스스로 느낄 수 있으려면 훌륭한 뮤추얼 펀드의 투자 전략을 연구해봐야 한다. 우선 신문에서 운용 성과가 뛰어난 뮤추얼 펀드를 찾아낸 다음 펀드 보고서를 구해보라. 그러면 펀드 각각의 투자 철학과 기술을 배울 수 있을 뿐만 아니라 이들이 매수한 주식이 어떤 것들인지 알 수 있을 것이다. 예를 들어보자.

- 윌 대노프가 운용했던 피델리티의 콘트라펀드는 오랫동안 10억 달러 이상 대형 펀드 가운데 최고 성과를 내왔다. 대노프는 국내외 주식시장을 뒤져 새로운 개념과 새로운 이야기를 가진 종목을 초기에 발굴해냈다.
- 짐 스타워의 아메리칸 센추리 해리티지 앤드 기프트 트러스트 펀드는 컴퓨터를 활용해 최근 매출액과 순이익 증가율이 가속화하고 있는, 주가 움직임이 아주 활발한 주식을 찾아낸다.
- 켄 히브너가 운용하는 CGM 포커스와 CGM 뮤추얼은 오랫동안 탁월한 성과를 냈는데, 포커스 펀드의 경우 단 20개 종목에 집중한다. 이로 인해 펀드의 변동성은 높지만, 켄은 이렇게 집중하는 것이 운

용 성과를 높여주었다고 말한다.

- 피델리티의 최고 인기 펀드매니저였던 제프 비닉은 회사를 떠나 미국에서 운용 성과가 가장 뛰어난 헤지 펀드 회사를 시작했다.
- 덴버에 본거지를 두고 있는 야누스 20 펀드은 30개 미만의 성장주에 집중하는 포트폴리오를 운용하고 있다.

어떤 펀드는 신고가를 기록한 주식을 매수하지만, 어떤 펀드는 바닥에 사서 신고가에 팔기도 한다.

기관 투자가가 과다 보유한 주식은 아닌가?

어느 종목의 경우 기관 투자가의 사랑을 너무나도 듬뿍 받는다. 이렇게 기관 투자가의 뒷받침이 차고 넘치는 것을 과다 보유했다고 표현한다. 기관 투자가가 과다 보유한 주식은 만일 그 기업에 무슨 문제가 발생하거나 약세장이 시작되면 잠재적으로 엄청난 매물이 쏟아질 위험이 있다.

2000년과 2001년 야누스 펀드는 노키아와 아메리카 온라인 주식을 각각 2억5000만 주, 1억 주를 보유하고 있었는데, 이 바람에 두 종목은 한동안 수급 불균형에 시달려야 했다. 1999년 월드컴과 2000년 및 2001년 JDS 유니페이스, 시스코 시스템스도 기관 투자가가 과다 보유했던 대표적인 사례다.

그런 점에서 "기관 선호주"들도 얼마든지 위험한 종목이 될 수 있다. 기업 실적이 워낙 좋아 거의 모든 기관 투자가가 그 주식을 보유했을 때는 더 이상 주가가 올라가기 힘들다고 볼 수 있다. 너무 심하게 달아올랐기 때문이다.

1990년대 말과 2000년대 중반까지 얼마나 많은 기관 투자가들이 시티 그룹 주식을 핵심 종목으로 편입했었는지 떠올려보라. 그러다 2008년 서브프라임 사태와 신용 위기가 벌어지자 한때 뉴욕 증권거래소의 대표주였던 시티그룹 주가는 3달러로 떨어지더니 1달러까지 곤두박질쳤다. 불과 2년 전까지 57달러에 거래됐던 주식이 말이다. 대부분의 투자자들이 언제 팔아야 할지 아무런 계획도 갖고 있지 않다. 이건 정말 심각한 실수를 낳을 수 있다. 이 책에서 두 개 장에 걸쳐 매도 시점을 설명하고 있는 것도 이런 이유 때문이다.

AIG 주식의 경우에도 똑같았다. 2008년 당시 AIG 주식을 보유한 기관 투자가는 3600곳이 넘었고, 결국 2000년에 100달러를 상회했던 주가가 50센트로 폭락해버렸다. 패니메이도 서브프라임 사태 이후 1달러 아래로 추락했다.

아메리카 온라인은 2001년 여름, 시스코 시스템스는 2000년 여름에 각각 1000곳이 넘는 기관 투자가가 보유했었다. 이들이 갖고 있던 엄청난 잠재 매물은 약세장이 시작되자 주가에 악영향을 미쳤다. 대다수 펀드는 강세장에서 특정 종목 주식을 쓸어 담지만 약세장이 되면 이들 주식을 쏟아낸다.

기관 투자가가 보유한 주식도 천정은 있다

어느 종목의 상승세가 절대 꺾일 것 같지 않은 기세라 할지라도 "올라간 주식은 결국 떨어지게 마련"이라는 옛 격언에서 벗어날 수 없다. 어떤 주식도 영원히 오를 수는 없다. 경영상의 문제가 생길 수 있고, 경기 불황이 닥칠 수도 있고, 시장 전반의 흐름이 반전될 수도 있다. 현명한 투자자는 주식시장에 결코 "신성 불가침의 영역"이 없음을 알고 있다. 주식시장에 100% 확실한 것은 없다.

예를 들어보자. 1974년 6월 제록스의 주가가 115달러를 기록했을 때 우리가 기관 투자가 고객들에게 매도 권고를 하자 아무도 믿기지 않는다는 반응을 보였다. 제록스는 당시 기관 투자가들이 가장 많이 보유하고 있는 주식이었고, 그 시점까지 정말 놀라운 상승률을 기록하고 있었다. 그러나 우리 데이터에서는 제록스 주가가 이미 천정을 쳤으며 아래로 향하고 있었다. 더구나 기관 투자가들이 너무 과다하게 보유하고 있었다. 심지어 그해가 끝날 때까지도 제록스는 여전히 기관 투자가들이 가장 많이 보유한 주식으로 남아있었다. 그러나 주가가 출렁거리기 시작하자 비로소 제록스의 진짜 상황이 드러났다.

제록스의 사례를 계기로 우리가 기관 투자가에게 제공하는 투자 관련 서비스가 주목을 받게 됐다. 당시 세계적인 보험회사 한 곳이 제록스의 주가가 떨어지자 80달러 선에 매수하기 시작했는데, 지금은 살 시점이 아니라 팔아야 할 시점이라는 우리의 설득에 따라 매수를 멈췄다.

1998년에도 당시 주식시장에서 정말 "신성시됐던 종목"인 질레트의 주가가 60달러에 달했을 때 우리가 매도 권고를 하자 똑같은 일이 벌어졌다. 엔론의 경우에는 주가가 72.91달러에 달했던 2000년 11월 29일 우리는 아예 매수 후보 리스트에서 제외했다.(엔론은 6개월 뒤 45달러로 떨어졌고, 또 6개월이 지나자 5달러 밑으로 추락하더니 결국 파산하고 말았다.)

다음 페이지에는 우리가 기관 투자가들에게 제공하는 매수 후보 리스

2000년에 매수 후보 리스트에서 제외시킨 주도주

심볼	종목	제외된날짜	제외당시 주가	2001년 10월 30일 주가	하락률
AMAT	Applied Materials	5/11/2000	$80.56	$26.59	67%
CSCO	Cisco Systems	8/1/2000	$63.50	$11.04	83%
CNXT	Conexant Systems	3/3/2000	$84.75	$6.57	92%
DELL	Dell Computer Corp	5/9/2000	$46.31	$16.01	65%
EMC	E M C Corp	12/15/2000	$74.63	$10.01	87%
EXDS	Exodus Communications	3/30/2000	$69.25	$0.14	100%
INTC	Intel Corp	9/15/2000	$58.00	$18.96	67%
JDSU	J D S Uniphase	10/10/2000	$90.50	$5.12	94%
MOT	Motorola	3/30/2000	$51.67	$10.50	80%
NXTL	Nextel Communications	4/12/2000	$55.41	$6.87	88%
NT	NOtel Networks	10/2/2000	$59.56	$4.76	92%
PMCS	P M C Sierra Inc	8/1/2000	$186.25	$9.37	95%
QLGC	Qlogic Corp	3/14/2000	$167.88	$17.21	90%
SEBL	Siebel Systems Inc	12/15/2000	$76.88	$12.24	84%
SUNW	Sun Microsystems	11/9/2000	$49.32	$7.52	85%
VIGN	Vignette Corp	3/14/2000	$88.33	$3.08	97%
YHOO	Yahoo!	3/30/2000	$175.25	$8.02	95%

트 가운데 2000년에 제외시켰던 기술주 중 일부가 나와있다. 당시에도 많은 애널리스트가 매수를 유지한다고 했지만 결국 그들이 틀린 것으로 판명 났다. 단순히 그 주식을 많은 사람들이 보유하고 있다고 해서, 주가가 떨어지고 있으니 사야 한다고 애널리스트가 권한다고 해서, 마음이 흔들려서는 안 된다.

기관 투자가의 뒷받침은 시장 유동성을 강화한다

기관 투자가가 뒷받침하는 주식은 언제든 팔고 빠져나올 수 있다는 점에서 특히 개인 투자자에게 유리하다. 기관 투자가가 전혀 사지 않는 종목은 시장 상황이 좋지 않아 이 주식을 팔려고 할 때 매수자를 찾기가 쉽지 않다. 사실 많은 사람들이 주식을 보유하려고 하는 이유는 언제든 시장에서 현금화할 수 있기 때문이다.(부동산의 경우 현금화하기가 훨씬 어렵고 거래 수수료도 많이 든다.) 기관 투자가의 뒷받침은 그런 점에서 계속적인 유동성을 공급한다. 요약해보자. 최근의 펀드 평가 성적에서 평균 이상의 성과를 거둔 기관 투자가 가운데 적어도 몇 곳이 그 주식을 매수했으며, 최근 몇 분기 사이 그 주식을 보유한 기관 투자가의 숫자가 늘어나고 있다면 매수하라. 만일 어느 종목을 많은 기관 투자가들이 보유하고는 있지만 이들 기관 투자가의 성과가 상위권에 들지 않을 경우 나 같으면 그 주식을 매수하지 않을 것이다. 어떤 종목의 매수 여부를 판단할 때 기관 투자가의 뒷받침은 매우 중요한 지표다.

M=시장의 방향:
어떻게 판단할 것인가

지금까지 6개 장에 걸쳐 설명한 모든 원칙을 올바르게 지켰다 해도, 만일 시장 전반의 방향과 어긋났다면 당신이 보유한 종목 가운데 넷 중 셋은 시장의 종합지수와 마찬가지로 추락할 것이다. 이렇게 되면 많은 사람들이 2000년에 겪었고, 2008년에 다시 경험해야 했던 것처럼 쓰나미에 휩쓸려가듯 당신도 손실을 입을 수밖에 없다. 따라서 지금이 강세장인지 혹은 약세장인지 판단할 수 있는 신뢰성 있는 분석 기법을 가져야 한다. 아쉽게도 이렇게 하는 투자자는 거의 없다. 많은 투자자들이 그저 다른 사람 말을 듣는다. 시장 전반이 약세로 돌아서기 시작했을 때 과연 그들이 제대로 판단할 건전한 잣대를 가졌는지도 모르면서 말이다.

강세장인지 약세장인지만 안다고 해서 다 된 것은 아니다. 지금이 강세장이라면 과연 대세상승의 초기 단계인지 아니면 강세가 끝나가는 단계인지 알아야 한다. 이보다 더 중요한 것은 바로 지금 시장은 어디로 가고 있는지 확인하는 것이다. 시장이 약세로 돌아서 아주 심각한 하락세로 빠져든 것인가, 아니면 통상 8~12% 떨어지는 정상적인 조정인가? 현재의 주식시장이 경제 상황을 제대로 반영하고 있는 것인가, 아니면 비이성적으로 과민 반응을 하고 있는 것인가? 이런 문제에 답을 하기 위해서는 가장 논리적인 방식으로 전체 시장을 정확히 분석하는 방법을 배워야 한다.

우리가 오래 전에 발견해서 발전시켜온, 시장의 방향을 판단하는 방법이 있다. 이번 장을 여러 번 읽어 충분히 이해한 다음 당신의 투자 인생 내내 매일같이 이 방법을 활용한다면 틀림없이 성공 투자의 열쇠를 쥐게 될 것이다. 이 방법만 제대로 배워둔다면 아무리 심각한 약세장이 찾아와도 당신의 투자 포트폴리오가 30~50%씩 떨어지는 일은 없을 것이다.

시장의 방향을 판단하는 가장 좋은 방법은 다우존스 지수 같은 주요 지수 서너 개의 일간 차트를 통해 지수와 거래량이 매일매일 어떻게 변하는지 자세히 들여다보고 추적하고 해석하고 이해하는 것이다. 물론 이런 작업이 처음에는 대단히 힘들게 느껴지겠지만 꾸준히 계속해 나가면 어느새 진짜 프로 못지않게 시장을 분석할 수 있게 될 것이다. 바로 이것이 가장 중요한 점이다. 그래야 더 이상 손실이 아닌 수익을 내는 투자를 할 수 있는 것이다. 현명한 투자자가 될 준비가 되었는가? 미래의 풍요를 위해 좀더 노력하고 의지를 다지겠다는 결심은 섰는가?

시장의 타이밍을 맞출 수 없다는 주변 사람들의 말을 듣지 말라. 이 말은 월스트리트에서, 각종 매체에서 수없이 반복하는 정말로 잘못된 신화다. 이렇게 말하는 사람들은 그럴 능력이 없다 보니 그게 불가능하다고 생각하는 것이다. 우리는 이 책의 바로 제9장을 읽은 수많은 독자들로부터 그렇게 하는 방법을 배웠다는 이야기를 듣고 있다. 이들은 시간을 내서 이 책에서 제시한 원칙들을 공부했고, 시장에서 벌어지고 있는 사실들을 정확히 숙지한 뒤 미리 준비했다. 덕분에 이들은 2000년 3월에, 또 2007년 11월부터 2008년 1월 사이, 그리고 2008년 6월에 선견지명을 갖고 주식을 처분해 현금을 손에 쥘 수 있었다. 그렇지 않았더라면 1998년과 1999년에 거뒀던 투자 수익을 날려버렸을 것이고, 2003년 3월부터 2008년 6월까지 이어졌던 5년간의 강세장에서 번 돈도 전부 사라졌을 것이다.

시장의 타이밍을 맞출 수 없다는 잘못된 믿음이 생겨난 것은 40여 년 전으로 거슬러 올라간다. 당시 많은 뮤추얼 펀드들이 시장의 흐름을 정확히 포착하고자 했지만 실패하고 말았다. 적절한 시점에 주식을 팔아치우지도 못했고, 시장의 반등에 맞춰 정확히 다시 사들이지도 못했다. 하지만 이것은 그들의 운용 자산 규모가 워낙 컸던 데다 아무런 시스템도 없었기 때문이다. 그러다 보니 주식을 처분하고 다시 사들이는 데 몇 주일씩 걸렸다. 이들은 개인적인 판단과 감에만 의지해 시장이 바닥을 치고 오름세로 돌아섰는지 판단했다. 특히 주식시장이 바닥권에서 탈출하는 국면 전환이 아주 빨리 이뤄지는 시기에는 펀드 수익률이 시장 평균에도 못 미치는 게 일반적이다.

이런 이유 때문에 대부분의 뮤추얼 펀드 회사 경영진은 펀드매니저들에게 항상 운용 자산의 95~100%를 투자해 놓도록 요구한다. 뮤추얼 펀드는 장기 투자의 전형이라는 점에서 이런 요구는 적절한 것일 수 있다. 더구나 펀드매니저들은 통상 여러 업종에 걸쳐 수백 개 종목에 분산 투자하기 때문에 어느 정도 시간이 지나면 시장 전반의 회복과 함께 펀드 수익률도 회복될 수 있다. 그렇게 분산 투자한 수많은 종목을 15~20년씩 보유하게 되면 반드시 보상을 받게 돼있다. 과거에도 그랬고 앞으로도 그럴 것이다. 그러나 당신은 기껏해야 5~20개 종목만 보유할 수 있는 개인 투자자다. 규모에 한계가 있을 수밖에 없다. 당신이 보유한 종목 중에는 폭락한 다음 영원히 회복하지 못하는 주식도 있을 수 있다. 따라서 당신은 언제 현금화하는 게 좋은지 배워둬야 한다. 이 방법을 확실히 공부해 당신에게 유리하게 성공적으로 활용해야 한다.

노련한 자세로 세심하게 시장을 관찰하라

하버드 대학의 한 교수가 학생들에게 낚시에 관한 리포트를 제출하라는 숙제를 냈다. 학생들은 도서관으로 가서 낚시에 관한 책을 읽고 나서는 자신들의 의견을 써서 제출했다. 그러자 놀랍게도 교수는 학생들의 리포트를 모조리 찢어서 쓰레기통에 던져버렸다.

학생들이 리포트에 무슨 문제가 있느냐고 따지자 교수는 이렇게 말했다. "낚시에 관해 무엇인가를 알고자 한다면 우선 낚싯대를 드리우고 그 앞에 앉아 물고기를 관찰해야 한다네." 그리고는 학생들에게 낚시터에 가서 몇 시간이라도 물고기를 관찰해보라고 했다. 그때서야 비로소 학생들은 직접 관찰한 것에 기초해 다시 리포트를 써낼 수 있었다.

시장을 배우는 학생이 된다는 것은 바로 이런 교수 밑에서 배우는 것과 비슷하다. 시장에 대해 배우고자 한다면 전체 시장의 움직임을 알려주는 주요 지수들을 주의 깊게 관찰하고 연구해야 한다. 그렇게 함으로써 매일매일 지수의 변동에서 나타나는 의미 있는 변화를 통해 시장이 천정에 도달했는지, 혹은 바닥에 근접했는지를 깨닫고, 이런 지식과 믿음을 투자에 활용하는 방법을 배워가는 것이다.

여기 아주 중요한 교훈이 있다. 무슨 일에서든 보다 정확해지기 위해서는 직접 세심하게 관찰하고 분석해봐야 한다는 것이다. 호랑이를 알고 싶다면 호랑이를 제 눈으로 봐야 한다. 그래야 호랑이가 다른 동물과 다르게 생겼다는 것을 알 수 있다.

예전에 루 브록이라는 야구선수가 메이저리그의 도루 기록을 깨겠다고 결심했다. 그는 메이저리그에서 뛰고 있는 모든 투수의 투구 모습을 1루 베이스 뒤에서 촬영했다. 그리고는 필름을 보면서 투수들이 1루에 견제구를 던질 때 먼저 어떤 자세를 잡는지 연구했다. 브록이 이겨내려 했던 대상은 투수였고, 그래서 그는 열과 성을 다해 직접 투수들을 연구했던 것이다.

2003년 수퍼보울 경기에서 탬파베이 팀 선수들은 오클랜드 팀의 쿼터백이 어떤 동작과 눈짓을 하는지 집중 연구한 덕분에 5개의 패스를 가로챌 수 있었다. 그들은 쿼터백이 어디로 던질지 "읽어낸" 것이었다.

크리스토퍼 콜럼버스는 지구가 평평하다는 전통적인 믿음을 받아들일 수 없었다. 그는 자신의 눈으로 배가 수평선 너머로 사라지는 것을 목격했고, 그렇다면 지구는 평평하지 않은 것이었다.

주식시장도 이와 똑같다. 시장이 어느 방향으로 가는지 알기 위해서는 반드시 주요 지수를 매일같이 관찰하고 분석해야 한다. 절대로 누구에게 묻지 말라. "시장이 어떻게 될 것 같습니까?" 시장이 실제로 매일매일 어떻게 움직이는지 정확히 읽어내는 방법을 배우라.

전체 주식시장이 언제 천정을 쳤는지, 혹은 언제 바닥을 확인했는지만 알아도 이 복잡하기 짝이 없는 투자의 세계에서 50%는 성공했다고 할 수 있다. 하지만 아마추어는 물론 프로들조차도 거의 전부가 이 같은 핵심 기술을 제대로 익히지 못한 것 같다. 실제로 2000년 초 전체 주식시장이 이미 천정에 도달했으며, 특히 주도주 역할을 해왔던 첨단 기술주가 전부 상투 끝까지 올라섰다고 미리 이야기한 월스트리트의 애널리스트는 한 명도 없었다.

주식시장 사이클의 각 국면

성공하는 투자자라면 반드시 일반적인 경기 사이클이 어떻게 진행되는지, 사이클이 한 차례 순환하는 데 시간이 얼마나 걸리는지 알아야 한다. 특히 최근의 경기 사이클을 주의 깊게 살펴봐야 한다. 지난번 경기 사이클이 3~4년의 순환 주기를 가졌다 해도 다음 사이클은 이보다 더 길어지거나 짧아질 수 있다.

강세장이든 약세장이든 쉽게 막을 내리지 않는다. 대개 두세 차례의 속기 쉬운 되돌림 과정을 거치면서 마지막까지 남은 최후의 투기자를 현혹해 물량을 내놓게 하거나 서둘러 사게 만든다. 마침내 시장에 들어오려는 사람이나 빠져나가려는 사람 모두 녹초가 돼버리면 이제 누구도 지금 시장의 방향에 이의를 제기할 수 없게 된다. 그때가 되어서야 비로소 시장은 방향을 틀어 새로운 흐름을 시작하는 것이다. 이 과정에서 군중

심리는 중요한 역할을 한다.

약세장이 끝나는 시점은 대개 경기가 여전히 안 좋은 상황에 있을 때다. 주가는 수 개월 뒤의 경제적, 정치적, 세계적인 사건들을 미리 예상하거나 "반영하기" 때문이다. 주식시장은 정부가 발표하는 주요 경제지표에 선행해서 움직이지 절대 후행하거나 동시에 움직이지 않는다. 시장의 감각은 아주 광범위해서 모든 사건과 상황까지 다 반영한다. 지금 일어나고 있는 일들이 조금이라도 의미가 있다면 시장은 반응을 보인다. 시장은 월스트리트가 좌우하는 게 아니다. 시장의 움직임은 전세계의 수천만 투자자와 기관 투자가들이 결정하며, 이들이 내린 결론은 앞서 예상했던 것과 비슷할 수도 있고 전혀 다를 수도 있다.

마찬가지로 강세장 역시 경기 후퇴가 시작되기 전에 천정을 치고 하강 국면에 들어선다. 그런 점에서 이미 발표된 경제 지표를 활용해 주식을 사거나 파는 것은 권할 만한 일이 못 된다. 물론 일부 투자 회사들은 여전히 이 방법을 사용하고 있지만 말이다.

경제학자들의 예측 역시 보완해야 할 점이 많다. 1983년 초 미국 경제가 비로소 회복 조짐을 보였을 무렵 당시 로널드 레이건 행정부의 경제 자문위원회 위원장은 경기 회복과는 동떨어진 의견을 내놓았다. 자본재 부문이 여전히 부진하다는 게 그가 밝힌 이유였다. 하지만 그가 좀더 과거의 자료를 들춰봤더라면 이런 엉뚱한 견해는 갖지 않았을 것이다. 자본재에 대한 수요는 지금까지 경기 회복 초기 단계에는 그리 활발한 적이 없었다. 더구나 1983년 1분기는 미국 기업들의 공장 가동률이 아주 낮았던 시기였으니 자본재 수요가 활기를 띨 수 없는 것은 당연한 일이었다.

앞서의 경기 사이클을 주의 깊게 살펴보면 주식시장의 다양한 국면에서 각 업종들이 어떤 식으로 움직이는지 파악할 수 있다. 가령 철도장비와 기계장치를 비롯한 자본재 업종은 경기 사이클이나 주식시장의 순환 과정에서 가장 늦게 움직이는 업종들이다. 이런 지식이 있다면 지금이 어느 단계인지 알 수 있을 것이다. 이들 업종이 바야흐로 상승세를 타기 시작했다면 주식시장의 상승세는 이제 끝나가고 있는 셈이다. 2000년 초에는 인터넷 장비 및 기반시설을 공급했던 컴퓨터 회사와 통신장비 공급업체가 상승 국면의 마지막 단계에 움직인 최후의 업종이었다.

주요 지수를 매일 연구하라

시장이 약세일 때는 대개 전강후약(前强後弱)의 주가 흐름을 보인다. 반면 강세장에서는 약세로 시작했다가도 강세로 끝나는 경향이 있다. 시장 전체를 나타내는 지수는 매일같이 세심하게 살펴보아야 한다. 단 며칠 사이에 추세 반전이 시작될 수 있기 때문이다. 일차적으로 지수를 분석하는 것은 시장의 움직임과 그 방향을 판단하는 데 매우 유용하고도 효과적인 방법이다.

절대로 지수가 아닌 이차적인 지표에 의지하지 말라. 이런 지표들이 정말로 타이밍 측면에서 효과적인지는 아직 검증되지 않았다. 시장 정보지나 기술적 분석가 혹은 시장 전략가들이 수십 가지 기술적 지표와 경제 지표를 내세워 시장이 이렇게 갈 것이라고 말하는 데 귀 기울이는 것은 시간낭비에 불과하다. 시장 정보지는 투자자들에게 의구심만 키우고 혼란만 가중시킨다. 재미있는 사실은 지금까지의 주식시장 역사를 되돌아보면 이들 전문가들이 시장에 대해 가장 부정적이고 불확실한 견해를 밝

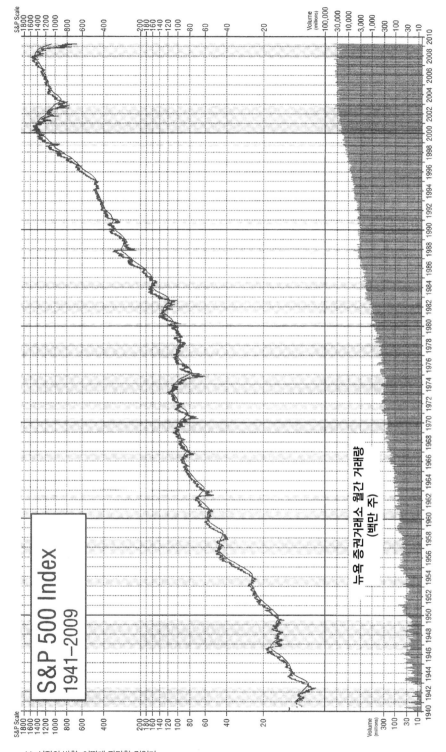

S&P 500 Index
1941–2009

뉴욕 증권거래소 월간 거래량
(백만 주)

혔을 때 비로소 주가가 상승세로 반전했다는 점이다.

일단 시장이 천정을 치면 당신 계좌를 지키기 위해 보유 주식의 일부만이라도 현금화하고, 돈을 빌려 매수한 주식은 무조건 팔아야 한다. 개인 투자자라면 하루나 이틀이면 보유 주식을 완전히 팔아 치울 수 있다. 또 언제든 시장이 제자리를 찾으면 다시 들어갈 수 있다. 만일 시장이 천정을 쳤는데도 팔지 않고 가만히 있는다면 비록 주도주에 분산 투자했더라도 급락을 피할 수 없고, 몇 종목은 어쩌면 영원히 전고점을 회복하지 못할 수도 있다.

시장을 읽는 최선의 방책은 주요 지수와 거래량 차트를 읽어내는 방법을 배우는 것이다. 그렇게만 하면 크게 잘못되는 일은 없다. 달리 특별히 더 할 것도 없다. 시장과 싸워봐야 얻을 건 하나도 없다. 괜히 시장을 다르게 해석하려고 했다가는 값비싼 실수를 저지를 수 있다. 많은 사람이 경험해봤을 것이다.

1973~74년: 1929년 이후 최악의 시장 폭락기

워터게이트 스캔들과 청문회, 여기에 석유수출국기구(OPEC)의 석유 금수 조치까지 겹치면서 1973~74년의 미국 주식시장은 1929~33년의 대공황 이래 최악의 상황을 맞았다. 대형 우량주 중심의 다우존스 지수는 50% 떨어졌지만, 시장 전체적으로는 70% 이상 폭락했다.

주식 투자자들에게 이 같은 급락 상황은 1929~33년 사이의 90% 대폭락에 버금가는 상처를 안겨주었다. 사실 1933년에는 미국 경제의 산업 생산량이 1929년의 56% 수준에 그쳤고, 실업자수는 1300만 명에 달했다. 실업률은 1930년대 내내 두 자릿수를 기록했는데, 1939년에도 20%였다.

1973~74년의 폭락 사태가 얼마나 심각했는지는 당시 뉴욕 증권거래소 회원 대부분이 거래소의 재기가 어려울지 모른다고 우려한 데서 잘 읽을 수 있다. 시장의 주요 지수를 꼼꼼하게 살피고, 언제 닥칠지 모를 치명적인 손실에 항상 대비하는 것이 얼마나 중요한지 말해주는 사례다. 이것을 공부하지 않는다면 포트폴리오의 손실뿐만 아니라 당신의 건강마저 해칠 수 있다. 당신은 배울 수 있다. 누구나 할 수 있다. 진지하게 준비하기만 하면 된다.

33% 떨어지면 50% 상승해야 원금을 회복한다

시장의 방향을 알아야 한다는 점은 아무리 강조해도 지나치지 않다. 주가 하락으로 인해 투자한 금액이 33% 줄어들었다면 앞으로 50% 상승해야 겨우 원금이 된다. 예를 들어 1만 달러를 투자한 포트폴리오의 주식 가치가 33% 하락해 6667달러가 됐다고 하면 이 포트폴리오는 이제 50%, 즉 3333달러 상승해야 처음의 투자 금액과 같아진다. 2007~08년의 약세장에서 S&P 500 지수는 50% 이상 하락했는데, 이렇게 되면 100% 반등해야 지수가 원상 회복된다는 말이다. 이 정도 되면 당신이 뭘 잘못했는지 깨닫고 새로운 원칙과 방법을 배워야 한다.

강세장에서 얻은 이익은 가능한 한 많이 비축해둬야 한다. 그래야 힘들고 어려운 약세장이 닥치더라도 투자 자산이 크게 줄어드는 것을 막을 수 있다. 이렇게 하자면 주식시장의 과거 사례를 통해 검증된 매도 원칙을 배워야 한다.(매도 원칙에 대해서는 제10~11장에서 자세히 설명할 것이다.)

"장기 투자"에 대한 잘못된 믿음

많은 투자자들이 스스로 "장기 투자자"라고 생각하거나 그렇게 내세운다. 이런 투자자들의 전략이란 상황이 어찌됐든 전부 투자한 뒤 기다리는 것이다. 대부분의 기관 투자가들도 똑같다. 하지만 이렇게 고지식한 접근 방식은 치명적인 손실로 이어질 수 있다. 특히 개인 투자자의 경우 그렇다. 개인이든 기관이든 하락률이 25% 이하인 비교적 완만한 하락장에서는 자신의 포지션을 고수하며 견뎌낼 수도 있지만, 대개의 약세장은 이 정도 하락으로 끝나지 않는다. 1973~74년, 2000~02년, 2007~08년 같은 경우 곧 파국으로 치달았다.

문제는 약세장이 임박했다고 느끼는 첫 순간부터 시작된다. 어떤 경우든 현재의 경제 상황이 얼마나 나쁜지, 혹은 이런 상황이 얼마나 지속될지 예단할 수 없다. 예를 들어 베트남 전쟁 기간 중이던 1969~70년 조정기에는 인플레이션과 통화 긴축으로 인해 2년간 36.9%나 하락했다. 그 이전까지 약세장은 기껏해야 9개월 정도 이어졌고, 하락률도 26%에 그쳤었다.

약세장에서는 거의 대부분의 종목이 떨어지지만 강세장이 온다 해도 주가가 회복되는 것은 그 중 일부에 불과하다. 하락률이 그리 크지 않은 약세장에서조차 계속 주식을 보유하는 전략을 고수했다가는 그 종목이 영영 전고점을 회복하지 못하는 바람에 상당한 손실을 입을 수 있다. 시장 전체의 상황이 변했고, 당신이 보유한 주식이 당초 예상대로 움직이지 않는다면 그때는 팔아야 한다.

1980년대와 90년대 코카콜라 주식에 매달렸던 투자자들도 매수 후 보유(buy-and-hold) 전략을 고집한 사람들이었다. 코카콜라 주식은 해마다 조금씩 상승하면서 시장 분위기에 따라 등락을 거듭했지만 마침내 1998년 질레트가 그랬던 것처럼 이런 움직임조차 멈춰버렸다. 그해 여름 주식시장이 조정을 받자 코카콜라도 하락세로 접어들었고, 2년 뒤 다른 종목들이 보기 드문 상승세를 타고 있는 동안에도 코카콜라는 여전히 하향 곡선을 그리고 있었다. 때로는 이런 주식들이 다시 상승세로 돌아서는 경우도 있다. 하지만 코카콜라 주식을 고집스럽게 보유했던 투자자들은 아메리카 온라인이나 퀄컴 같은 종목이 비상하는 것을 그냥 바라만 보고 있어야 했다.

2000~02년 사이 또다시 기술주를 대상으로 매수 후 보유 전략을 고수했던 투자자들 역시 참담한 손실을 입었다. 한때 고공행진을 벌였던 많은 기술주가 75~90%의 하락률을 기록했고, 이 중 상당수는 아마도 다시는 전고점을 회복하지 못할 것이다. 타임워너와 코닝, 야후, 인텔, JDS 유니페이스, EMC가 지금 어떻게 됐는지 한번 보라.

하락장으로 돌아설 때 스스로를 보호하라

나폴레옹이 남긴 글 가운데 이런 구절이 있다. "전장에서는 결코 주저하지 않는 결단력 덕분에 적보다 우위에 서게 됐고, 그래서 오랫동안 패배하지 않을 수 있었다." 전장에서는 재빨리 행동하지 않으면 곧 죽음이다. 주식시장에서도 마찬가지다!

시장이 정점에 달했다는 확실한 신호가 몇 차례 나타났다면 절대 머뭇거리지 말라. 시장이 정말로 약세로 돌아서기 전에 신속하게 팔아라. 주식시장의 주요 지수가 천정을 치고 내리막길을 걷게 되면 즉시 보유 주식의 25% 이상을 시장가격으로 매도해 현금화해야 한다. 미리 정해 놓은 가격으로 매매주문을 하는 방식은 권할 만한 방법이 아니다. 중요한 것은 필요할 때 즉각 시장에서 빠져나오고, 또 즉각 다시 들어가는 것이다. 현재 주가에 비해 매우 작은 단위인 25센트(4분의 1달러), 12.5센트(8분의 1달러)의 호가 차이에 연연해한다면 적절한 매매 기회를 놓칠 수 있다.

신용을 받아 주식을 샀다면 더더욱 번개처럼 빠른 행동이 필요하다. 만일 보유 주식 가운데 절반을 증권회사로부터 신용을 받아 매수했다면 주가가 20%만 하락해도 투자 원금의 40%를 잃는 셈이 된다. 50% 하락한다면 당신은 주식시장에서 완전히 퇴출당한다! 신용을 안고서 약세장을 견디려는 건 자살행위나 다름없다.

마지막으로 말하지만 새로운 약세장이 시작되면 할 수 있는 일이라고는 두 가지밖에 없다. 주식을 팔고 빠져나가든가 아니면 공매도를 하는 것이다. 일단 시장에서 물러나면 약세장이 끝날 때까지 계속 기다려야 한다. 약세장은 5~6개월만에 끝날 수 있고, 길어지면 1969~70년과 1973~74년처럼 2년 넘게 이어질 수 있다. 2000년 3월에 시작된 약세장은 상당히 오래 갔고, 하락폭도 보통 이상으로 심각했다. 주식 투자자 열 명 중에 아홉이 손실을 입었고, 기술주 투자자가 입은 타격은 특히 컸다. 사실 이때의 약세장은 1990년대 말의 과도한 상승이 몇 차례 이어진 뒤 나온 것이었다. 10년에 걸친 강세장 기간 중 투자자들은 너무 무모했고,

주가는 거침없이 올랐었다.

약세장에서는 공매도로 이익을 취할 수 있지만 조심해야 한다. 공매도를 하려면 매우 어려우면서도 오로지 약세장에서만 활용할 수 있는 특별한 기술을 익혀야 한다. 더구나 공매도를 해서 성공한 사람은 거의 없다는 점을 명심해야 한다. 공매도에 관해서는 제12장에서 자세히 설명하겠다.

손절매 주문 활용하기

손실폭이 일정 수준에 도달하면 자동으로 매도 주문을 내는 손절매 주문(stop-loss)을 활용하거나 이런 주문 시점을 정확히 기억해 행동으로 옮기면 시장이 천정을 치고 내려오기 시작할 때 보유 주식 가운데 상당수 종목을 털어버릴 수 있다. 손절매 주문을 미리 입력해두거나 증권회사 직원에게 알려두면 특정 가격에 도달했을 때 자동으로 주문이 나가 거래가 체결된다.

하지만 이런 손절매 주문은 활용하지 않는 게 대체로 더 낫다. 왜냐하면 손절매 주문이 쏟아져 나오면 시장의 큰손들이 알아채기 때문이다. 큰손들은 때로 이 같은 주문을 유도하기 위해 일부러 주가를 떨어뜨리기도 한다. 손절매 주문을 미리 내는 것보다는 보유 주식의 움직임을 면밀히 주시하고, 즉시 손절매를 해야 할 시점이 언제가 될지 미리 예측하는 게 더 중요하다. 하지만 어떤 사람들은 여행을 다니다 주가의 움직임을 제대로 살피지 못하고, 또 어떤 이들은 손실이 난 종목의 매도 주문을 내는 데 너무 고민을 많이 한다. 그런 경우에는 손절매 주문을 활용하는 게 도움이 될 수 있다.

시장이 천청을 친 것을 어떻게 아는가

주식시장이 정점에 도달했는지 알아내려면 상승세를 타고 있는 S&P 500 지수와 다우존스 지수, 나스닥 지수, 뉴욕 증권거래소 종합지수가 어떻게 움직이는지 매일같이 유심히 살펴봐야 한다. 가령 어느날 주식시장이 오름세를 타면서 시장 전체의 거래량은 전날보다 눈에 띄게 늘어났는데 그 오름폭은 전날의 상승폭에 비해 훨씬 작아졌을 수 있다. 나는 이런 경우를 "더 이상의 주가 상승을 수반하지 않는 거래량 증가"라고 부른다. 그날 주요 지수는 떨어지지 않았다 해도, 결국에는 하락세로 돌아선다. 기관 투자가 같은 프로 투자자들이 보유 주식을 현금화하면서 매물을 내놓기 때문이다. 이럴 때는 주요 지수의 일중 고점과 일중 저점 간 차이가 이전보다 좀더 커지는 경우가 많다.

시장이 정점에 다다르게 되면 일반적으로 매물 출회는 4~5주에 걸쳐 거래일 기준으로 3~5일간 이뤄진다. 다시 말하면 시장은 상승세를 보이는 와중에도 매물 출회의 압력에 직면하는 것이다! 많은 사람들이 매물 출회를 제대로 파악하지 못하는 이유가 바로 이 때문이다. 4~5주에 걸쳐 3~5일 정도 집중적인 매물을 출회한 다음에는 시장 전반도 결국 하락세로 반전하고 마는 것이다.

2~3주 동안 4일씩이나 매물을 쏟아내면 아무리 잘 나가던 주식시장도 내리막길로 접어들 수밖에 없다. 시장이 신고점을 경신할 것처럼 반등을 시도할 때도 있는데, 그런 경우에는 6주 이상에 걸쳐 매물 출회가

이뤄지기도 한다. 주요 지수를 통해 시장이 천정을 쳤다는 신호를 읽어 내지 못하면 시장의 방향을 잘못 판단하게 되고 결국 모든 투자 결정이 잘못될 수 있다.

여기서 꼭 짚고 넘어가야 할 정말로 중요한 문제 중 하나는 바로 투자 자들이 그동안 가져왔던 자신의 긍정적인 시각과 의견을 뒤집는 데 상당한 시간이 걸린다는 점이다. 만일 매수 가격으로부터 7~8% 하락하면 무조건 손절매 한다는 원칙을 정확히 실행하고 있다면 약세장이 시작되는 시점에서 적어도 일부 주식은 팔았을 것이다. 자꾸만 움츠려 드는 마음이 들 때 바로 이 같은 행동이 필요한 것이다. 아주 간단하면서도 강력한 손절매 원칙을 실행했던 수많은 사람들이 2000년의 기술주 폭락과 2008년의 서브프라임 사태로 인한 약세장에서도 투자 자산을 보전할 수 있었다.

반복적으로 나타나는 매물 출회 신호를 감지하는 데는 주요 지수 중 하나만 봐도 충분하다. 4~5일간의 매물 출회를 읽어내느라 주요 지수 몇 가지를 볼 필요는 없다. 주요 지수 중 하나가 전날보다 거래량이 크게 늘며 하락했고, 하락률이 0.2%를 넘는다면 매물이 출회됐을 가능성이 있다.

천정을 치고 처음 하락한 다음 반등 시도를 추적하라

천정 근처에서 매물 출회로 인해 며칠간 거래량이 계속 늘어나면서 첫 번째 하락이 나타나는데, 이 하락이 끝나면 시장의 주요 지수는 미약한 반등 시도를 하다가 실패하거나, 아니면 거래량이 늘어나면서 주가도 오르는 상당히 긍정적이면서도 강력한 움직임을 보여준다. 따라서 매일같이 어떤 신호가 나타나는지 자세히 관찰해야 하며 절대 편향된 시각으로 시장을 바라봐서는 안 된다. 하루하루의 주요 지수 변화가 바로 시장이 지금 어떻게 움직이고 있으며 어디로 흘러갈 것인지 말해준다.(시장의 반등에 관해서는 이 장의 뒷부분에 있는 "시장이 바닥을 쳤는지 어떻게 알 수 있나"에서 더 자세히 설명하겠다.)

첫 번째 반등 시도가 실패했음을 알려주는 세 가지 신호

주식시장은 천정을 치고 내려온 다음 대개 그리 강력하지 않은 반등을 보이다 다시 주저앉는다. 예를 들어 하루 반등한 뒤 다음날에도 개장 시세는 강하게 출발하지만 장 후반에 이르러 갑자기 하락세로 마감하는 식이다. 이처럼 첫 번째 반등 시도가 갑자기 멈추면 반드시 매도 물량을 늘려야 한다.

다음 세 가지는 최초의 반등 시도가 약하다는 것을 알려주는 신호다. (1) 주요 지수가 3~5일째 상승하고 있는데 거래량은 계속 전날에 비해 줄어들고 있다. (2) 주요 지수의 상승폭이 전날에 비해 비교가 되지 않을 정도로 줄었다. (3) 주요 지수가 일중 고점으로부터 떨어진 낙폭의 절반도 회복하지 못한 채 장을 끝냈다. 이런 신호가 나타났다면 반등 시도가 약하고 실패할 것이므로 적극적으로 매도하는 게 좋다.

CAN SLIM은 2000년 3월 나스닥 천정을 어떻게 알았나

1999년 10월 주식시장은 맹렬한 속도로 상승했다. 임박한 2000년 1월 1일의 Y2K에 대한 공포도 사그라졌다. 기업들은 한 달 전 끝난 그해 3분기 실적 발표에서 예상을 뛰어넘는 놀라운 실적을 잇따라 발표하고 있었다. 시장을 선도해왔던 기술주들은 물론 투기적인 움직임을 보였던 인터넷 관련주와 생명공학 관련주도 불과 5개월 사이 엄청난 상승률을 기록했다. 그러나 2000년 3월 초가 되자 균열 조짐이 생겨나기 시작했다. 많은 주도주들이 마침내 최후의 정점에 다다른 것이었다.

나스닥 지수는 3월 7일 거래량이 크게 증가하며 하락했다. 6주 만에 처음 있는 일이었다. 기세 등등한 강세장에서 이런 현상은 매우 드문 일이었지만 하루 정도의 대규모 매물 출회는 그 자체만으로는 그리 주목을 받지 않았다. 그러나 이것은 상당히 주의 깊게 받아들였어야 할 경고 신호였다.

3일 뒤 나스닥 지수는 오전장에서만 85포인트 뛰어오르며 사상 최고치를 경신했다. 하지만 오후가 되자 상황은 뒤집어졌다. 이날 나스닥 지수는 불과 2포인트 오르는 데 그쳤고, 거래량은 평균치보다 13%나 많았다. 두 번째 경고등이 켜진 것이었다. 이처럼 급반전한 상황(거래량의 급증에도 불구하고 지수 상승이 미미하다는 것은 대규모 매물이 출회되고 있다는 분명한 신호다)은 주도주들이 마침내 최후의 정점에 이르렀다는 사실을 반증하는 것이므로 중요하게 받아들였어야 했다. 최후의 정점에 다다랐을 때 나타나는 움직임은 제11장에서 더 자세히 설명하겠다. 어쨌든 이로부터 이틀이 지난 3월 14일 주식시장은 기록적인 거래량과 함께 4%나 하락했다. 이건 세 번째 결정적인 매물 출회 신호였고, 이때쯤에는 적어도 일부 주식이라도 팔았어야 했다.

3월 16일부터 24일까지 지수는 상승세를 타며 랠리가 다시 시작되는 게 아니냐는 착각을 불러일으키기도 했지만, 곧이어 네 번째 매물 출회가 여기에 찬물을 끼얹었다. 상승세는 금방 가라앉았고, 이틀 후 대량 거래와 함께 다섯 번째 매물 출회가 이루어졌다. 이것은 3월 10일이 천정이었음을 마지막으로 확실하게 보여준 증거였다. 시장 스스로 주식을 팔라고, 현금화해서 시장을 떠나라고 말해준 것이었다. 당신이 해야 할 일은 다른 사람들의 말을 들을 필요도 없이 그저 시장이 보내준 신호를 정확히 읽고 그에 따라 행동하는 것이었다. 사람들이란 매물 출회를 제대로 이해하지도 못하고 잘못된 의견을 내놓기 일쑤다.

그 후 2주간 나스닥 지수는 물론 S&P 500 지수와 다우존스 지수도 모두 대규모 매물 출회의 충격과 함께 매일같이 거래량이 늘어나며 조정을 받았다. CAN SLIM 원칙에 충실한 투자자였다면 기민하게 대응해 벌써 한참 전에 주식을 팔고 이익을 거둬들였을 터였다.

이때의 경우를 비롯해 과거 주식시장이 천정을 쳤을 때 어떻게 움직였는지 차트를 보며 분석해야 한다. 역사는 되풀이되고 주식시장에서는 특히 그렇다. 이와 똑같은 일이 앞으로도 계속해서 벌어질 것이다. 그러므로 잘 기억해둬야 한다.

시장에서 우연히 벌어지는 일은 많지 않다. 주식시장이 매번 어떻게 천정을 쳤는지 알아내려면 열심히 노력해서 배우는 수밖에 없다. 애플의 최고경영자(CEO) 스티브 잡스는 이런 말을 남겼다. "내 인생에서 내가 이룬 것들은 빛을 보기까지 오랜 노력을 필요로 했던 일들이다."

지나간 주식시장에서의 천정

시장의 주요 지수가 정점에 도달한 뒤 8~12% 하락하는 중기 천정에서의 매물 출회는 역사적으로 볼 때 1954년 8월 첫째 주에 벌어진 게 대표적이다. 이때 다우존스 산업평균 지수는 전혀 오르지 못했는데 뉴욕 증권거래소의 거래량은 하루도 빠짐없이 계속 증가했고, 다우존스 지수의 일중 고점과 저점 간의 등락폭이 커졌다. 이런 일은 1955년 7월 첫째 주에도 벌어졌는데, 주가가 최후의 정점에 다다랐을 때 나타나는 전형적인 모습이었다. 일중 고점과 저점 간의 격차가 더욱 커진 다음날 거래량 증가와 함께 다우 지수가 떨어졌고, 3일 후 다시 뉴욕 증권거래소의 거래량이 급증하면서 다우 지수는 하락했다.

다음에 제시한 주요 지수의 일간 차트는 시장의 천정이 어떻게 나타나는지 잘 보여준다. 이 차트를 자세히 분석하고 숙지해두면 앞으로 시장을 관찰하면서 똑같은 흐름을 읽어낼 수 있을 것이다. 차트에서 숫자로 표시한 날은 매물 출회가 있었던 날이다.

주도주를 보고 천정의 징후를 포착하라

시장의 방향 변화를 알려주는 가장 중요한 지표는 매일매일의 주요 지수지만, 다음으로 중요한 것은 주도주가 어떻게 움직이느냐 하는 점이다. 강세장이 2년 정도 이어진 뒤 주도주로 손꼽히는 개별 종목들의 주가가 갑자기 흔들거리기 시작했다면 시장이 좋지 않은 방향으로 돌아서고 있다는 징후로 받아들일 수 있다.

주가 움직임이 갑자기 이상해지는 경우는 주도주들이 상승세를 타는 과정에서 세 번째 혹은 네 번째 모양을 형성한 뒤 신고가를 기록할 때 자주 나타난다. 이런 식으로 만들어진 모양은 대부분 주가의 등락폭이 크면서 길고 느슨한 형태로 잘못된 것들이다. 잘못된 모양(길고 느슨하고 특이한 형태)을 구분하는 최선의 방법은 일간 차트나 주간 차트에서 주가 및 거래량 추이를 분석해보는 것이다.

이상 징후의 또 다른 신호는 주가가 "최후의" 정점에 도달했을 때 나타난다. 가령 여러 달 동안 상승세를 지속한 주도주가 갑자기 2~3주 사이 급하게 올라가는 것이다.(매도 타이밍에 관해서는 제11장에서 설명하겠다.)

몇몇 주도주가 처음으로 불안정한 주가 움직임을 보이면서 거래량 급증과 함께 천정을 치지만 그 다음부터는 조정으로 인한 주가 하락폭조차 회복하지 못하면서 랠리에 실패하고 만다. 이때쯤이면 다른 주도주들도 이미 최근 분기 실적에서 상승 모멘텀을 잃어가고 있을 것이다.

당신이 가장 최근에 매수한 4~5개 종목을 살펴봐도 시장의 방향이 바뀌고 있는지 알 수 있다. 이들 주식에서 전혀 수익을 올리지 못하고 있다면 시장이 새로운 하강 국면으로 접어들고 있다는 신호로 해석할 수 있다.

차트를 활용할 줄 알고 시장의 방향을 이해하는 투자자라면 천정 근방에서는 거의 어떤 주도주도 매력적이지 않다는 사실을 잘 알고 있을 것이다. 이럴 때는 주가 차트를 들여다봐도 제대로 된 모양을 형성한 주식을 전혀 찾아볼 수 없다. 최고의 주식은 이미 매수 지점을 지나 수익을 낼 만큼 냈고 마침내 제 역할을 다한 것이다.

이제 대부분 모양이 길고 느슨한 형태일 것이다. 이건 정말로 위험하다는 신호이므로 반드시 숙지하고 무조건 따라야 한다. 이제 강세를 보이는 종목은 하나같이 소외주들이다. 지금까지 주가 움직임이 둔했고, 저가주면서 기업 내용도 좋지 않은 소외주들이 강세를 띤다는 것은 이제

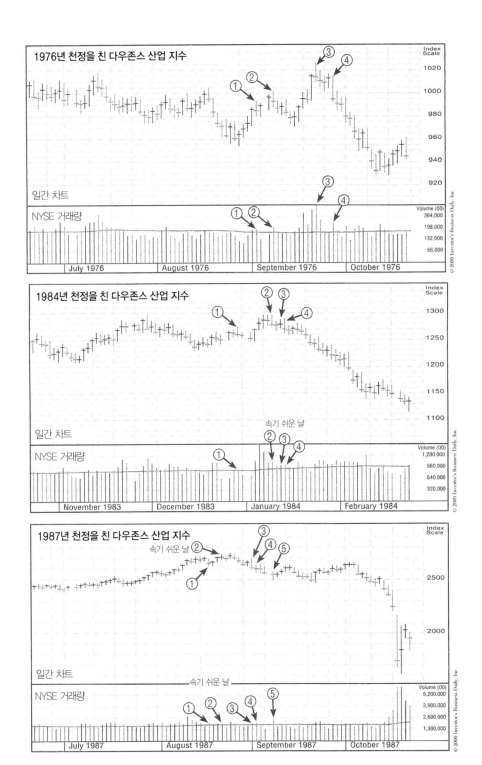

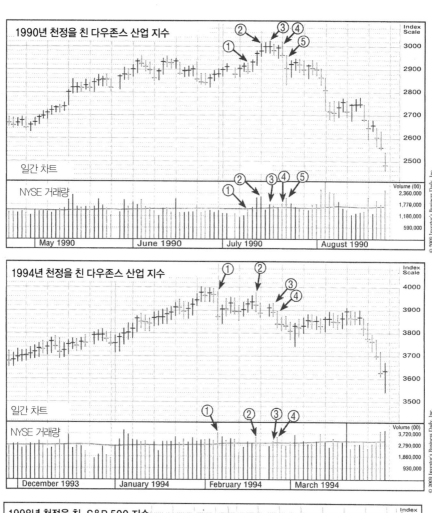

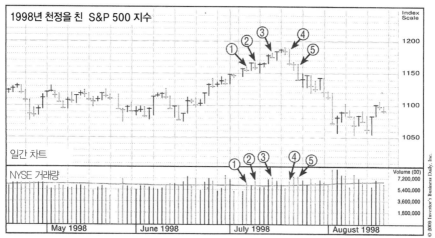

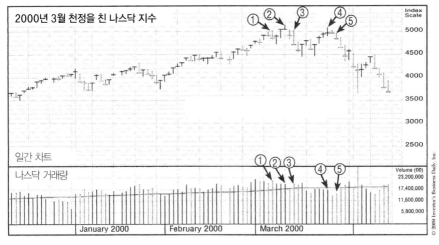

2000년 3월 천정을 친 나스닥 지수

일간 차트

나스닥 거래량

January 2000 February 2000 March 2000

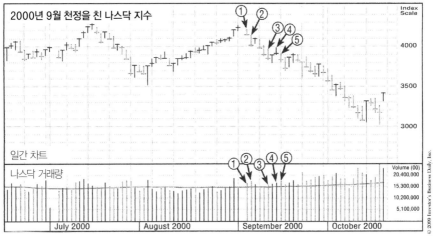

2000년 9월 천정을 친 나스닥 지수

일간 차트

나스닥 거래량

July 2000 August 2000 September 2000 October 2000

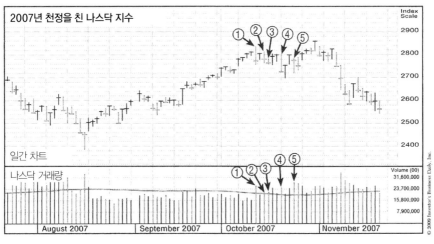

2007년 천정을 친 나스닥 지수

일간 차트

나스닥 거래량

August 2007 September 2007 October 2007 November 2007

M=시장의 방향: 어떻게 판단할 것인가

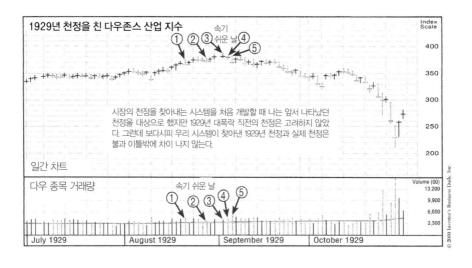

1929년 천정을 친 다우존스 산업 지수

속기 쉬운 날

① ② ③ ④ ⑤

시장의 천정을 찾아내는 시스템을 처음 개발할 때 나는 앞서 나타났던 천정을 대상으로 했지만 1929년 대폭락 직전의 천정은 고려하지 않았다. 그런데 보다시피 우리 시스템이 찾아낸 1929년 천정과 실제 천정은 불과 이틀밖에 차이 나지 않는다.

일간 차트

다우 종목 거래량

속기 쉬운 날

① ② ③ ④ ⑤

July 1929   August 1929   September 1929   October 1929

시장의 상승 기조가 끝자락에 다다랐음을 의미한다. 폭풍이 불면 칠면 조도 날아오르려 한다.

약세장이 막 시작됐을 때는 일부 주도주들이 시장의 흐름에 맞서 상승세를 유지하면서 강한 인상을 줄 수도 있지만, 어디까지나 이것은 불가피하게 닥쳐올 상황을 단지 조금 늦추는 것일 뿐이다. 마침내 약세가 본격화하면 대개 모든 종목에 영향을 미치고, 결국 주도주들도 예외 없이 매도 압력에 굴복하고 마는 것이다. 2000년 약세장에서도 이런 상황은 극명하게 드러났다. 그렇게도 많은 애널리스트들이 지금은 사야 할 때라고 틀린 말을 했지만 결국 시스코를 비롯한 첨단 기술 업종의 주도주들 모두 폭락하고 말았다.

2008년 6월과 7월 나스닥 시장이 천정을 쳤을 때도 똑같은 일이 벌어졌다. 2003년에서 2007년까지 이어진 강세장을 이끌어왔던 철강주와 화학비료주, 정유주가 시장 전반의 내림세에 맞서다 결국 하락으로 방향을 튼 것이었다. 사실 시장 전체적으로는 2007년 10월 다섯 차례의 매물 출회가 나왔을 때 이미 천정을 친 상태였다. 유에스 스틸은 급락세로 돌아선 다음에도 2분기 더 순이익이 100% 이상 증가했다. 포태쉬가 천정을 쳤을 때는 분기 순이익이 181% 증가했고, 다음 분기에도 순이익은 220%나 늘어났다. 대부분의 애널리스트들은 이처럼 대단한 순이익에다 앞으로도 실적 호조가 예상된다는 점에서 크게 당황했다. 이들은 역사적으로 과거의 천정이 어떠했는지 공부하지 않았고, 많은 주도주들이 천정을 쳤을 때 순이익 증가율이 100%에 달했다는 점도 알지 못했다. 이런 주식이 어째서 급락할 수 있단 말인가? 그건 이미 8개월 전, 그러니까 2007년 말에 약세장이 시작됐기 때문이다.

정점에 도달한 뒤 8~12% 하락하는 중간 수준의 천정이든 대세상승에서 만들어진 천정이든, 시장의 천정은 주도주와 주요 지수의 마지막 결정적인 매수 지점으로부터 5~7개월 후에 찾아오는 경우가 종종 있다. 그러다 보니 천정을 치고 내려올 때는 대개 너무 늦어버린다. 버스가 지나가 버린 다음 손을 흔드는 격이 되는 것이다. 개별 주도주에 대한 매물 출회나 매도 압력은 통상 며칠, 심지어 몇 주일씩 계속되기도 한다. 제10장과 11장에서 설명할 개별 주식의 매도 원칙을 잘 활용한다면 시장이 천정에 도달하기 직전 아직 상승세를 타고 있을 때 적어도 한두 종목은 팔 수 있을 것이다.

약세장을 알려주는 다른 징후들

시장을 이끌었던 원래의 주도주들이 주춤거리기 시작하면 실적이 좋지 않으면서도 투기적으로 움직여왔던 저가주들이 준동하기 시작한다. 이

때를 조심해야 한다! 나이 먹은 개까지 짖기 시작하면 시장은 상투에 다다른 것이다. 소외주가 시장의 상승세를 주도할 수는 없다. 거의 자동적으로 나타나는 신호 가운데 하나는 시장이 "상승한" 날 기업 내용이 부실한 종목들이 거래량 상위 종목을 휩쓸기 시작하는 것이다. 이건 주도권도 없는 종목들이 시장을 지배하려고 하는 것이나 마찬가지다. 최고의 주식도 더 이상 시장을 주도하지 못하는데 최악의 주식이 시장을 이끌어간다는 것은 어불성설이다.

시장이 마침내 천정을 치고 반전하는 것(주요 지수가 그날 신고가를 경신한 뒤 상승세를 잃고 저점 근처에서 마감한다)은 대개 주요 지수가 작게 형성한 모양(주가 패턴의 시작에서 끝까지 무척 짧다)을 깨고 신고가 행진을 시작한 뒤 3~9일이 지난 다음 나타난다. 시장이 천정을 칠 때의 상황은 거의 똑같다는 점을 명심해두기 바란다.

어떤 경우에는 이미 천정을 친 시장이 두 달 정도 회복세를 보이며 전고점 근처까지 오르거나 심지어는 신고가를 기록한 다음 급락세로 돌아서기도 한다. 이런 일은 1976년 12월과 1981년 1월, 1984년 1월에 벌어졌는데, 여기에는 중요한 심리적 이유가 있다. 대다수 주식 투자자가 일제히 정확한 타이밍에 정확한 판단을 내릴 수는 없기 때문이다. 1994년에는 다우존스 지수가 천정을 친 뒤 몇 주가 지나서야 나스닥 지수가 천정을 쳤다. 이런 일은 2000년 초에도 똑같이 되풀이됐다.

프로든 개인 투자자든 주식시장에서는 늘 절대 다수가 처음에 속아넘어간다. 인간의 심리와 감정 탓이다. 만일 당신이 아주 영리해서 1981년 1월 공매도를 했다면 2월과 3월의 강력한 반등 때 손실을 보고 공매도한 주식을 정리했거나 괜찮은 주식을 매수했을 것이다. 전환점을 맞았을 때 시장이 우리를 얼마나 배반할 수 있는지 단적으로 보여주는 예다.

서둘러 재진입 하지 말라

나는 1962년부터 2008년까지 있었던 수많은 약세장의 초기 징후를 미리 알아차리고 적절하게 대응해왔다. 하지만 너무 일찍 주식을 다시 매수하는 실수를 저지른 적은 몇 차례 있었다. 주식시장에서 실수를 저지르면 유일한 해결책은 재빨리 바로잡는 것이다. 싸워서는 안 된다. 자만과 고집은 절대 용납될 수 없다. 손실이 커지고 있는데도 머뭇거려서는 안 된다.

약세장의 전형(어떤 경우는 이런 전형을 따르지 않는다)은 대개 세 단계 국면을 거친다. 이들 각각의 국면 사이사이에는 투자자들로 하여금 이제 매수해도 되겠구나 하는 확신을 심어주기에 충분할 정도로 긴 반등 국면이 도사리고 있다. 1969년과 1974년의 약세장에서는 이런 식의 길게 늘어진 속기 쉬운 반등이 15주까지 이어진 경우도 몇 차례 있었다. 물론 대부분의 반등은 그리 오래 가지 않는다.

많은 기관 투자가들이 "바닥권 사냥(bottom fish)"을 좋아한다. 이들은 바닥처럼 보이는 시점에 주식을 사기 시작해 반등을 부추기면서 당신마저 확신을 갖게 한다. 하지만 정말로 새로운 강세장이 시작되기 전까지는 현금을 꼭 쥔 채 물러서 있는 게 상책이다.

바닥을 어떻게 확인하는가

일단 약세장이라고 생각하고서 주식을 현금화했다면 이제 문제는 얼마나 오랫동안 물러나 있을 것인가 하는 점이다. 너무 빨리 시장에 재진입한다면 반등이 금방 끝날 경우 손실을 입을 것이다. 그렇다고 시장이 바야흐로 본격적인 상승기로 진입하려는 순간인데도 주춤거린다면 좋은 기회를 놓칠 것이다. 시장의 주요 지수가 어떻게 움직이는지 매일같이 살펴보면 이럴 때도 최선의 답을 구할 수 있다. 투자자들의 감정이나 개인적 의견보다는 늘 시장이 더 신뢰할 수 있기 때문이다.

모든 약세장은 그 하락 정도가 크건 작건 반드시 몇 번의 반등 시도를 보여준다. 절대 이런 반등 시도가 보인다고 해서 곧장 뛰어들지 말라. 주식시장이 완전히 새로운 흐름으로 바뀌었음을 확인할 때까지 기다려야 한다.

반등 시도가 시작되는 시점은, 주요 지수가 전날 하락했다면 그 다음날에, 혹은 오전장에서 하락했다면 오후장 들어 하락폭을 만회하고 상승세로 마감했을 때다. 가령 다우존스 지수가 오전장에서 3% 하락했는데 오후장 들어 이를 회복하고 결국 오름세로 끝나는 경우다. 또 다우존스 지수가 전날 2% 하락 마감했는데 다음날 이를 회복하는 데 성공한 경우도 해당된다. 어쨌든 다우존스 지수가 상승세로 마감한 날이 반등 시도의 첫 번째 날이 된다. 하지만 아직 인내심을 갖고 지켜보기만 해야 한다. 처음 며칠 주가가 오른다고 해서 반등의 성공을 보장해주는 것은 아니기 때문이다.

반등 시도 후 4일째 되는 날부터 주요 지수 중 하나가 전날보다 거래량이 급증하면서 큰 폭으로 상승해 마침내 "반등의 지속성(follow through)"이 확인되는지 살펴보라. 만약 그렇다면 반등이 성공할 가능성은 한층 높아지는 셈이다. 이처럼 반등의 지속성이 가장 잘 드러날 때는 반등 시도 후 4~7일째 되는 날이다. 1998년 바닥에서는 반등 시도 후 5일째 되는 날 반등의 지속성을 확인할 수 있었다. 당시 시장은 2.1% 상승했다. 반등의 지속성을 확인하는 날은 랠리가 아주 강하고 결정적이며 확실해 보일 정도로 폭발적인 느낌을 줘야 한다. 뭔가 마지못해 오르는 듯한 인상을 주면서 1.5% 남짓 상승해서는 안 된다. 그날의 거래량 역시 평균 거래량을 상회할 뿐만 아니라 반드시 전날보다 증가해야 한다.

때로는 반등 시도 후 불과 3일째 되는 날 반등의 지속성을 확인하기도 한다. 이런 경우 반등 시도 후 첫날과 둘째, 셋째 날의 주요 지수가 모두 엄청난 거래량과 함께 1.5~2% 혹은 그 이상의 아주 강력한 상승세를 보여야 한다.

나는 예전에 반등의 지속성을 확인할 때 하루 상승폭 기준으로 1%를 설정했다. 그런데 최근 들어 기관 투자가들이 나의 이런 시스템을 알게 되는 바람에 나스닥 지수와 다우존스 지수의 상승률 기준을 대폭 올렸다. 소위 프로들이 다우존스 지수에 편입돼 있는 몇몇 종목들의 시세를 조종해 거짓으로 반등이 확인된 것처럼 현혹하는 데 말려들지 않기 위해서다.

반등이 확인됐는데도 그만 실패할 때도 있다. 주식시장에서 막강한 매수 여력을 보유한 일부 기관 투자가들은 특정한 날에 주요 지수를 끌어올릴 수 있고, 그렇게 함으로써 반등이 지속되는 것 같은 인상을 줄 수 있다. 물론 이런 경우에도 영리한 개인 투자자들이 쉽게 매수에 가담하지 않는다면 이런 반등은 하루 이틀 지속되다가 며칠 안에 거래량이 폭발하면서 무너져버린다.

그러나 반등의 지속성이 확인된 다음 하루 정도 시장이 조정을 받았다고 해서 반등의 지속성이 꼭 거짓이었다고 단정해서는 안 된다. 약세장이 바닥을 칠 때는 지난 몇 주간의 저점 근방까지 다시 되돌리는 경우가 자주 있기 때문이다. 이런 되돌림이나 "시험"이 적어도 최근의 지수 저점에 비해 조금이라도 높은 데서 끝났다면 오히려 더 긍정적으로 받아들일 수 있다.

반등의 지속성이 확인됐다고 해서 곧장 달려가 아무 종목이나 매수해서는 안 된다. 반등이 확인됐다는 것은 이제 비로소 제대로 된 모양을 형성해가기 시작한, 실적이 뛰어난 우량주들을 매수하기 시작해도 된다는 의미다. 더구나 반등 시도가 최종적으로 성공할 것인지에 대한 두 번째 중요한 확인 작업이 필요하다.

주가와 거래량 모두 강한 반등으로 확인되지 않는 한 절대 새로운 강세장은 시작되지 않는다는 점을 명심하라. 시간을 두고 시장에 귀를 기울이라. 다음에 제시하는 차트들은 1974년부터 2003년까지 나타난 전형적인 바닥의 모습이다.

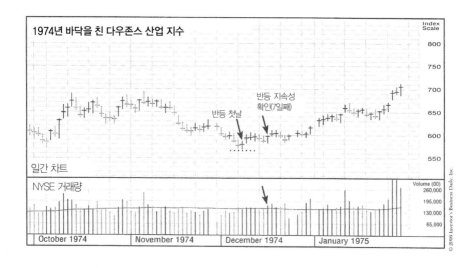

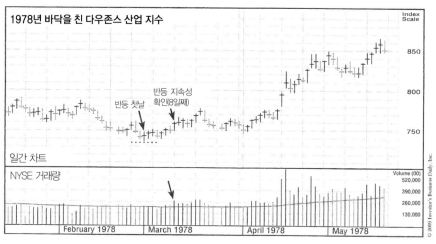

1978년 바닥을 친 다우존스 산업 지수

일간 차트

NYSE 거래량

반등 첫날

반등 지속성 확인(8일째)

1982년 바닥을 친 다우존스 산업 지수

일간 차트

NYSE 거래량

반등 지속성 확인(7일째)

반등 첫날

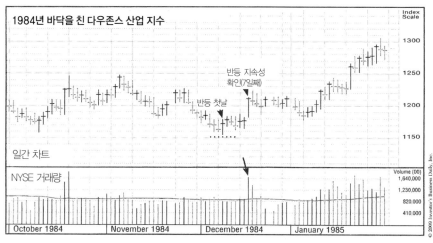

1984년 바닥을 친 다우존스 산업 지수

일간 차트

NYSE 거래량

반등 지속성 확인(7일째)

반등 첫날

M=시장의 방향: 어떻게 판단할 것인가

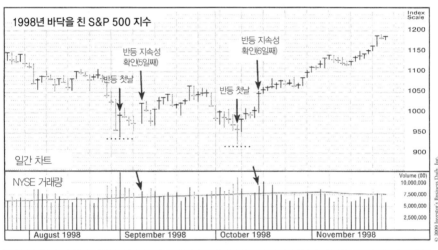

강세장의 처음 2년이 중요하다

주식시장에서 진짜 큰돈은 통상 새로운 강세 사이클이 시작된 첫해 혹은 2년간 벌 수 있다. 이점을 늘 명심하고서 적극 활용하고자 한다면 황금 같은 기회가 눈앞에 나타날 것이다.

"상승" 사이클의 나머지 기간에는 대개 주요 지수가 등락을 반복하다가 결국 약세장으로 넘어가게 된다. 1965년은 유일한 예외라고 할 수 있다. 새로운 사이클의 세 번째 해였음에도 불구하고 유난히 강세를 보였는데, 이때는 베트남전 발발에 기인한 것이었다.

새로운 강세장의 첫해와 둘째 해에도 주요 지수가 하락하는 중기 조정이 반드시 몇 차례 찾아온다. 이런 조정은 대개 두 달쯤 지속되고, 지수 하락폭은 8% 정도지만 가끔은 12~15%에 이를 때도 있다. 몇 차례 급격한 하락 조정과 함께 강세장의 처음 2년이 지나게 되면 주요 지수는 더 이상 상승하지 않으면서 거래량만 급증하는데, 이것은 다음 약세장이 시작된다는 신호일 수 있다.

주식시장도 수요와 공급에 따라 움직이므로 개별 종목 차트를 읽듯이 주요 지수 차트를 해석할 수 있다. 다우존스 지수와 S&P 500 지수의 경우 여러 매체를 통해 항상 차트를 읽을 수 있다. 이런 차트에서는 6~12개월간의 일간 지수와 고점, 저점 등을 알 수 있고, 뉴욕 증권거래소와 나스닥 시장의 거래량도 함께 파악할 수 있다.

약세장은 대개 세 차례의 하락 국면을 밟는다고 한다. 그러나 네 차례나 다섯 차례의 하락 국면이 찾아오지 않는다는 보장도 없다. 경제 전체의 상황과 중요한 사건들을 객관적으로 평가한 뒤 주요 지수가 어떻게 움직이는지 잘 관찰하라. 그러면 시장이 전해주는 메시지를 정확히 읽어낼 수 있을 것이다.

시장의 전환점을 집어내는 몇 가지 기술

주요 지수의 동행성에 주목하라

주식시장의 여러 지수들 가운데 어떤 지수는 상승했는데 어떤 지수는 내렸다든가, 함께 상승하거나 하락했더라도 그 폭이 큰 차이를 보였다면 반드시 체크해봐야 한다.

가령 다우존스 지수는 100포인트 상승했는데 S&P 500 지수는 불과 1포인트밖에 상승하지 않았다면 이날의 상승은 매우 제한된 것으로, 그리 강하지 않다고 판단할 수 있다.(S&P 500 지수는 500개 종목을 대상으로 하지만 다우존스 지수는 30개 종목만 대상으로 한다.)

다우존스 지수가 사상 최고치를 경신했던 1984년 1월의 경우에도 지수들간에 상승폭에서 격차가 있었다. 다우존스 지수보다 더 광범위하고 중요하다고 할 수 있는 S&P 500 지수는 그때까지도 사상 최고치를 기록하지 못했다. 대부분의 프로들은 시장의 결정적인 전환 시점을 잘못 판단하지 않기 위해 이렇게 주요 지수들의 동행성 여부를 확인한다. 사실 광범위한 종목이 포함되는 나스닥 지수는 매물이 쏟아져 하락하고 있는데, 지수 산정 대상 종목이 30개에 불과한 다우존스 지수는 기관 투자가들의 매수로 올라갈 수도 있다. 마치 판돈이 큰 포커 게임에서 플레이어들이 자기 패를 숨기고 속이고 블러핑하는 것이나 마찬가지라고 할 수 있다.

시장의 심리 지표를 활용하라

요즘 '대박'을 노리고 풋 옵션과 콜 옵션을 사고파는 투자자들이 많아졌다. 그런 점에서 콜 옵션과 풋 옵션의 비율을 분석해보는 것도 시장의 군중심리를 알아보는 귀중한 잣대가 될 수 있다. 콜 옵션 매수자는 주가가 오르기를 바라고, 풋 옵션 매수자는 주가가 떨어지기를 기대한다.

어느 시기에 콜 옵션 거래량이 풋 옵션 거래량을 압도했다면 옵션 투기자들의 심리는 주가가 오르고 강세가 지속될 것으로 기대한다고 해석할 수 있다. 반대로 풋 옵션 거래량이 훨씬 많았다면 옵션 투기자들의 심리가 약세로 돌아섰다는 해석이 가능하다. 풋 옵션 매수가 늘어나 풋 옵션 거래량을 콜 옵션 거래량으로 나눈 비율이 1을 넘어섰을 때 우연의 일치처럼 시장이 바닥을 친 적이 있었는데, 1990년과 1996년, 1998년, 그리고 2001년 4월과 9월에 그랬다. 하지만 이런 일이 항상 벌어지는 것은 아니다.

소위 투자 전문가들 가운데 약세 시각을 가진 비율이 얼마나 되는가도 매우 흥미로운 투자 심리 지표다. 약세장이 깊어져 바닥에 근접하면 대다수 투자 전문가들이 약세 일변도로 흐른다. 시장이 천정에 다가서면 강세 시각 일색이다. 정확한 판단이 가장 중요한 시점이 되면 대중은 틀리기 십상이다. 그렇다고 해서 지난번 바닥에서 그랬던 것처럼 투자 전문가의 65%가 약세장을 외치고 있으므로 이번 약세장도 무조건 곧 끝날 것이라고 속단해서는 안 된다.

뉴욕 증권거래소 전체 거래량 중 공매도 거래량의 비율을 나타내는 공매도 비율이라는 것도 있다. 이 비율은 투기자들 사이에 퍼져 있는 약세 분위기의 정도를 반영한다. 약세장의 바닥권에서는 대개 두세 차례 공매도가 급증한다. 이 비율이 얼마나 높아야 하는지 정확한 기준은 없지만 과거의 바닥권을 잘 살펴보면 시장의 전환점에서 이 비율이 대충 어느 정도였는지 판단할 수 있을 것이다.

나스닥 시장 거래량과 뉴욕 증권거래소 거래량 간의 비율 역시 시장의 투기 심리가 어느 수준인지를 알아보는 지표로 활용된다. 약세장이 막 시작될 무렵이던 1983년 여름이 대표적인데, 당시 나스닥 시장 거래량이 뉴욕 증권거래소의 거래량을 훨씬 앞질러 투기 심리가 상당히 높고, 따라서 시장이 너무 달아올라 있음을 시사했다. 투기 심리가 계속 높아져 활기차다 못해 광포해지면 시장의 조정이 임박했다는 뜻이다. 다만 최근 들어 나스닥 시장 거래량이 뉴욕 증권거래소 거래량보다 커진 것은 새로운 벤처기업들이 나스닥에 잇달아 상장됐기 때문이므로, 이 비율은 이제 좀 다른 시각으로 볼 필요가 있다.

상승-하락선으로 과열 여부를 판단하라

일부 기술적 분석가들은 상승-하락 종목 데이터를 신봉한다. 이들은 매일매일 상승한 종목 수와 하락한 종목 수를 비율로 표시해 그래프를 그린다. 하지만 이렇게 나타낸 상승-하락선(Advance-Decline Line)은 정확성이 떨어진다. 그 이유는 시장이 천정을 치기 한참 전에 상승-하락선이 먼저 하락하는 경우가 많기 때문이다. 다시 말해 몇몇 우량주가 선도하면서 시장을 계속해서 상승세로 이끌어갈 수 있는 것이다.

시장의 방향성은 결코 숫자 놀음으로 결정할 수 없다는 점에서 상승-하락선은 주요 지수의 움직임만큼 정확하지 못하다. 모든 종목이 다 똑같은 것은 아니다. 얼마나 많은 종목이 오르고 내렸는지 보다 진짜 주도주가 어떤 종목이고, 이런 주도주가 어떻게 움직이는지 아는 게 중요하다.

뉴욕증권거래소의 상승-하락선은 1998년 4월 정점에 달했다. 하지만 6개월 뒤인 그해 10월 새로운 강세장이 시작됐을 때 상승-하락선은 오히려 더 떨어졌다. 주식시장 역사상 최고의 상승률을 기록했던 1999년 10월부터 2000년 3월까지도 상승-하락선은 하락세를 보였다.

물론 상승-하락선이 도움이 될 때도 있다. 명백한 약세장에서 단기 랠리를 판단하는 경우가 그렇다. 주요 지수는 상승하는데 상승-하락선은 전혀 움직이지 않는다면 시장 전반이 여전히 허약하다고 볼 수 있다. 이럴 때는 대개 랠리도 쉽게 끝나버린다. 다시 말해 새로운 강세장이 시작되기 위해서는 몇몇 종목만 시장을 이끌어서는 부족하다.

상승-하락선은 기껏해야 제한된 범위 안에서 부수적인 수단으로만 활용 가능하다. 만일 텔레비전에서 어떤 시장 전략가가 상승-하락선을 근거로 약세론이나 강세론을 주장한다면 공부가 부족한 사람이라고 볼 수 있다. 2차적인 지표가 시장의 주요 지수보다 더 정확한 경우는 절대로 없다. 따라서 대부분의 사람들이 대개 잘못 사용하는 기술적 지표들이 아무리 많다 해도 전혀 흔들리거나 당황할 필요는 없다.

금리 변화를 주시하라

시장 전반에 영향을 주는 기본적인 변수 가운데 연방준비제도이사회(FRB)의 재할인율과 연방기금 금리의 변동은 아주 중요하다. 증권회사의 신용이 어느 정도인지도 때로 주시할 필요가 있는 지표다.

일반적으로 금리는 현재의 경제 상황을 알려주는 가장 확실한 지표인데, 재할인율과 연방기금 금리의 변동은 그 중에서도 가장 신뢰할 만한 기준이다. 과거 사례를 보면 재할인율을 세 차례 연속해서 인상했을 경우 통상 약세장의 시작과 경기 위축이 임박했음을 알려주는 신호라고 해석할 수 있다.

꼭 그런 것은 아니지만 약세장은 대개 금리 인하 행진이 멈추면 비로소 끝나게 된다. 경기 하강 국면이 지속되고 있던 1987년 9월에는 막 FRB 의장으로 취임한 앨런 그린스펀이 재할인율을 6%로 인상했는데, 결국 한 달 만인 그해 10월 시장은 심각한 붕괴 위기에 직면하기도 했다.

통화 시장 지표들은 실물 경제 상황을 그대로 반영한다. 나는 금리 지표와 함께 통화 공급의 변화 등 FRB와 행정부가 내놓는 10개 이상의 금융 정책 수단을 예의 주시한다. 다른 산업과 마찬가지로 주식시장도 금리 변화에 자주 영향을 받는데, 금리 수준이란 결국 FRB가 통화 정책을 긴축으로 가져가느냐, 확장으로 가져가느냐를 보여주는 잣대가 되기 때문이다.

최근에는 프로그램 거래와 다양한 헤지 수단의 개발에 힘입어 상당수 펀드가 하락세에 대비해 포트폴리오 일부를 헤지해두기도 한다. 헤지의 성공 여부는 타이밍과 숙련도에 따라 달라지지만, 어쨌든 헤지 덕분에 한꺼번에 주식을 쏟아내는 리스크는 줄일 수 있게 됐다.

대부분의 펀드는 원칙적으로 광범위한 종목에 분산 투자함과 동시에 거의 항상 펀드 자산 대부분을 투자하고 있어야 한다. 이로 인해 수십 억 달러가 넘는 대형 펀드는 제때 시장을 빠져나가기가 어렵다. 게다가 시장이 바닥을 치고 강력한 반등세를 보여줄 때 재빨리 시장에 복귀하지도 못한다. 그러다 보니 이럴 때 어느 정도 방어가 가능한 대형주 위주로 펀드를 운용하려고 하는 것이다.

1981년의 금리 인상 충격 1981년에 시작된 약세장과 상당히 오랫동안 지속된 경기 침체는 거의 전적으로 Fed의 금리 인상 때문이었다. 당시 Fed는 1980년 9월 26일과 11월 17일, 12월 5일에 잇달아 재할인율을 올렸고, 마침내 1981년 5월 8일 네 번째 금리 인상을 단행해 재할인율을 사상 최고 수준인 14%까지 높였다. 이로써 미국 경제와 주요 산업, 주식시장은 한동안 가라앉아버렸다.

그러나 금리 변화가 기본적인 시장 지표일 수는 없다. 주식시장 자체가 언제나 최고의 바로미터이기 때문이다. 우리의 시장 사이클 분석에서도 재할인율과 전혀 상관없이 시장이 결정적으로 방향을 튼 경우가 세 번이나 있었다.

Fed는 국내 경제의 과도한 위축이나 과열에 대응한다는 점에서 독립적으로 행동하는 것은 긍정적이라고 여겨져 왔다. 그러나 Fed의 조치와 그 결과는 연방 정부가 좋건 나쁘건 국내 경제의 앞날에 영향을 미칠 수 있다는 것을 보여줄 뿐 주식시장이 여기에 무조건 대응해야 한다는 의미는 아니다.

사실 2008년의 시장 붕괴를 몰고 온 서브프라임 모기지 사태와 신용위기는 이미 1995년부터 예견된 것이었다. 당시 행정부는 1977년에 제정된 지역재투자법(CRA)를 대폭 강화했다. 이에 따라 은행들은 저소득층에게 고위험 대출을 늘릴 수 있었다.

정부는 주요 은행들에게 오랫동안 지켜왔던 대출 기준을 낮추도록 부

S&P 500 지수와 재할인율

S&P 500 지수

재할인율

© 2006 Investor's Business Daily, Inc.

290

추기고 강요했다. 이렇게 해서 1조 달러가 넘는 새로운 서브프라임 CRA 대출이 변동금리로 이뤄졌다. 대부분의 대출이 대출자의 소득자료조차 요구하지 않았다.

결국 시간이 흐르자 정부 보증기관인 패니메이와 프레디맥이 정부 지원 아래 막대한 고위험 서브프라임 대출을 인수했고, 두 기관이 파산하자 정부의 천문학적인 구제 자금이 필요해진 것이었다. 프레디와 패니 경영진은 엄청난 보너스를 챙겼고, 의원들에게 거액을 기부했다. 의회는 그때까지 극단적일 정도로 위험한 이런 대출을 개혁하기 보다는 방어하는 데 노력했다.

명심하기 바란다. 연방 정부의 프로그램은 처음에는 사회적으로 좋은 의도로 출발한 것이었지만 문제를 꿰뚫어보는 통찰력이나 미래를 내다보는 안목이 전혀 없었다. 이로 인해 극빈층을 포함한 모든 사람이 심각한 피해를 입고 의도하지 않았던 파급에 휩쓸렸으며, 급기야 미국의 금융 시스템까지 위험에 빠졌던 것이다. 월스트리트의 대형 회사들은 1998년 글래스-스티걸법 폐기에 나서 이번 사태의 한 원인을 제공했고, 의회와 정당, 공공기관들까지 저마다 금융시장의 파국에 한몫을 했다.

1962년의 경우 1962년에 나타났던 주식시장의 급락세는 주목해볼 만하다. 그해 봄 경제는 순항하고 있었는데, 정부가 느닷없이 주식시장에 대해 대대적인 조사를 벌이겠다고 발표하고, 이어 가격 인상 혐의로 철강업체들에 제재를 가하자 시장은 갑자기 놀라버렸다. IBM은 주가가 50%나 폭락했다. 그러나 쿠바 미사일 위기가 지나간 그해 가을 새로운 강세장이 움트기 시작했다. 그 사이 금리 변동은 전혀 없었다.

주식시장이 바닥을 친 뒤 6개월이나 지난 시점에도 계속 금리 인하 조치를 취하는 경우가 있다. 이럴 때 금리가 추가 인하되기를 기다린다면 아마 타이밍을 놓칠 것이다. 또 Fed가 금리를 인하해도 주식시장이 횡보하거나 몇 달 동안 더 떨어질 때도 가끔 있다. 2000년과 2001년이 가장 극적인 사례다.

지수와 거래량의 시간대별 변화

시장이 결정적으로 전환하는 시점에 이르면 시장의 큰손들은 주요 지수와 거래량을 시간대별로 파악해 전날의 같은 시간대와 비교해본다.

시간대별 거래량을 주목해야 할 가장 좋은 시점은 시장이 천정을 치고 내리막길로 접어든 다음 첫 반등을 시도할 때다. 반등 시 거래량이 줄지 않았는지 확인해야 한다. 또 장 막판 거래량이 늘면서 반등 폭이 줄었다면 반등 기세가 약하고 아마도 실패할 가능성이 크다는 신호로 받아들일 수 있다.

시간대별 거래량은 주요 지수가 앞선 저점 근처까지 떨어져 "지지선" 붕괴가 임박했을 때도 유용하다.(지지선이란 투자자들이 더 이상 지수가 떨어지지 않을 것이라고 기대하는 지수다.) 시장의 추락으로 새로운 국면이 시작됐지만 정말로 매도 압력이 엄청나게 커졌는지, 아니면 그저 약간의 매물이 출회됐을 뿐인지 이를 통해 확인할 수 있다. 만일 매도 압력이 그렇게 크다면 시장이 다시 심각한 하락 국면으로 빠져들고 있다는 의미일 것이다.

거래량이 조금씩밖에 늘지 않으면서 며칠간 시장이 저점을 경신한 뒤에는, 이제 거래량이 말라붙어 버리거나 하루나 이틀 거래량이 늘더라도 주요 지수는 더 이상 떨어지지 않는지 확인해봐야 한다. 만약 그렇다면 시장은 지금 "매물 출회"가 이뤄지고 있는 것이다. 매도 공세를 취해 마음 약한 투자자들로 하여금 손절매하게 만든 다음 시세 전환을 하는 것이다.

과매도와 과매수: 위험한 단어

단기 과매도/과매수 지표는 일부 기술적 분석가나 개인 투자자들이 상당히 중시한다. 이 지표는 지난 10일 동안의 상승과 하락을 이동 평균해서 나타낸다. 하지만 유의해야 할 점이 있다. 새로운 강세장이 시작될 때는 이 과매도/과매수 지표가 상당히 "과매수" 쪽으로 기운다는 것이다. 그러므로 이럴 때 과매수로 나타났다고 해서 매도 신호로 받아들여서는 안 된다.

약세장의 초기 단계나 첫 번째 하락 국면에서도 비슷한 일이 벌어져 지표가 비정상적일 정도로 과매도를 나타낸다. 약세장이 임박했음을 알려주는 것이다. 주식시장은 이미 과매도 상태가 됐는데도 말이다.

내가 고용했던 직원 가운데 한 명이 이런 기술적 지표에 정통한 전문가였다. 1969년 시세 전환 시점이 닥쳤을 때였다. 나는 모든 상황을 고려해본 결과 시장이 심각한 위험에 노출돼 있다는 판단을 내리고, 포트폴리오를 운용하는 펀드매니저들에게 주식을 팔고 가능한 한 현금을 확보해두라는 전갈을 급히 보냈다. 그런데 이 전문가는 오히려 이들에게 매도하기에는 이미 늦었다고 말하고 있었다. 자신의 과매도/과매수 지표를 보면 시장은 이미 과매도 상태라는 것이었다. 그 다음 일은 어떻게 됐는지 알 수 있을 것이다. 시장은 곧 이어 급락했다.

두말할 필요도 없이 나는 과매도/과매수 지표 따위에는 아무런 신경도 안 쓴다. 소위 전문가들이 자기가 선호하는 이런저런 지표를 갖고 만들어낸 이론이나 의견보다는 스스로 오랫동안 쌓은 경험에서 배우는 것이 훨씬 더 중요하다.

다른 지표들

특정일의 상승한 종목 및 하락한 종목의 거래량을 비교한 상승/하락 거래량 지수도 단기적인 지표로 활용된다. 이 지수를 10주 이동평균으로 나타내면 시장의 중기적인 시세 전환을 보여줄 수 있다. 가령 상승/하락 거래량 지수가 10~12%나 떨어지면 시장의 주요 지수가 1~2주 정도 더 하락해 신저가를 기록할 수 있다. 또 상승/하락 거래량 지수가 갑자기 반전해 상승한 종목의 거래량이 하락한 종목의 거래량을 훨씬 앞지를 수 있다. 이때는 대개 시장이 중기적인 상승세로 전환했다고 할 수 있다. 물론 이런 신호는 다우존스 지수나 나스닥 지수, S&P 500 지수, 시장의 거래량을 통해서도 읽을 수 있다.

기업 연금 펀드로 유입되는 신규 자금 가운데 주식형과 채권형에 각각 투자하는 비율을 지표로 활용하기도 한다. 이것은 기관 투자가의 심리를 알려주는 단서가 되기도 하지만 군중심리처럼 대다수의 생각이 옳은 경우는 거의 없다. 프로라고 해도 예외가 아니다. 1~2년에 한 번씩 월스트리트는 하나로 의견 일치를 이뤄 소떼처럼 우르르 몰려간다. 모두들 한꺼번에 매수하거나 한꺼번에 매도하는 것이다.

"방어주" 지수는 강세장이 2년 정도 지속된 뒤에 강세를 나타내는 경우가 종종 있다. 방어주란 유틸리티 관련주나 담배, 음식료, 소비재 주식처럼 경기 변동에 덜 민감해 안정적으로 받아들여지는 종목이다. 방어주 지수가 강세를 보인다는 것은 "영리한 투자자"들이 방어적인 자세로 전환했다는 말이므로, 약세장이 머지않았다는 의미로 받아들일 수 있다. 그러나 항상 그렇게 되는 것은 아니다. 시장의 주요 지수만큼 신뢰할 수 있는 2차적인 지표는 없다.

방어주와 소외주 가운데 신고가를 기록하는 주식의 비율도 시장이 어떤 국면으로 접어들었는지 판단하는 데 도움을 줄 수 있다. 1983년 약세장으로 빠져들기 직전 일부 기술적 분석가들은 아직도 신고가를 경신하는 종목들이 많다며 약세 경고를 무시했다. 하지만 당시 신고가 종목들을 살펴보면 방어주와 우선주의 비중이 컸고, 이는 약세장의 신호였다. 피상적인 지식은 주식시장에서 더 큰 화를 초래할 수 있다.

복잡한 내용이었지만 너무나도 중요한 이번 장을 요약해보자. 매일매일 주요 지수 및 거래량의 변화와 시장을 이끌어가는 주도주의 움직임을 해석하는 법을 배워야 한다. 일단 이 방법을 정확히 활용할 수 있게 되면 다른 사람들의 의견에 귀 기울이지 말라. 아마추어나 프로나 그들의 개인적 의견은 정확하지도 않고 손실만 초래한다. 지금까지 설명한 것처럼, 주식시장에서 정상에 오르는 열쇠는 시장이 어디로 갈지 예측하거나 미리 아느냐가 아니다. 시장이 지금까지 어떻게 움직여왔고, 또 현재 어떻게 움직이고 있는지를 알고 이해하는 것이 성공의 열쇠다. 우리 역시 주관적인 예측이나 의견은 밝히려 하지 않는다. 매일매일 시장의 수요와 공급이 어떻게 변화하는지 신중하게 관찰할 뿐이다.

주요 지수의 변화와 거래량 변동을 제대로 해석하게 되면 시장이 천정을 쳤는지, 바닥을 쳤는지 알 수 있을 뿐만 아니라 하락 국면에서 일어나는 반등 시도 하나하나를 정확하게 포착할 수 있다. 강력한 반등의 지속성이 확인되는 시점을 참고 기다리면 실패로 끝나고 마는 섣부른 반등 시도에 말려들지 않을 수 있다. 어설픈 반등에 속아넘어가지 않도록 분명한 원칙을 가져야 한다는 말이다. 바로 이런 원칙 덕분에 우리는 2000년에서 2002년 사이 시장에서 빠져나와 MMF에 돈을 넣어두었고, 덕분에 1998년과 1999년에 거둔 투자 수익의 대부분을 지켜낼 수 있었다. 이번 장에서 설명한 내용은 당신에게 큰 재산이 될 수 있다.

리뷰: 어떻게 기억하고 활용할 것인가

단순히 읽는 것만으로는 충분치 않다. 지금까지 읽은 내용을 모두 기억하고 투자에 활용할 수 있어야 한다. CAN SLIM 시스템은 당신이 읽은 내용을 더 잘 기억할 수 있도록 도와줄 것이다. CAN SLIM 시스템의 알파벳 각각은 최고의 주식을 선정하는 데 필요한 7가지 기본적인 원칙을 상징하고 있다. 최고의 주식 대부분은 본격적인 주가 상승 단계로 진입할 때 공통적으로 이런 특징을 보여준다. 그러므로 반드시 기억해둬야한다. 언제든 쉽게 기억해서 활용할 수 있도록 이 공식을 반복해서 외워두기 바란다.

C=현재의 주당 분기 순이익: 주당 분기 순이익은 최소한 18~20% 증가해야 하지만, 40~100% 혹은 200% 이상이면 더 좋고, 높으면 높을수록 좋다. 최근 분기에 반드시 가속화되고 있어야 한다. 분기 매출액 증가율도 가속화되고 있거나 25%는 돼야 한다.

A=연간 순이익 증가율: 최근 3년간 매년 놀라운 성장률(25% 혹은 그 이

상)을 기록해왔고, 자기자본 이익률도 17% 이상(25~50%가 더 좋다)이라야 한다. 자기자본 이익률이 너무 낮다면 세전 순이익 마진율이 아주 좋아야 한다.

N=신제품, 신경영, 신고가: 신제품이나 새로운 서비스를 만들어낸 회사, 경영혁신을 이룬 회사, 해당 산업에 중대한 변화의 물결이 일고 있는 회사를 주목하라. 제대로 된 주가 패턴을 형성한 뒤 모양을 뚫고 나오면서 신고가를 경신하는 종목을 사는 게 무엇보다 중요하다.

S=수요와 공급-발행 주식수 대비 높은 수요: CAN SLIM의 다른 원칙들을 전부 충족시킨다면 요즘 같은 경제 규모에서는 자본금이 얼마든 관계없다. 하지만 모양을 만든 다음 비상하기 시작할 때 거래량이 큰 폭으로 증가하는지 확인하라.

L=주도주인가 소외주인가: 시장의 주도주를 사고, 소외주는 피하라. 해당 분야에서 1등 기업의 주식을 사라. 주도주 대부분은 상대적 주가 강도 점수가 80~90점, 혹은 그 이상일 것이다.

I=기관의 뒷받침: 기관 투자가의 매수가 늘어나는 종목, 그리고 최근 운용 실적이 최상위에 오른 기관 투자가 가운데 적어도 한두 곳이 매수하는 종목을 사라. 경영진이 자사주를 많이 보유하고 있는 종목도 주목하라.

M=시장의 방향성: 매일매일의 주요 지수와 거래량의 변화, 주도주의 움직임을 통해 시장 전반이 어디로 흘러가고 있는지 정확히 바라보는 안목을 길러야 한다. 큰 수익을 거두느냐, 손실을 보느냐는 여기서 판가름 날 수 있다. 늘 시장과 연결돼 있어야 한다. 시장을 외면하면 이익도 없다.

CAN SLIM은 모멘텀 투자?

나는 솔직히 "모멘텀 투자"가 어떤 것인지 잘 모르겠다. 우리가 어떻게 투자하는지 제대로 이해하지 못하는 일부 애널리스트들이 우리의 추천 방식과 투자 방식을 가리켜 이렇게 이름 붙였다. "주가가 가장 많이 오른 종목, 상대적 주가 강도가 가장 높은 주식을 매수한다"는 의미 같다. 하지만 올바른 생각을 갖고 있는 투자자라면 이렇게 하지 않는다. 우리는 아주 강력한 펀더멘털, 즉 신제품이나 새로운 서비스를 창출해 매출액 및 순이익 증가율이 높은 기업을 찾아내 이 주식이 적당한 기간 동안 훌륭한 주가 패턴을 형성한 뒤 강세장을 맞아 주가가 본격적으로 상승하기 전에 매수하는 것이다.

약세장이 시작될 때는 투자자들 스스로 언제 주식을 팔고 현금화할지 알고서 수익을 확정하기를 바란다. 우리는 투자 조언을 하는 게 아니다. 우리는 연구 결과를 발표하거나 발송하지 않는다. 우리는 기업을 방문하거나 전화하지도 않는다. 우리는 주식을 공모하거나 파생금융상품을 거래하거나 인수합병에 개입하지도 않는다. 우리는 사적이든 공적이든 기관 자금을 운용하지도 않는다.

우리는 역사가로서, 주식과 시장이 실제로 어떻게 움직이는지 공부하고 사실을 발견하며, 현실적인 방식으로 현명하게 투자하고 싶어하는 모든 사람들을 가르치고 훈련시킨다. 여기에는 남녀노소 구분 없이 프로들까지 모든 사람이 포함된다. 우리는 물고기를 주지 않는다. 우리는 그들도 주식시장에서 아메리칸 드림을 이룰 수 있도록 평생에 걸쳐 낚시할 수 있는 법을 가르쳐 주는 것이다.

전문지식, 학력, 자존심

월스트리트에서는 영리한 사람도 바보와 똑같은 함정에 빠져들 수 있다. 내가 지켜본 바로는 지능지수나 학력, 얼마나 좋은 학교를 나왔는지는 주식시장에서 수익을 올리는 것과 아무 관계도 없다. 현명한 사람일수록, 특히 남성이라면 자신이 지금 무엇을 하고 있는지 더 많이 생각해야 하고, 이 오묘한 주식시장에 대해 자신이 얼마나 무지한지 더 깊이 깨달아야 한다.

주식시장에서 대단한 성공을 거두었던 극소수의 사람들은 한결같이 자존심이 강하지 않았고 결단력이 있었다. 시장은 자만심으로 뭉쳐 있거나 자존심 강한 사람들은 아주 간단히 나락으로 떨어뜨린다. 자신이 말한 것, 며칠 전에 자신이 실행했던 것이 옳다는 것을 증명하려 애쓰지 말고, 객관적인 시각으로 시장이 지금 무슨 말을 하려는지 깨닫도록 하라. 주식시장에서 빈털터리가 되는 가장 빠른 길은 자신이 옳고 시장이 틀렸음을 증명하려는 것이다. 투자에 필요한 균형은 겸손과 상식에서 나온다.

때로는 아주 유명한 전문가일수록 당신의 투자를 혼란스럽게 만들 수 있다. 1982년 봄과 여름 잘 알려진 한 전문가가 이렇게 주장했다. 정부의 재정 지출 확대로 민간 부문의 투자와 소비가 위축되고, 시중 금리의 상승과 폭발적인 물가 상승이 우려된다고 말이다. 그러나 정확히 반대 상황이 벌어졌다. 인플레이션은 진정됐고, 시중 금리는 큰 폭으로 떨어졌다. 또 다른 전문가는 1996년 여름 약세장을 경고했는데 시장은 이미 그 전날 바닥을 치고 상승세를 타기 시작했다. 2000년 약세장이 시작되자 전문가마다 방송에 출연해 첨단 기술주를 사야 할 때라고 주장했지만 알다시피 기술주는 계속해서 추락했다. 시장이 떨어지고 있는데도 많은 유명 애널리스트와 시장 전략가들은 인생에서 한번 있을지도 모를 "매수 기회"를 잡으라고 난리를 쳤다. 약세장에서 매수하는 것은 아주 위험한 일이 될 수 있다.

시장에서는 통상 그래왔다거나 모두가 그렇게 생각한다고 해서 절대 맞지 않는다. 나는 아무리 많은 전문가들이 자신의 주관적인 의견을 밝힌다 해도 귀 기울이지 않는다. 그래 봐야 혼란만 가중되고 비싼 대가만 치를 뿐이다. 어떤 시장 전략가는 2000년에 시장이 급락하자 주식을 사라고 했다. 뮤추얼 펀드들의 현금 보유 비중이 크게 증가하고 있기 때문이라는 설명이었다. 마치 주가를 결정하는 것이 뮤추얼 펀드의 현금 보유 비중인 것처럼 말이다. 하지만 뮤추얼 펀드의 현금 보유 비중이 늘어났을 때 주식시장은 사상 최고치를 친 적도 있었고, 역사적 평균치에 못 미친 적도 있었다.

주식을 사야 할 때와 팔아야 할 때는 시장의 주요 지수가 말해준다. 이것을 귀담아 듣는 것만이 당신이 해야 할 중요한 일이다. 절대 시장과 싸우지 말라. 시장은 당신보다 훨씬 강력하다.

언제 손절매할 것인가

오로지 최고의 주식만 선정하고, 그 주식을 언제 어떤 식으로 매수해야 하는지에 대해서는 이제 충분히 알았을 것이다. 남은 문제는 언제 어떻게 이 주식을 파느냐 하는 것이다. 운동 경기에서 늘 하는 격언과도 같은 말이 있다. "최선의 방어는 강력한 공격이다." 하지만 재미있는 사실은 이 격언이 언제나 옳다는 것은 아니라는 점이다. 선수 전원이 공격만 하고 수비는 아무도 하지 않는다면 그 경기에서 이길 수 없다. 오히려 수비가 강한 팀이 더 좋은 성적을 올리는 경우가 많다.

오래 전 메이저리그의 명문 구단이었던 브루클린 다저스는 브랜치 리키 단장 시절 뛰어난 투수들을 보유한 덕분에 황금기를 보낼 수 있었다. 야구 경기에서 수비력이란 우수한 투수와 강한 내외야진이며, 바로 이 같은 수비력이 승패의 70%를 좌우한다. 수비력을 제대로 갖추지 않고 우승하기란 거의 불가능하다.

주식시장에서도 마찬가지다. 큰 손실로부터 스스로를 보호할 수 있는 강력한 방어 수단을 갖추고 있지 않으면 투자의 게임에서 절대 이길 수 없다.

버나드 바루크가 큰돈을 번 비결

월스트리트의 전설적인 투자가였고, 백악관 자문역으로도 명성을 날린 버나드 바루크의 말은 음미해볼 만하다. "주식 투자자가 열 번 가운데 절반만 정확히 맞춘다면 평균을 넘는 우수한 수익률을 올릴 수 있다. 특히 자신의 투자가 실수였다고 판단됐을 때 재빨리 빠져나와 손실을 줄일 수 있는 감각만 있다면 열 번 가운데 서너 번만 맞춰도 큰 재산을 모을 수 있을 것이다."

제아무리 탁월한 투자자라 해도 실수는 불가피하다. 잘못된 판단은 손실로 이어진다. 특히 실수를 다루는 방법을 모르고 신중하지도 못하다면 치명적인 손실로 이어질 수 있다. 당신이 아무리 영리하고, 지능지수가 높고, 학벌이 좋고, 정보력이 뛰어나고, 분석 능력이 일류라 해도 언제나 옳은 판단을 할 수는 없다. 실제로 정확한 판단을 내리는 것은 절반에도 미치지 못할지 모른다! 그런 점에서 성공하는 투자자가 되기 위한 제1의 덕목은 반드시 손실의 한계를 미리 정해두고 손실을 짧게 끊어내는 것이다. 물론 이런 덕목을 갖추기 위해서는 끊임없는 훈련과 용기가 필요하다.

〈인베스터스 비즈니스 데일리〉에 1987년부터 칼럼을 쓰고 있는 마크 만델은 월스트리트에서 큰돈을 벌 수 있는 숱한 아이디어를 제시했는데, 그가 특히 강조하는 것은 리스크 관리 전략이다. 그는 이렇게 말한다. "손실은 작게, 수익은 크게, 이것이야말로 투자자에게는 성배(聖杯)나 다름없다."

손실을 짧게 끊어내라는 바루크의 가르침을 내가 정말 실감한 것은 1962년으로 거슬러 올라간다. 당시 주식시장의 주요 지수는 29%나 폭락했고, 우리가 투자한 종목 가운데도 겨우 셋 중 하나만 수익을 거두고 있었다. 그런데도 우리 계좌의 투자 수익률은 그해 말 플러스를 기록했다. 이유는 간단했다. 우리는 목표를 빗나간 종목들은 손해를 보고 팔았지만 여기서 입은 손실보다 우리가 정확한 판단을 내린 33%의 종목에서 얻은 이익이 두 배나 많았기 때문이다.

나는 수익이 난 종목의 매도 시점과 손실이 난 종목의 매도 시점을 정할 때 3대 1의 비율을 따르는 편이다. 가령 20~25%의 수익을 거둔다면 손실폭은 7~8%로 가져가는 것이다. 2008년 같은 약세장이 닥치면 어느 종목에서도 기껏해야 10~15%밖에 수익을 올리지 못하므로 손실폭이 3%에 이르면 예외 없이 자동적으로 손절매하는 것이다.

> 주식시장에서 성공하는 제1의 비결은 항상 정확한 판단을 내리는 것이 아니라 자신이 틀렸을 때 손실을 최소화하는 데 있다.

자신의 판단이 틀렸다고 생각될 때는 머뭇거리지 말고 어느 종목이든 손실을 짧게 끊어내야 한다. 당신이 할 일은 시장의 호흡에 당신을 맞추는 것이지, 시장이 당신의 호흡에 맞추도록 하는 게 아니다.

그렇다면 당신이 틀렸을 때를 어떻게 알 수 있나? 이 역시 자명하다. 주가가 당신이 매수한 가격 아래로 떨어졌을 때다! 당신이 아무리 좋아하는 종목이라 해도 주가가 매수 가격 밑으로 떨어지면 떨어질수록 당신의 판단이 틀렸을 가능성은 커지는 것이고, 그릇된 판단으로 인해 지불해야 할 대가도 함께 불어나는 것이다.

성공하는 투자자는 늘 정확하고 운이 좋을까?

사람들은 말하기를 성공하려면 운이 따라주거나 늘 정확한 판단을 해야한다고 하지만 그렇지 않다. 성공한 사람들도 숱한 실수를 저지르며, 이들의 성공은 행운 덕분이 아니라 꾸준한 노력에서 나온 것이다. 성공한 사람들은 보통 사람보다 더 열심히 더 많이 시도할 뿐이다. 성공이란 하루아침에 이뤄지지 않는다. 성공에는 시간이 필요하다.

토마스 에디슨은 전구를 만드는 데 필요한 필라멘트를 찾기 위해 6000개 이상의 대나무 줄기 표본을 탄화 처리해 실험했다. 실험에 성공한 것은 그 중 3개에 불과했다. 더구나 대나무 줄기를 쓰기 전에도 에디슨은 면으로 만든 실과 닭의 깃털에 이르기까지 수천 가지 재료를 대상으로 실험을 거듭했다.

홈런왕 베이브 루스는 역사적인 홈런 기록을 세웠지만 통산 최다 삼진 기록도 함께 남겼다. 어빙 벌린(20세기 초 미국의 전설적인 작곡가로 「화이트 크리스마스」가 대표작이다-역자주)은 600곡 이상을 작곡했지만, 그 중 히트를 친 곡은 50곡도 안 된다. 비틀스 역시 무명시절 영국의 모든 레코드 회사로부터 외면당했다. 마이클 조단은 고등학교 재학시절 학교 대표팀 선발에서 탈락한 적이 있고, 알버트 아인슈타인은 수학 과목에서 F 학점을 맞기도 했다.

주식시장에서 기록적인 상승률을 기록한 종목들, 예를 들어 1961년에 주가가 두 배 이상 오른 브룬스윅과 그레이트 웨스턴 파이낸셜, 1963년의 크라이슬러와 신텍스, 1965년의 페어차일드 카메라와 폴라로이드, 1967년의 컨트롤 데이터, 1970~72년의 레비츠 퍼니쳐, 1977~81년의 프라임 컴퓨터와 휴매나, 1981~82년의 MCI 커뮤니케이션스, 1982~83년의 프라이스 컴퍼니, 1986~92년의 마이크로소프트, 1990~91년의 암젠, 1991~93년의 인터내셔널 게임 테크놀로지(IGT), 1995~2000년의 시스코 시스템스, 1998~99년의 아메리카 온라인(AOL)과 찰스 슈왑, 1999년의 퀄컴 같은 주식을 제때 발굴해 결정적인 투자 수익을 얻기 위해서는 숱한 시행착오를 겪어야 한다. 이런 종목들은 하나같이 100%에서 1000% 이상의 놀라운 상승률을 기록하며 주식시장을 뜨겁게 달구었다.

내가 오랜 투자 경험을 통해 알아낸 사실은 열 종목의 주식을 매수했다면 그 중에서 한두 종목만 이처럼 엄청난 이익을 가져다 줄 수 있다는 점이다. 다시 말해 당신에게 큰돈을 벌어줄 한두 종목을 얻으려면 열 종목을 찾아내 매수해야 한다는 것이다.

그렇다면 이런 의문이 생길 것이다. 나머지 8~9개 종목은 어떻게 하는가? 선택은 둘 중 하나다. 다른 사람들처럼 그 종목들도 보유한 채 오르기를 기다릴 것인가? 아니면 일단 매도한 다음 더 큰 수익을 올려줄 종목을 찾는 데 힘을 쏟을 것인가?

손실 발생 시점은 언제인가?

"지금은 주식을 팔 수 없어. 손해를 보고 싶지 않거든." 이렇게 말한다면 당신은 현재 상황이 곧 당신이 원하는 방향으로 바뀌리라고 생각하는 것이다. 그러나 주식시장은 당신이 누구인지 모른다. 당신이 무엇을 바라고 원하는지 전혀 신경 쓰지 않는다.

게다가 지금 주식을 판다고 해서 당신에게 손해나는 것도 아니다. 손실은 이미 발생했기 때문이다. 주가가 떨어졌는데도 주식을 팔지 않는 한 손실이 아니라고 생각한다면 그건 자기 자신을 기만하는 것이다. 장부상의 미실현 손실이 커지면 커질수록 실제 손실도 확대된다. 가령 A라는 주식 100주를 40달러에 샀는데, 지금 주가가 28달러라고 하자. 그러면 투자 원금은 4000달러지만 현재 보유하고 있는 주식의 가치는 2800달러다. 이미 1200달러의 손실을 보고 있는 것이다. 이 주식을 계속 보유하든, 아니면 팔아서 현금화하든 어쨌든 현재 수중에 있는 자산 가치는 2800달러밖에 되지 않는다.

주식을 팔지 않는다 해도 주가가 떨어졌다면 이미 손실을 입은 것이다. 이럴 경우 일단 주식을 팔아 현금화하는 게 훨씬 합리적이다.

손실이 눈덩이처럼 커지면 판단력이 흐려지고 이성보다는 감정이 앞서게 된다. 스스로 정당화하면서 "더 이상은 안 떨어질 거야"라고 말한다. 그러나 지금 입은 손실을 만회하고도 남을 훌륭한 주식이 얼마든지 있다는 점을 명심하라.

이렇게 생각하면 팔아야 할지 여부를 결정할 때 도움이 될 것이다. 당신은 지금 주식을 하나도 보유하지 않고 은행에 2800달러를 예치해두고 있다. 그렇다면 "과연 지금 보유하고 있는 그 종목을 사겠는가?"라고 자문해보라. 그 답이 "아니다"라면 굳이 손실이 난 종목을 들고 있을 이유도 없을 것이다.

반드시, 무조건 손실을 7~8%로 제한하라

개인 투자자는 아주 엄격한 원칙을 세워둬야 하는데, 어느 종목이든 맨 처음 매수한 가격에서 최대 7~8% 이상은 손실을 보지 않도록 해야 한다는 것이다. 기관 투자가의 경우 보유 주식 물량이 워낙 큰 데다 위험 분산을 위해 수많은 종목을 보유하기 때문에 이런 식으로 손절매할 수 있을 만큼 유연하지 못하다. 민첩하고 유연하게 행동할 수 있다는 점이야말로 개인 투자자가 기관 투자가에 비해 결정적으로 유리한 점이다. 따라서 잘 활용해야 한다.

지금은 고인이 된 E.F. 허튼의 제럴드 로브가 나를 찾아온 적이 있는데, 나는 즐거운 마음으로 그와 이야기를 나눴다. 로브는 그의 첫 번째 저서인 《목숨을 걸고 투자하라The Battle for Investment Survival》에서 주가가 10% 떨어지면 무조건 손절매 하라고 강조했었다. 나는 의아한 생각이 들어 왜 10% 손절매 원칙을 고집하느냐고 물었다. 그의 답은 이랬다. "물론 나는 10% 손실을 보기 전에 빠져나와야 한다고 생각합니다." 로브는 주식시장에서 수백만 달러를 벌었다.

조지아 주 애틀랜타에 본사를 두고 있는 애스트롭 투자자문의 사장인 빌 애스트롭은 10% 손절매 원칙을 약간 수정했다. 그는 개인 투자자의 경우 매수 단가보다 5% 하락하면 보유 주식의 절반을 손절매 하고, 10%

떨어지면 모두 팔아야 한다고 생각한다. 이 역시 좋은 충고다.

당신의 귀중한 재산을 날리지 않으려면 손실 한계는 7~8%가 돼야 한다는 게 내 생각이다. 정말로 이런 원칙에 충실하고 민첩하게 행동할 수 있다면 손실을 보더라도 5~6%에 그칠 것이다. 당신이 만약 실수로 인한 손실을 5~6%로 끊어낼 수 있다면 미식축구 경기에서 상대팀에게 절대 공격권을 넘겨주지 않는 것이나 마찬가지다. 상대방이 아예 공격조차 못하는데 어떻게 당신을 이길 수 있겠는가?

이제 정말 중요한 비책을 밝힐 때가 됐다. 당신이 차트를 보고 적절한 모양을 형성한 종목을 제때 매수했다면 이 종목이 매수 지점에서 8%나 떨어지는 일은 거의 없을 것이다. 만일 그렇다면 둘 중 하나다. 당신이 종목 선정 시 실수를 저질렀거나, 시장 전체가 약세로 접어들었을 경우다. 이건 주식시장에서 성공의 열쇠다.

또 한가지 지적해야 할 것은 굳이 손실폭이 7~8%에 이르도록 기다릴 필요는 없다는 점이다. 때로는 주식을 매수하자마자 갑자기 시장 전체가 하락세로 돌아섰거나, 매수한 종목의 움직임이 적절하지 않거나, 당신이 실수한 것으로 판명 났을 수 있다. 이럴 때는 주가가 1~2%만 떨어졌어도 즉시 손절매 해버릴 수 있다.

예를 들어 1987년 10월 주식시장이 거의 붕괴됐을 때도 실은 손절매하고 빠져나올 시간은 있었다. 당시 급락은 사실 8월 26일부터 시작됐기 때문이다. 당신이 만일 약세장에서 물타기를 하며 시장에 맞설 만큼 어리석다면 손절매 제한폭을 3~4%로 더욱 제한해야 한다.

이렇게 몇 년간 해보면 당신의 종목 선정과 매수 타이밍이 나아지면서 종목별 평균 손실액이 줄어들고, 특히 당신이 발굴한 최고의 주식을 좀

더 "추가 매수"하는 방법도 터득하게 될 것이다. 주가가 상승할 때 안전하게 추가 매수하는 방법을 배우는 데는 상당한 시간이 걸리지만 익히기만 하면 자연스럽게 수익률이 낮은 종목에서 높은 종목으로 자금을 옮길 수 있다. 나는 이 방법을 축산업에 비유해 "강제로 살찌우기(force-feeding)"라고 부른다.(제11장에서 자세히 설명하겠다.) 강세장이 확실하다면 최고의 주식에 더 투자하기 위해 하락률이 7~8%에 미치지 않았다 해도 팔 수 있다.

7~8%가 손실의 절대 한계라는 점을 명심하라. 주저 없이 팔아야 한다. 혹시 무슨 일이 생기지 않을까, 주가가 다시 오르지 않을까 기대하면서 며칠 더 기다려서는 절대 안 된다. 아니 그날 마감 시간까지 기다릴 필요도 없다. 당신이 매수한 가격보다 7~8% 떨어졌다는 사실이 지금 이 상황에서 가장 중요한 잣대기 때문이다.

당신이 매수한 주식이 일단 상승세를 타게 되면 7~8%라는 원칙을 보다 탄력적으로 적용할 여유가 생긴다. 주가가 한참 오른 다음 그 가격에서 7~8% 떨어졌다면 무조건 팔아서는 안 된다. 이 차이를 아는 게 매우 중요하다. 앞서 손절매 하는 경우는 아마도 당신의 판단이 잘못됐기 때문일 것이다. 기대했던 대로 주가가 움직이지 않고, 그래서 귀중한 투자 자금이 축나게 됐고, 어쩌면 더 많은 손실을 입을지도 모르는 상황이다. 그러나 이번 경우는 반대로 시작부터 정확한 판단이었다. 주가는 상승했고 상당한 수익도 생겼다. 이제 당신은 이익을 얻은 데다 강세장이기도 하니, 웬만한 등락을 견딜 만큼 여유가 있어 10~15% 하락하는 정상적인 조정장이 찾아와도 보유 물량을 내놓는 일은 없을 것이다.

하지만 추가 매수를 하면서 너무 멀리까지 추격하는 것은 금물이다. 진짜 중요한 열쇠는 어떤 종목이든 모양을 만들었을 때 정확히 매수 타이밍을 잡아 매수 가격보다 8% 떨어지는 일이 없도록 하는 것이다.

주식은 원래 투기적이고 위험하다

모든 주식은 상당한 위험을 안고 있다. 아무리 유명한 기업이든, 재무구조가 우수하든, 우량주로 분류되든, 과거 실적이 좋고 지금도 뛰어난 실적을 내고 있든 모두 리스크는 있다. 성장주가 천정을 치는 시기는 다름 아닌 기업 실적이 가장 좋고, 모든 애널리스트가 장밋빛 전망을 내놓을 때라는 점을 명심하라.

이 세상에 확실한 주식이나 안전한 주식은 없다. 어떤 주식이든 떨어질 수 있다. 언제 얼마나 많이 떨어질지는 아무도 모른다.

50% 손실은 10% 혹은 20% 손실에서 시작된다. 손해를 본 주식을 팔아 기꺼이 그 손실을 감수하는 과단성 있는 용기만이 훨씬 더 큰 손실을 입을 위험으로부터 당신 자신을 보호해줄 수 있다. 결단과 실행은 동시에 즉각적으로 이뤄져야 한다. 주식시장에서 크게 성공하려면 결단을 내리는 방법을 알아야 한다. 배운 것도 많고 지식도 풍부했지만 단지 제대로 손절매를 하지 못하는 바람에 주식시장에서 완전히 퇴출당한 사람을 나는 적어도 열 명 이상 알고 있다.

당신이 매수한 주식이 예상을 빗나가 손실이 10%를 넘어섰다면 어떻게 해야 하겠는가? 이런 일은 누구에게나 일어날 수 있으며, 이건 그 주식을 팔아야 한다는 아주 결정적인 신호다. 통상적인 하락폭보다 더 크게 더 빠르게 떨어졌다는 것은 그만큼 이 주식이 통상적인 어려움보다 더 큰 난관에 봉착했다는 것이다. 경험이 적은 투자자들 상당수가 2000년 주가 폭락 시 큰 손실을 입었고, 일부는 전 재산을 잃기도 했다. 이들이 지금 설명한 간단한 매도 원칙만 지켰더라도 대부분의 재산을 안전하게 지켜냈을 것이다.

내 경험에 비춰볼 때 어느 주식이 예상을 빗나가 통상적인 손실폭보다 더 큰 손실을 안겨주고 있다면 그건 종목 선정에서 끔찍한 실수를 저지른 것이므로 무조건 팔아야 한다. 그 종목 혹은 시장 전반에 뭔가 큰 문제가 있을 수 있다. 따라서 치명상을 입기 전에 한시라도 빨리 팔아버려야 한다.

이 점을 상기해보라. 한 종목에서 50% 손실을 입으면, 다음 종목에서 100% 수익을 올려야 겨우 본전이 된다! 과연 당신이 매수한 주식 가운데 100% 상승한 경우가 얼마나 있었나? 손실이 눈덩이처럼 불어나는데도 그 주식을 껴안고 있을 여유는 없다.

주가가 떨어졌으니 곧 다시 회복하겠지 하는 생각은 정말 위험한 발상이다. 대개는 그렇게 되지 않는다. 회복하더라도 오랜 세월이 걸린다. AT&T의 경우 1964년에 최고 75달러까지 기록한 뒤 20년이 지나서야 이 수준을 회복했다. 약세장에서 S&P 500 지수나 다우존스 지수가 20~25% 하락할 때 상당수 개별 종목들이 60~75% 폭락한다.

2008년에 그랬던 것처럼 S&P 500 지수가 52% 하락하면 일부 주식은 80~90% 폭락할 수 있다. 94달러까지 갔던 제너럴 모터스(GM) 주가가 2달러로 떨어지리라고 과연 누가 상상이나 했겠는가? 자동차 산업은 미국에서 중요하다. 하지만 업계 전반의 뼈를 깎는 구조조정이 필요하고, 치열한 세계시장에서 살아남을 수 있도록 경쟁력을 갖추려면 파산이라는 과정을 거쳐야 할 수도 있다. 1994년부터 2008년까지 14년간 GM 주식의 상대적 주가 강도는 완만하게 떨어져왔다. 만일 에너지 효율이 더 높은 인도산 자동차와 중국산 자동차가 더 싼 값으로 미국에서 판매된다면 GM은 어떻게 되겠는가?

주식시장에서 치명적인 손실을 입지 않는 유일한 방법은 손실이 적을 때 주저 없이 손절매 하는 것이다. 내일 다시 성공적으로 투자하기 위해서라도 당신의 계좌를 지켜야 한다.

2000년에 많은 신규 투자자들이 이렇게 생각했다. 첨단 기술주는 주가가 급락할 때마다 매수하면 된다고 말이다. 첨단 기술주는 주가가 떨어져도 항상 회복했고, 따라서 손쉽게 돈을 벌 수 있다고 여긴 것이다. 이건 착각이었다. 이런 발상이야말로 아마추어다운 것이고, 이런 식의 접근은 늘 큰 손실을 초래한다. 반도체주나 첨단 기술주는 주가 변동성과 리스크가 여타 종목의 2~3배에 달한다. 그러므로 첨단 기술주에 투자했을 때는 더욱 신속하게 손절매 해야 한다. 만일 포트폴리오를 첨단 기술주만으로 구성했거나, 신용으로 첨단 기술주를 매수했는데도 재빨리 손절매 하지 않는다면 당신 스스로 화를 자초하는 것이다.

언제든 손절매 하겠다는 자세를 갖고 있지 않다면 절대 신용으로 주식 투자를 해서는 안 된다. 그렇지 않으면 한 순간에 당신은 녹아버릴 수 있다. 만일 신용을 쓴 증권회사로부터 마진콜(증거금 부족, 보유 주식의 주가 하락으로 인해 증권회사에서 빌려 쓴 신용이 증거금에도 못 미치면 보유 주식을 팔든가 추가 증거금을 납부해야 한다) 요구를 받았다면 절대 신규 자금을 더 투자하지 말라. 일단 주식을 판 다음, 시장이 마진콜을 통해 당신에게 무슨 말을 하려고 하는지 잘 생각해봐야 한다.

손절매는 보험을 드는 것이다

손실의 한계를 미리 정해두는 방법은 보험료를 지불하는 것과 같다. 당신이 편하다고 느끼는 만큼 정확히 리스크를 줄일 수 있기 때문이다. 물론 주식을 팔았더니 갑자기 상승세로 돌아서는 경우도 자주 있다. 이럴 때는 힘이 쭉 빠질 것이다. 하지만 그렇다고 해서 당신이 틀렸다고 단정하지는 말라. 오히려 이런 생각은 자칫 더 큰 나락으로 빠져들 수 있는 아주 위험한 것이다.

이렇게 생각해보라. 지난해 자동차 보험에 들었는데 아무 사고도 나지 않았다면 과연 보험료를 쓸데없이 낭비한 것인가? 올해도 똑같은 보험에 가입할 것인가? 물론 그렇게 할 것이다! 집이나 공장의 화재보험에 가입해본 적 없는가? 보험에 가입했는데 화재나 나지 않았다고 해서 잘못된 판단을 한 것일까? 그렇지 않다! 화재보험에 가입한 것은 집에 화재가 날 것을 미리 알았기 때문이 아니다. 심각한 재난이 발생할지도 모를 일말의 가능성에 대비해 보험에 가입한 것이다.

성공하는 투자자가 늘 손실을 재빨리 끊어버리는 이유도 이와 똑같다. 회복이 불가능할지도 모를 더 큰 손실이 발생할 가능성에 대비해 스스로 보호할 수 있는 유일한 방법이 손절매기 때문이다.

우물쭈물하다 손절매 타이밍을 놓쳐 손실폭이 20%로 커지면 이제 25% 올라야 겨우 원금이 된다. 더 기다리는 바람에 손실폭이 25%로 불어나면 33% 올라야 본전이다. 더 버티다가 손실폭이 33%가 되면 이제 50% 상승해야 원금을 회복한다. 오래 버틸수록 더 불리해진다. 따라서 머뭇거리지 말아야 한다. 잘못된 판단이다 싶으면 즉시 털어버려야 한다.

엄격한 매도 원칙을 개발해 항상 이 원칙에 따라 행동해야 한다.

어떤 사람들은 손실이 난 주식을 그냥 놔두었다가 자신의 건강마저 해치기도 있다. 이렇게 되면 무조건 팔고 걱정거리에서 해방되는 게 최선이다. 내가 알고 지내던 한 사람은 1961년에 브룬스윅 주식이 하락하기 시작하자 60달러에 매수했다. 브룬스윅은 1957년 이래 주식시장의 대표적인 주도주였고 주가는 20배 이상 뛰어올랐다. 이 사람은 브룬스윅 주가가 더 떨어져 50달러에 이르자 추가로 매수했고, 40달러까지 하락하자 또 물타기를 했다. 브룬스윅 주가가 30달러에 이르자 그는 골프를 치다 급사했다.

역사와 인간의 본성은 주식시장에서 끊임없이 반복된다. 2000년 가을에도 많은 투자자들이 똑같은 실수를 되풀이했다. 이들은 앞선 강세장에서 대표적인 주도주였던 시스코 시스템스가 87달러를 고점으로 70달러, 60달러, 50달러로 떨어지는데도 계속 매수했다. 7개월 뒤 시스코 주가는 13달러까지 떨어져 70달러에 매수한 투자자는 80%의 손실을 입었다. 이 사례가 주는 교훈은 절대 시장과 싸우려 들지 말라는 것이다. 당신의 건강과 마음의 평화가 어떤 주식보다 훨씬 더 중요하다!

작은 손실은 싸게 보험에 드는 것이다. 손절매는 주식 투자자가 들 수 있는 유일한 보험 수단이다. 실제로 그런 경우가 많이 있지만 당신이 주식을 판 다음 주가가 오른다 해도, 당신은 손실을 최소화한다는 지상 목표를 달성했고, 당신에게는 다시 최고의 주식에 투자할 수 있는 현금이 있다.

손실은 재빨리 끊어버리고, 이익은 천천히 거둬들이라

투자에 관한 격언 가운데 맨 처음 손실이 가장 작은 손실이라는 말이 있다. 투자 결정을 내릴 때는 반드시, 어떤 예외도 없이 손실은 재빨리 털어버리고, 이익은 천천히 실현해야 한다는 게 내 생각이다. 하지만 많은 투자자들이 감정에 휘둘려 이익은 재빨리 취하고, 손실은 그냥 두고 본다.

이 책에서 설명한 방법에 따라 주식을 매수했다면 과연 실제 리스크는 어느 정도일까? 이 원칙을 철저히 따랐다면 어느 종목을 매수했든 리스크는 8%다. 그래도 여전히 이런 우문을 던지는 투자자가 있을 것이다. "그렇게 팔아서 손실을 취하지 말고 좀더 지켜보면 안 되는가? 충격적인 뉴스로 인해 일시적으로 주가가 급락한 예외적인 상황이라도 마찬가지인가? 아주 획기적인 신제품을 보유한 기업 주식이라 해도 예외 없이 언제나 손절매 원칙을 적용해야 하나?" 답은 분명하다. 어떤 예외도 없다. 손절매의 대원칙에는 어떤 수정도 가할 수 없다. 정말 힘들게 벌어 투자한 돈인데 어떤 상황에서든 지켜야 한다.

손실을 그냥 내버려둔 채 계속 불어나도록 하는 것은 대부분의 투자자들이 저지르는 가장 치명적인 실수다. 종목 선정과 매수 타이밍을 잡을 때 실수를 저지르는 일은 자주 있을 수 있다. 노련한 프로 투자자라 해도 이런 실수는 받아들여야 한다. 그러나 만일 손실을 재빨리 끊어내지 못하겠거든 주식 투자를 하지 말라고 감히 말하겠다. 내리막길을 달리면서 브레이크도 없는 차를 몰겠는가? 전투기를 몰고 전장에 나가면서 낙하산도 없이 출격하겠는가?

물타기를 해야 하나?

증권회사 영업직원이 저지르는 가장 중대한 직무유기 가운데 하나는 고객이 매수한 종목의 주가가 떨어지고 있는데도 이를 알리지 않거나 머뭇거리는 것이다. 사실 이때가 고객에게는 도움이 절실한 시점인데도 말이다. 어려워하는 고객 앞에서 자신의 의무를 회피하는 것은 무언의 압력을 이겨내려는 용기가 부족하기 때문이다. 심지어 손실이 난 종목을 더 매수하는 "물타기"를 하라고 고객에게 권유하는 직원도 있는데, 이건 더 나쁘다. 내가 만일 그런 권유를 받는다면 즉시 더 나은 증권회사를 찾아갈 것이다.

주식을 사는 것은 누구나 좋아한다. 하지만 손실을 보고 파는 것은 아무도 좋아하지 않는다. 주식을 보유하고 있는 한 여전히 상승 가능성이 있고, 최소한 원금을 회복할 수 있다는 희망을 가질 수 있다. 일단 팔아버리면 이런 모든 희망을 접어버려야 하고, 일시적으로 패배했다는 냉정한 현실을 받아들여야 한다. 투자자들은 현실적이기 보다는 늘 희망에 사로잡혀 있다. 그러나 막연한 희망과 추측보다는 냉정한 이해와 행동이 더 낫다. 주가가 올라 최소한 원금이라도 회복했으면 하고 바랄 수는 있지만 이런 기대는 시장의 움직임이나 엄정한 현실과는 아무 관계도 없다. 시장은 오로지 수요와 공급의 법칙에 의해 움직이기 때문이다.

한 위대한 투자가는 이런 말을 남겼다. 시장에는 희망과 두려움이라는 두 가지 감정만 있다고 말이다. 그리고 이렇게 덧붙였다. "문제는 우리가 정말로 두려워해야 할 때 희망을 갖고, 희망을 가져야 할 때 두려움을 느낀다는 것이다."

칠면조 이야기

《주식시장에서 당신이 이기고 지는 이유Why You Win or Lose》라는 책을 쓴 프레드 C. 켈리가 했던 이야기를 들은 적이 있는데, 매도 결정을 내려야 할 때 개인 투자자들이 어떻게 행동하는지 아주 완벽하게 묘사하고 있다.

한 어린 소년이 길을 가다 우연히 야생 칠면조를 잡는 노인을 보았다. 이 노인은 칠면조를 잡기 위해 큰 상자에 문을 매달아 놓은 덫을 설치해두었다. 이 문은 받침대를 이용해 열어 놓았는데, 받침대는 수십 미터 바깥에서도 잡아당길 수 있도록 줄로 연결돼 있었다. 또 칠면조를 유인하기 위해 상자 바깥에서 상자 안쪽으로 옥수수를 조금씩 쭉 이어서 흩뿌려 놓아두었다.

칠면조가 일단 상자 안으로 들어가면 훨씬 많은 옥수수가 있음을 알수 있게 했다. 그렇게 해서 충분한 칠면조가 상자 안으로 들어가면 노인은 줄을 잡아당겨 받침대를 쓰러뜨리고 문은 닫혀버리는 것이다. 일단줄을 당겨 문이 닫히면 통째로 들어올리지 않는 한 상자를 열 수 없게된다. 또 줄을 당기는 순간 바깥의 칠면조들은 모두 도망가버릴 것이다. 따라서 합리적으로 기대하기에 이 정도면 꽤 많은 칠면조가 상자 안으로 들어갔다고 판단될 때 줄을 잡아당겨야 한다.

어느새 상자 안에는 12마리의 칠면조가 들어가 있었다. 그러다 한 마리가 빠져나가 11마리가 됐다. "아차 12마리 다 있었을 때 줄을 잡아당겼어야 했는데……" 노인은 속으로 아쉬운 마음을 달랬다. "조금만 더 기다리면 다시 한 마리가 들어올 거야." 12번째 칠면조가 들어오기를 기다리는 가운데 다시 두 마리가 상자 밖으로 나가버렸다. "11마리라도 만족해야 했어." 노인은 한숨을 내쉬었다. "이제 한 마리만 더 들어오면 그때는 무조건 줄을 당기는 거야." 세 마리가 더 나갔지만 노인은 여전히 기다렸다. 한때 12마리의 칠면조가 들어왔는데 적어도 8마리는 잡아야 체면이 설 것 같았다.

노인은 한번 상자 안에 들어왔던 칠면조들이 다시 돌아올 것이라는 생각을 버릴 수가 없었다. 마침내 상자 안의 칠면조가 다 나가버리고 한 마리밖에 남지 않자 노인은 이렇게 읊조렸다. "기다려보면 저 놈이 나가든지 한 마리가 더 들어오겠지, 그러면 끝내버리지." 상자 안에 남아있던 한 마리마저 떠나버리자, 노인은 빈 손으로 돌아가야 했다.

대개의 투자자들이 보여주는 심리 상태도 이와 크게 다르지 않다. 칠면조가 한 마리씩 상자 밖으로 나가버리는데도 노인처럼 칠면조가 다시 돌아오기를 바란다. 이때야말로 상자 안의 칠면조들이 전부 나가버리고 결국 빈 손만 남게 되는 상황을 두려워해야 할 시점인데도 말이다.

보통의 투자자들은 어떻게 생각하는가

당신이 만일 보통의 투자자라면 그동안 어떻게 거래해왔는지 알 수 있을 것이다. 주식을 팔려고 했을 때는 우선 그 주식을 얼마에 샀는지 살펴봤을 것이다. 이익이 났다면 팔았겠지만, 손해가 났다면 기다렸을 것이다. 손해를 보려고 투자한 것은 아니었으니 말이다. 그러나 정말로 필요한 행동은 수익률이 가장 나쁜 주식을 제일 먼저 매도하는 것이다. 꽃밭에서 잡초는 뽑아내야 한다.

가령 당신은 구글 주식은 팔아버릴지 모른다. 9달러나 올랐기 때문이다. 반면 월마트 주식은 갖고 있기로 한다. 아직 매수 가격을 회복하지 못했기 때문이다. 만일 당신이 이렇게 한다면 95%의 주식 투자자들과 마찬가지로 "매수 가격 집착증"에 걸려있는 셈이다.

이렇게 따져보자. 2년 전에 30달러를 주고 산 주식이 지금 34달러가 됐다. 대부분의 투자자들은 이익이 났으니 팔아도 된다고 생각한다. 그러나 2년 전에 당신이 지불한 가격과 이 주식의 현재가치를 비교해봤는가? 그리고 당신이 이 주식을 팔 것인지, 혹은 보유할 것인지를 판단하는 기준은 무엇인가? 문제의 핵심은 현재 보유하고 있거나 새로 매수할 종목들과 비교할 때 이 주식의 상대적인 수익률이 어떠하냐는 점이다.

자신의 투자 행동을 분석하라

당신이 매수 가격 집착증에 사로잡혀 있다면, 특히 스스로 장기 투자자라고 여긴다면 조금 특별한 분석 방법을 사용하라고 권하겠다. 매달 혹은 매분기 말 당신이 보유하고 있는 각 종목의 주가 변동률을 계산하는 것이다. 기준은 매수 시점이 아니라 지난번 계산했을 때다. 이렇게 앞서의 평가 시점 이후 각 종목의 상대적인 수익률이 어떠했는지에 따라 보유 종목들의 순위를 매긴다. 가령 캐터필러는 6% 떨어졌고, ITT는 10% 올랐으며, 제너럴 일렉트릭(GE)은 10% 하락했다고 하자. 그러면 맨 위에는 ITT가 자리잡고, 그 다음에는 캐터필러, 그리고 GE 순으로 기록될 것이다. 다음 달이나 다음 분기 말에 다시 똑같이 한다. 이렇게 몇 번 해보면 수익률이 좋지 않은 종목을 쉽게 알아낼 수 있다. 이런 주식은 계속해서 리스트의 하단에 머무를 것이고, 반면 수익률이 뛰어난 종목은 상위권에 자리잡을 것이다.

이 방법이 완벽한 것은 아니지만, 이렇게 하면 매수 가격에 집착하기보다는 투자한 주식의 상대적인 수익률에 주의를 집중할 수 있다. 그러면 포트폴리오를 장기적으로 운용해나가는 데 필요한 명확한 시각을 유지할 수 있다. 적어도 한 분기에 1회 이상은 이렇게 리스트를 작성해봐야 도움이 된다. 매수 가격 집착증에서 벗어나면 수익률이 틀림없이 높아질 것이다.

어떤 주식에 투자하기로 결정했다면 반드시 그 주식이 갖고 있는 잠재적인 이익과 손실 가능성을 따져봐야 한다. 당연한 논리다. 가령 어느 종목이 많이 올라봐야 20% 상승에 그치는 반면, 떨어지면 80% 하락할 수 있다면 이 주식을 매수할 이유가 없다. 그러나 이런 점은 전혀 따져보지도 않고, 더구나 신중하게 궁리해낸 투자 원칙도 따르지 않는다면 당신이 투자하는 주식이 정말로 이런 상황인지 어떻게 알 수 있겠는가? 당신은 특별한 매도 원칙을 직접 적어놓고 따르고 있는가, 아니면 그냥 눈감고 기분에 따라 매도하는가?

당신이 매수한 모든 주식에 대해서는 얼마에 팔려고 하는지 매도 가격을 적어두는 게 좋다. 당신이 기대하는 잠재 이익에 따라 손실폭(매수 가격의 8% 혹은 그 미만)을 정해두라는 말이다. 가령 당신이 보유하고 있는 성장주에 대해 "이 종목이 맨 처음 모양을 형성한 뒤 본격적인 주가 상승을 시작했을 때보다 주가수익 비율이 100% 이상 높아지면 매도를 고려하겠다"고 마음먹을 수 있다.

이런 원칙을 노트에 적어놓는다면 주가가 이 수준에 도달했을 때 쉽게 상기할 수 있을 것이다.

매도할지 여부를 매수 가격에 따라 판단한다든가, 자신의 실수를 인정하기도 싫고 손실을 감수하고 싶지도 않아서 주가가 떨어지는데도 계속 보유한다면 참으로 어처구니없는 짓이다. 당신이 진짜 사업을 하고 있다면 이와 정반대로 의사결정을 했을 것이다.

빨간색 드레스 이야기

주식 투자 역시 자기 사업을 직접 경영하는 것과 전혀 다르지 않다. 투자도 사업이고 반드시 그렇게 운영해야 한다. 당신이 작은 여성 의류 매장을 직접 운영한다고 하자. 노란색과 초록색, 빨간색, 이렇게 세 가지 색상의 드레스를 들여와 팔고 있다. 빨간색 드레스는 진열해두자마자 다 팔렸고, 초록색은 절반 정도 팔렸고, 노란색은 한 벌도 팔리지 않았다. 그러면 어떻게 하겠는가?

손님한테 가서 이렇게 말하겠는가? "빨간색 드레스는 다 팔렸습니다. 노란색은 하나도 팔리지 않았지만 제 생각에는 이것도 괜찮습니다. 저는 특히 노란색을 좋아하거든요. 노란색 드레스를 사는 게 어떻겠습니까?"

말도 되지 않는다!

의류 매장을 오래 운영해본 노련한 사업가라면 상황을 정확히 파악하고 이렇게 말할 것이다. "우리의 실수였어. 노란색 드레스는 빨리 팔아버리는 게 좋아. 판매가를 10% 할인하도록 하지. 그래도 안 팔리면 20% 할인하는 거야. 아무도 눈길을 주지않는 한물간 드레스에 돈을 재워두느니 빨리 팔아치우고, 수요가 많고 인기도 좋은 빨간색 드레스를 더 판매

해야지." 매장 경영자라면 이게 상식이다. 주식 투자도 이렇게 해야 하지 않겠는가? 그런데 왜 못하는가?

누구나 실수로 잘못된 매수 결정을 내릴 수 있다. 백화점 구매 담당자라면 프로지만, 이들 역시 실수를 저지른다. 잘못했다면 즉각 알아차리고, 팔아버린 다음 다시 하면 된다. 당신이 내린 모든 투자 결정에서 전부 굉장한 수익을 거두려 애쓸 필요는 없다.

이제 리스크를 줄이면서 최고의 주식을 고를 수 있는 비책을 알게 됐을 것이다. 빠져나간 칠면조에 미련 갖지 말고, 수요가 없는 노란색 드레스는 즉시 처분하라!

당신은 투기자인가 투자자인가?

주식시장 참여자를 표현하는 말로 자주 혼동되는 두 단어가 있다. 투기자(speculator)과 투자자(investor)다. "투기자"라고 하면 큰 위험에도 불구하고 대박을 노리고 도박하듯 주식 투자를 하는 사람을 연상할 것이다. 반대로 "투자자"라고 하면 진지하고 합리적인 자세로 주식시장에 접근하는 사람을 떠올릴 것이다. 이런 전통적인 구분에 따르면 투자자가 더 똑똑한 사람이라고 생각될 것이다.

그러나 바루크는 "투기자"에 대해 이렇게 정의했다. "투기자라는 말은 면밀히 조사하고 관찰한다는 의미의 라틴어 'speculari'에서 나왔다. 그런 점에서 투기자란 어떤 사건이 발생하기 전에 미리 잘 관찰하고 행동하는 사람이다." 사실 이것이야말로 당신이 따라 해야 할 일이다. 시장 전체와 개별 종목들을 주의 깊게 살펴봐야 지금 상황이 어떻게 돌아가고 있으며 당신이 어떻게 행동해야 할지 판단할 수 있다.

　주식시장에서 전설과도 같은 인물인 제시 리버모어는 "투자자"를 이렇게 정의했다. "투자자란 판돈이 큰 도박판의 도박꾼일 뿐이다. 베팅을 하고 좋은 패를 기다리다가 잘못되면 판돈을 다 날려버리고 만다." 이 책을 지금까지 읽은 독자라면 틀림없이 이렇게 투자하면 안 된다고 고개를 끄덕일 것이다. 일단 주가가 떨어져 손실이 나기 시작해 매수 가격보다 8% 하락하면 더 이상 장기투자 따위는 있을 수 없다.

　이런 정의는 웹스터 사전에 나와있는 의미와는 다르지만 사실 훨씬 더 정확할 수 있다. 바루크와 리버모어는 주식시장에서 수백만 달러의 투자 수익을 수없이 거둔 인물이라는 점을 상기하라. 사전 편집자들은 동의하지 않을지도 모르겠지만 말이다.

　내가 이 책을 쓴 목적은 독자들이 지금까지 들어왔고 사용해왔던 그릇된 투자 방식이나 개념, 믿음에 의문을 갖도록 하는 데 있다. 그 중 하나가 투자란 무엇인가에 대한 인식이다. 주식시장에 관해 얼마나 잘못된 정보가 판을 치고 있으며, 계속해서 이런 정보가 만들어지고 있는지 생각하면 놀라울 따름이다. 주식시장과 관련된 모든 사실을 객관적으로 분석하는 방법과 시장이 어떻게 움직이는지에 대해 제대로 배워야 한다. 친구나 친척, 매일 TV에 나와 전문가인척 개인적 견해를 밝히는 사람들의 말을 더 이상 듣지도 말고, 이들의 영향으로부터도 벗어나라.

분산 투자를 하면 안전하다고?

광범위한 분산 투자는 무지에 대한 또 다른 표현이다. 분산 투자라고 하면 그럴듯하게 들리고, 그러다 보니 많은 사람들이 그렇게 조언한다. 하지만 심각한 약세장이 닥치면 당신이 보유한 거의 모든 종목이 하락한다. 일부 종목은 50% 이상 떨어질 것이고 영원히 회복하지 못할 수도 있다. 따라서 분산 투자 대신 원칙을 갖고 당신 계좌를 합리적으로 지켜내야 한다. 더구나 당신이 20~30종목을 보유하고서 이 중 3~4종목을 팔았다 해도, 나머지 종목에서 큰 손실을 입는다면 별 도움도 되지 않을 것이다.

"나는 걱정하지 않아, 장기 투자자거든, 배당금도 받잖아"

자기 자신에게 이런 식으로 말한다면 정말 위험천만하고 바보 같은 짓이다. "주가는 떨어지고 있지만 내 주식에 대해서는 걱정하지 않아. 모두 좋은 주식이고, 배당금도 계속 나오고 있거든." 좋은 주식이라 해도 타이밍을 못 맞추면 나쁜 주식과 마찬가지로 떨어진다. 게다가 그 주식이 꼭 그렇게 좋은 주식이 아닐지도 모른다. 그 주식이 좋다는 건 그저 당신 혼자 생각일 수 있다.

더구나 주가가 35% 하락했는데 겨우 4%의 배당금을 받았다고 해서 괜찮다고 말한다면 우습기 짝이 없는 일이다. 주가 하락으로 인한 35%의 손실과 배당금으로 거둔 4%의 이익을 합치면 여전히 31%의 순손실을 기록하고 있는 것이다.

성공하는 투자자가 되려면 사실만 직시해야 한다. 자기 스스로 합리화하거나 막연한 기대를 품어서는 안 된다. 손해를 보고 싶은 사람은 아무도 없다. 그러나 주식시장에서 성공 가능성을 높이기 위해서는 하기 싫은 일도 해야 한다. 엄격하면서도 정확한 매도 원칙을 세우고 몸에 익히면 주식시장에서 매우 유리한 고지를 차지할 것이다.

절대 신념을 잃지 말라

손실이 치명상이 되기 전에 손절매를 해야 하는 마지막 중요한 이유가 있다. 한번 용기를 잃으면 다시는 어떤 결정도 내리지 못하기 때문이다. 손실이 커지기 시작할 때 손절매를 못하면 주식시장에 관한 확신을 잃기 쉽고, 그러면 앞으로 제대로 매매 판단을 내릴 수 없게 된다. 더욱이 용기를 잃는 바람에 완전히 절망에 빠져 주식 투자를 포기하고 시장에서 달아나 버릴 수도 있다. 무엇을 잘못했는지 깨닫지 못하고, 자신이 저지른 실수로 야기된 결과를 치유하지도 못하고 떠나버리는 것이다. 더구나 자유 시장 경제에서 가장 멋진 기회 중 하나인 주식시장에서의 성공 가능성마저 포기한 채 말이다.

월스트리트는 인간 본성의 경연장이다. 주식을 적절하게 사고파는 일이나 여기서 이익을 챙기는 일 모두 복잡한 과정이다. 그러나 주식시장에 참여하는 사람의 90%는 그리 열심히 공부하지 않는다. 프로든 아마추어든 마찬가지다. 자신의 판단이 옳은지 그른지조차 알려고 하지 않는다. 수익률이 뛰어난 종목의 주가를 움직이는 요인은 무엇인지에 대해서도 충분히 분석하지 않는다. 운이 좋아서 주가가 오른 것도 아니고, 그 이유가 수수께끼인 것도 아니다. 일부 대학교수들이 말하는 것처럼 주가가 "무작위로 움직인다(random walk)"느니 효율적인 시장이니 하는 주장도 옳지 않다.

종목 선정을 정말로 잘 하려면 노력이 필요하다. 또 언제 어떤 식으로 주식을 팔아야 하는지도 알아야 한다. 주식을 제대로 매도하는 것은 매우 어려운 일이고, 모든 투자자가 가장 이해하지 못하고 있는 부분이다. 정확히 매도하기 위해서는 손절매 계획을 미리 세워두고, 손절매 해야 될 때는 주저없이 실행할 수 있는 훈련이 필요하다.

자존심이나 고집따위는 버리고, 시장과 싸우려는 생각도 없애라. 당신에게 손해를 안겨주고 있는 주식에 감정적으로 집착해서는 안 된다. 이 점을 명심하라. 세상에 좋은 주식은 없다. 주가가 오르지 않는 한 모두 나쁜 주식이다. 2000년과 2008년의 경험으로부터 배우라. 여기서 제시한 매도 원칙을 따른 이들은 이익을 실현하고 재산을 지켜냈다. 그렇게 하지 않은 이들은 상처를 입었다.

이익이 난 주식은 언제 팔 것인가

이 책에서 가장 중요하고 핵심적인 부분이 바로 이번 장이다. 이 장에서는 주식 투자에 필수적이면서도 거의 대부분의 투자자들이 제대로 실행하지 못하는 내용을 설명할 것이니 주의 깊게 잘 연구하기 바란다. 주식 투자란 장사하는 것과 똑같다. 이익을 실현하려면 장사하는 사람처럼 당연히 주식을 팔아야 한다. 주식을 파는 최선의 시점은 주가가 오를 때다. 여전히 상승세를 타고 있고 모든 사람들에게 아주 강하게 보일 때가 매도 시점이다.

　이건 인간의 본성과 반대되는 것 같기도 하다. 자신이 보유한 주식이 강해 보이고 상승세를 타고 있는 데다 이익도 더 커질 것 같으니 말이다. 그러나 이렇게 하면 시장 주도주에게도 닥칠 수 있는 20~40%의 하락 조정이나 당신의 포트폴리오에 가해질 하락 압력을 피해갈 수 있다. 주가가 정확히 천정을 쳤을 때 팔 수는 없다. 팔고 난 뒤 주가가 계속 오른다고 자책해서도 안 된다.

> 일찍 팔지 않으면 늦어버린다. 당신의 목적은 큰돈을 버는 것이지, 주가가 가파르게 오른다고 흥분하거나 희열을 느끼고 끝없는 욕심에 사로잡히는 것이 아니다. 주식시장의 오랜 격언을 명심하라. "황소(bulls, 강세 투자자)도 돈을 벌고, 불곰(bears, 약세 투자자)도 돈을 벌지만, 돼지(pigs, 탐욕스런 투자자)는 도살장으로 끌려간다."

주식 투자자에게 제1의 목표는 순이익을 거두는 것이다. 이익을 손에 쥐려면 주식을 팔아 현금화해야 한다. 여기서 핵심은 이렇게 하는 시점을 알고 있느냐일 것이다.

주식시장에서 막대한 부를 쌓았던 버나드 바루크는 이런 말을 남겼다. "나는 언제나 주가가 상승세를 타고 있을 때 팔았다. 그것이 내가 재산을 모을 수 있었던 하나의 이유일 것이다. 사실 많은 경우 계속 보유했더라면 더 많이 벌었을 것이다. 하지만 그렇게 했다면 주가가 폭락했을 때도 빠져나오지 못한 채 붙잡혀 있었을 것이다."

세계적인 은행가로 성공한 네이션 로스차일드는 주식시장에서 돈을 벌 수 있는 특별한 기술이 있느냐는 질문에 이렇게 답했다. "분명히 있지. 나는 절대 바닥에서 사려고 하지 않았고, 늘 너무 일찍 팔았지."

한때 월스트리트의 유명한 투기자로 불렸던, 존 F. 케네디 대통령의 아버지 조 케네디의 말을 들어보자. "바보 같은 사람들만 마지막 1달러까지 챙기려 든다. 내 목표는 주가가 상승할 때, 즉 상승세가 꺾이고 하락세로 반전하기 전에 주식을 팔고 빠져나오는 것이다." 주식시장의 마술사로 불렸던 제럴드 로브는 이렇게 말했다. "일단 주가가 정상적인 추정치나 과열 수준까지 올라가면, 주가가 상승할 때마다 보유 물량을 서서히 줄여나가야 한다."

월스트리트의 전설적인 인물들이 한결같이 이야기한다. 좋게 빠져나올수 있을 때 빠져나오라. 어떤 건물에서 엘리베이터를 탔다면, 엘리베이터가 올라갈 때 가고자 하는 층에서 내려야지, 엘리베이터가 다시 내려갈때 나오려 해서는 안 된다. 여기에 비밀이 있다.

이익과 손실 전략을 세워라

주식시장에서 크게 성공하기 위해서는 분명한 원칙은 물론 이익과 손실에 대한 전략도 세워둬야 한다. 이 책에서 소개한 매매 원칙의 대부분은 젊은 시절 하이든 스톤에서 일할 때 개발한 것이다. 이들 원칙 덕분에 나는 뉴욕 증권거래소 정회원 자격을 획득할 수 있었고, 곧 바로 내회사를 차려 독립했다. 처음에는 오로지 최고의 주식을 사기 위해 매수원칙을 개발하는 데 집중했다. 하지만 알다시피 이건 풀어야 할 퍼즐의절반에 불과했다.

내가 처음 매수 원칙을 개발한 것은 1960년 1월로, 나는 앞서 2년간최고의 수익률을 기록한 뮤추얼펀드 세 개를 분석하고 있었다. 그 중에서도 가장 탁월한 실적을 보인 게 드레이퓨스 펀드였는데, 이 펀드는 당시 작은 규모에도 불구하고 경쟁 펀드에 비해 2배 이상의 수익률을 기록하고 있었다.

나는 드레이퓌스가 발간한 1957년부터 1959년까지의 분기별 펀드 보고서를 구해 이들이 신규로 매수한 종목들의 평균 단가를 계산해 보았다. 그리고는 주가 차트 위에 매 분기 드레이퓌스가 새로 주식을 매수한 시점을 체크해 두었다.

이렇게 드레이퓌스가 신규 매수한 100개 이상의 종목을 관찰한 결과 놀라운 사실을 발견했다. 드레이퓌스가 매수한 모든 주식이 한결같이 전년도 최고가를 기록했을 때 매수가 이뤄졌다는 사실이었다. 가령 어떤 종목이 40~50달러에서 몇 달간 등락을 거듭했다고 하자. 이 종목이 50달러를 넘어 신고가를 기록하면 드레이퓌스는 즉시 뛰어들어 50~51달러 사이에 매수했다. 이들 주식은 신고가로 도약하기 전 차트 상에 확실한 주가 패턴을 만들어냈다. 연구 결과 나는 두 가지 결정적인 단서를 얻었다. 신고가에 매수하는 게 매우 중요하며, 특별한 주가 패턴을 만들어내면 큰 이익을 거둘 가능성이 크다는 점이었다.

차트 전문가 잭 드레이퓌스

잭 드레이퓌스는 차트 전문가였고 시세를 읽을 줄 알았다. 그가 매수한 종목은 전부 시장 움직임에 기초해 판단한 것이었고, 반드시 탄탄한 주가 패턴을 형성한 뒤 신고가를 돌파했을 때 매수했다. 그는 또한 수요와 공급에 따라 시장이 움직이는 실제 상황은 도외시한 채 펀더멘털과 개인적 의견에만 매달리는 모든 경쟁 펀드들을 완전히 따돌렸다.

그 무렵 대단한 성과를 거두고 있었지만 초창기라 잭의 리서치 부서에는 단 세 명의 젊은 직원이 일하고 있었다. 이들은 매일같이 수백 개 상장종목의 주가 및 거래량 움직임을 대형 차트에 표시했는데, 나는 뉴욕에 있는 드레이퓨스 본사를 방문해 이 차트를 본 적이 있다.

얼마 안 있어 피델리티가 운용하는 두 개의 소형 펀드가 드레이퓨스의 방식을 따라왔다. 하나는 네드 존슨 주니어가, 다른 하나는 제리 차이가 운용했던 두 펀드 역시 수익률이 뛰어났다. 드레이퓨스와 피델리티의 두 펀드가 매수한 주식은 거의 전부 분기 순이익 증가율이 대단히 높았다.

이렇게 해서 내가 1960년에 처음 세운 원칙은 다음과 같다.

1. 현재 주가가 20달러 이상이면서 적어도 몇몇 기관 투자가가 보유하고 있는 상장주식에 집중한다.
2. 주당 순이익은 최근 5년간 계속 증가했으며, 현재의 분기 순이익 증가율은 적어도 20% 이상이라야 한다.
3. 정상적인 조정과 모양 형성 과정을 마친 뒤 신고가를 기록했거나, 신고가 경신이 임박했을 때 매수한다. 매수 지점에서 거래량은 지금까지의 하루 평균 거래량보다 최소한 50% 이상 증가해야 한다.

내가 이 같은 매수 원칙을 세운 뒤 1960년 2월 처음으로 사들인 주식은 유니버설 매치였다. 이 주식은 16주만에 주가가 두 배로 뛰었지만 나는 큰돈을 벌지 못했는데, 투자 규모가 작았기 때문이다. 나는 그때 막 증권회사에 입사해 고객이 많지 않았다. 더구나 느긋하게 기다리지 못하고 너무 일찍 팔아버렸다. 그해 말에는 역시 내가 세운 매수 원칙에 입각해 프록터 앤 갬블과 레이놀즈 토바코, MGM 주식을 샀다. 이들 역시 아주 높은 주가 상승률을 기록했지만, 이때 역시 투자 자금이 적어 많이 벌지 못했다.

이 무렵 나는 하버드 경영대학원(HBS)에서 처음 개설한 경영자 개발 과정(PMD)을 수강했다. 나는 조금이라도 짬이 생기면 하버드 대학 도서관에 가서 투자와 비즈니스 관련 서적을 읽었는데, 그 중 가장 인상적이었던 책은 제시 리버모어가 쓴《주식 투자의 기술How to Trade in Stocks》이었다. 나는 이 책을 통해 비로소 성공 투자의 비결은 항상 옳은 판단을 하는 게 아니라, 판단이 옳았을 때 큰 이익을 거두는 것이라는 사실을 깨달았다.

제시 리버모어와 피라미딩 방식

책을 읽은 뒤 나는 리버모어가 활용했던 피라미딩 방식을 써보았다. 내가 매수한 종목의 주가가 올라갈 때 추가 매수해 평균 단가를 높이는 방식이었다. 이 방식은 최초 매수 지점을 정확히 잡아야 하고, 맨 처음 매수 시점보다 2~3% 올랐을 때 추가 매수해야 성공할 수 있다. 내가 이 방식을 쓸 때는 반드시 적은 물량만 추가 매수했다. 그래야 최초의 매수 결정을 정확히 내리는 데 집중할 수 있었기 때문이다. 나의 판단이 어긋나 주가가 떨어질 경우 당연히 손실을 봤지만, 나는 늘 손절매를 했다.

이 방식은 사실 대다수 투자자들이 하는 방식과는 크게 다른 것이다. 대부분의 투자자는 주가가 떨어지면 평균 단가를 낮추기 위해 추가로 매수한다. 그러나 당신이 어렵게 번 돈을 왜 잘 올라가지도 않는 주식에다 계속 쏟아버리는가?

실수를 분석하면 배울 게 있다

1961년 상반기에는 나의 원칙과 전략이 완벽하게 통했다. 이때 매수한 주식 중 수익률이 높았던 종목은 그레이트 웨스턴 파이낸셜과 브룬스윅, 커-맥기, 크라운 코르크 앤 실, AMF, 서든-티드였다. 그런데 여름이 되면서 상황이 악화됐다.

나는 확실한 종목을 정확한 시점에 매수했고, 일부 종목은 피라미딩 방식으로 추가 매수해 포지션도 좋았고 이익도 괜찮았다. 그러나 주가가 마침내 천정을 쳤는데도 나는 계속 보유했고 이익이 사라지는 것을 지켜봐야 했다. 투자해본 경험이 조금이라도 있다면 무슨 말인지 금방 알 것이다. 이익을 손에 쥐려면 끝까지 문제를 풀어내야 한다. 방심하면 손해를 본다. 정말로 받아들이기 어려웠다. 1년 이상 내 종목 선정은 100% 정확했지만 모든 것이 물거품이 돼버렸다.

나는 거의 미칠 지경이었고, 그래서 1961년 하반기에는 내가 그동안 해왔던 모든 거래 기록을 찬찬히 살펴보았다. 마치 의사가 시신을 부검하고, 민간항공위원회(CAB)가 항공기 사고를 조사하듯이 나는 빨간색 펜을 꺼내 들고서 내가 언제 매수했고, 언제 팔았는지 차트 위에 표시했다. 그 다음에는 주요 지수가 어떻게 움직였는지도 표시했다.

그러고 나니 나의 문제가 명확하게 드러났다. 나는 최고의 주도주를 선정하는 방법은 알고 있었지만 그 주식을 언제 팔아서 이익을 취할지에 관해서는 아무런 전략도 없었다. 참으로 무지했고 진짜 바보였다. 주식을 언제 팔아서 이익을 취할지 단 한 번도 생각해보지 않았다. 내가 산 주식은 요요처럼 올랐다가 다시 떨어졌고, 내가 거둔 미실현 이익은 사라져 버렸다.

예를 들어 조립식 주택 자재회사였던 서든-티드 주식은 정말 바보 같은 경우였다. 이 종목은 20달러 대 초반에 매수했는데, 시장이 하락하자 두려움에 휩싸여 2~3% 올랐을 때 전부 팔아버렸다. 서든-티드 주가는 곧 3배가 됐다. 나는 정확한 시점에 매수했지만 내가 어떤 주식을 가졌는지도 모른 채 엄청난 기회를 놓쳐버렸던 것이다.

내가 그 후 성공을 향해 똑바로 달려갈 수 있었던 것은 서든-티드처럼 내가 저지른 실수를 분석해보고, 그 결과 내가 무엇을 잘못했는지 직시할 수 있었기 때문이다. 과연 당신은 지금까지 저지른 실수를 하나하나 분석해보고 거기서 무언가를 배우려 한 적이 있는가? 그렇게 하는 투자자는 거의 없다. 자기 자신을 제대로 돌아보지도 않고, 잘못된 판단을 분석해보지도 않는다면 더 비극적인 실수를 저지르게 될 것이다. 당신이 무엇을 잘못했는지 배울 때 비로소 당신은 더 나아지는 것이다.

주식시장이든 인생이든 성공하는 사람과 실패하는 사람은 뭔가가 다르다. 2000년과 2008년 약세장에서 큰 상처를 입었다고 해서 결코 낙담하거나 포기해서는 안 된다. 어디서 실수를 저질렀는지 차트에 표시하고, 그것을 연구해보고, 이런 실수와 또 그로 인해 야기된 손실을 막으려면 어떤 새로운 원칙이 더 필요한지 적어보라. 그렇게 하면 다음 강세장이 찾아왔을 때 십분 활용할 수 있다. 강세장은 앞으로 얼마든지 올 것이다. 완전히 포기하지 않는 한, 또 자신의 잘못을 남에게 돌리지 않는 한 당신은 결코 실패한 사람이 아니다.

국무장관을 지낸 콜린 파월 장군은 이렇게 말했다. "성공에는 아무 비밀도 없다. 그것은 준비와 노력, 그리고 실패로부터의 교훈에서 나온 결과다."

이익과 손실 전략을 새로 짜다

연구 결과 적절한 모양을 형성한 뒤 성공적으로 도약한 종목은 통상 20~25% 상승한다는 사실을 발견했다. 그리고는 대개 하락해서 새로운 모양을 만들고, 일부는 상승세를 재개하기도 한다. 이런 사실을 알고 나서 나는 새로운 원칙을 세웠는데, 각 종목을 반드시 정확한 시세 전환 시점에 매수하되 최초 매수 가격보다 5% 이상 오르면 추가로 매수하지 않는다는 것이다. 그리고 20% 상승했을 때는 상승세가 계속되더라도 매도하기로 했다.

그러나 서든-티드의 경우 불과 2주만에 20% 올랐다. 이것이야말로 내가 찾고자 하는, 또 다음 번에는 꼭 활용하고 싶은 진짜 최고의 주식이 보여주는 움직임이었다. 그래서 나는 아주 중요한 예외를 두었는데, 바로 "20% 넘게 상승했을 때 파는 경우"다. 어떤 종목의 상승세가 워낙 강해 1~3주만에 20% 올랐다면 적어도 8주는 보유해야 한다는 것이다. 그리고는 이 주식을 6개월간 보유해도 괜찮을지 분석해본다. 물론 매수 가격보다 8% 하락하면 당연히 손절매 할 것이다.

이렇게 해서 이익과 손실 전략을 수정한 것이다. 20% 오르면 이익을 실현하되 상승세가 아주 강력한 주식은 예외로 하고, 손해 난 주식은 매수 가격보다 8% 하락하기 전에 손절매 한다.

이런 전략은 여러 면에서 효과적이었다. 우선 두 번 틀리고 한 번 맞춘다 해도 손실은 그리 심각하지 않다. 또 어떤 주식을 정확하게 매수한 뒤 그 종목이 소폭 상승한 다음 추가 매수하려고 하면, 나머지 보유 종목 가운데 소외주나 수익률이 제일 나쁜 주식을 어쩔 수 없이 팔아야 한다. 결국 수익률이 안 좋은 주식에 묶여 있던 자금이 최고의 주식으로 계속 흘러 들어가게 되는 것이다.

그동안 오랜 세월에 걸쳐 나는 맨 처음 매수 가격보다 2~2.5% 오르면 즉시 자동적으로 첫 번째 추가 매수를 해왔다. 이렇게 함으로써 나는 5~10% 더 오른 다음에야 추가 매수를 고려하며 주저주저하는 일도 없앨 수 있었다.

자신의 판단이 옳은 것 같으면 항상 추가 매수를 해야 한다. 링에 오른 복서는 강력한 펀치를 작렬한 다음 반드시 계속 몰아붙여야 한다. 그래야 이길 수 있다.

당신이 보유한 소외주를 팔아 최고의 주식을 밀어줌으로써 당신은 자금을 훨씬 더 효율적으로 쓸 수 있다. 이렇게 하면 괜찮은 해에는 두세 차례 20% 이익이 난 주식을 팔 수 있고, 또 어떤 주식이 조정 국면에 진입해 완전히 새로운 모양을 만드는 동안 오랫동안 붙잡혀 버리는 일도 없을 것이다.

3~6개월 동안 20% 이익을 올리는 것은 20%의 연간 수익률에 비해 훨씬 더 효율적이다. 한 해 두 번만 20% 수익률을 올리면 연간 44%의 수익률을 올리는 것과 마찬가지다. 경험이 많아 신용을 최대한으로 썼다면 (그러면 매수 여력이 크게 늘어나므로) 당신의 수익률은 거의 100% 가까이 될 것이다.

시장 전체를 읽어내는 시스템

내가 무지했던 것도 아닌데 결국 손해를 본 실수들을 전부 분석해보니 또 하나 귀중한 사실을 발견했다. 내가 매수한 대부분의 주도주가 천정을 치고 떨어진 이유는 다름아닌 시장 전체가 10% 이상 하락했기 때문이었다. 이런 결론에 따라 시장의 주요 지수와 거래량을 나타낸 일간 차트를 해석할 수 있는 시스템을 개발하게 됐다. 이 시스템은 시장 전반의 진정한 추세와 큰 방향의 변화 시점을 찾아내는 데 결정적인 도움을 주었다.

세 달 뒤인 1962년 4월 1일까지 나는 새로운 매도 원칙에 따라 자동적으로 보유 주식을 전부 팔았다. 그해 봄 주가가 폭락할 것이라고는 전혀 생각하지 않았지만 어쨌든 나는 100% 현금만 쥐고 있었다. 이건 정말 대단히 매력적인 일이었다. 매도 원칙에 따라 시장에서 빠져 나왔지만 주가가 진짜로 얼마나 빠질지는 몰랐다. 아는 것이라고는 주가가 내려가고 있는데 무사히 빠져 나왔고, 조만간 이게 얼마나 값진 결정이었는지 판가름 날 것이라는 점이었다. 2008년에도 바로 이런 일이 벌어졌다. 우리는 시장이 그렇게 대폭락하리라고는 미처 생각하지 못했지만, 우리의 매도 원칙은 시장에서 빠져나가라고 재촉했다. 하지만 대부분의 기관 투자가들은 자금의 95~100%를 투자하도록 한 운용지침 때문에 큰 손실을 입었다.

1962년 초 나는 에드윈 르페브르가 쓴 《제시 리버모어의 회상Reminiscences of a Stock Operator》을 다 읽었다. 이 책을 읽고 난 뒤 나는 르페브르가 자세히 묘사한 1907년 주식시장 패닉과 1962년 4월의 상황이 너무나도 흡사하다는 사실에 충격을 받았다. 나는 당시 주식을 모두 매도한 상태였고, 다우존스 지수를 분석해보니 시장은 약세를 지속하고 있었으므로, 나는 서든-티드와 앨사이드 주식을 공매도하기 시작했다. 이런 행동은 내가 일하고 있던 하이든 스톤과 상충되는 것이었다. 하이든 스톤은 그때 막 서든-티드에 대해 매수 추천을 했는데, 나는 거꾸로 공매도하라고 외치는 형국이었다. 그해 말에는 코베트 주가가 40달러를 웃돌 때 공매도했다. 이렇게 두 건의 공매도에서 얻은 이익은 괜찮은 편이었다.

1962년 10월 쿠바 미사일 위기 때도 나는 현금만 갖고 있었다. 케네디 대통령의 해상 봉쇄 조치로 러시아가 한걸음 물러나고 하루인가 이틀이 지나자 다우존스 지수가 랠리 조짐을 보였다. 내가 개발한 새로운 시스템에 따르면 이건 결정적인 상승 반전 신호였고, 나는 새로운 강세장을 맞아 전형적인 손잡이가 달린 컵 모양을 완성한 크라이슬러 주식을 58,625달러에 매수했다.

1963년 내내 나는 새로운 원칙에 충실했다. 이 원칙들은 그대로 적중했는데, 그 결과 내가 운용했던 계좌 가운데 성과가 "제일 나빴던" 계좌가 수익률 115%를 기록했다. 그 계좌는 신용을 하나도 쓰지 않은 계좌였다. 신용을 썼던 다른 계좌는 수익률이 수백 퍼센트에 달했다. 사실 많은 개별 종목에서 손해를 봤지만 5~6% 손실에 그쳤다. 반면 이익이 난 종목은 수익률이 대단했는데, 판단이 적중했을 때는 신중하게 원칙에 따라 피라미딩 방식을 활용해 포지션을 집중한 덕분이었다.

나는 내 월급을 모은 4000달러인가 5000달러로 시작해 대출자금과 신용까지 최대한 얻어 투자했고, 세 차례 연속 큰 이익을 올렸다. 1962

년 말 코베트를 공매도해서 성공했고, 그 다음에는 크라이슬러 매수로 크게 벌었다. 여기서 번 돈으로 1963년 6월 신텍스 주식을 100달러에 매수했는데, 신텍스는 8주만에 40% 상승해 나는 이 강력한 주식을 6개월간 보유하기로 결정했다. 그해 가을 이익은 20만 달러를 넘어서 나는 뉴욕 증권거래소 정회원 자격을 살 수 있었다. 당신도 이렇게 할 수 있다! 당신이 저지른 실수를 기꺼이 분석해보고, 거기서 배운 다음 자신의 잘못을 바로잡아줄 원칙을 적어둔다면 당신도 현명하게 투자하는 법을 익힐 수 있다. 의지만 있다면 당신에게 일생일대의 기회가 될 수 있다. 쉽게 포기하지 말고 열심히 공부해서 스스로 준비하라. 누구나 할 수 있는 일이다.

나의 경우 정확한 원칙과 전략을 세우고, 이를 몸에 익히느라 수많은 나날을 밤늦게까지 공부했고, 마침내 결실을 맺었다. 운이란 사실 아무 것도 아니다. 그것은 부단한 노력과 끈기일 뿐이다. 텔레비전도 보고 매일 밤 술이나 마시고 친구들과 파티나 하면서 복잡한 주식시장과 경제의 해답을 찾을 수는 없다.

누구나 노력하면 무엇이든 할 수 있다. 당신에게 정해진 한계란 없다. 당신의 바람과 당신의 자세에 달려있다. 당신의 국적이나 외모, 출신학교는 아무 관계 없다. 당신은 더 나은 인생과 미래를 만들어갈 수 있다. 시작하는 데 큰돈이 필요한 것도 아니다.

때로는 좌절할 때도 있겠지만 절대 포기해서는 안 된다. 출발점으로 돌아가 한번 더 열심히 공부해보라. 당신의 삶을 바꿀 수 있는 이 대단한 기회를 붙잡느냐, 아니면 놓치느냐는 매일 회사에서 일을 마친 다음 남는 시간에 얼마나 열심히 공부하고 노력하는가에 달려있다.

매도할 때 두 가지를 명심하라

핵심적인 매도 원칙을 하나씩 살펴보기에 앞서 우선 두 가지 요점을 명심해두기 바란다.

첫째, 정확히 매수하면 매도하는 문제 대부분이 해결된다. 일간 혹은 주간 차트에서 처음으로 적절한 모양이 만들어졌을 때 정확히 매수했고, 매수 지점에서 5% 이상 오른 다음에는 추가 매수를 하지 않았다면 정상적인 조정이 닥쳐도 그냥 지켜볼 수 있다. 최고의 주식은 정확한 시세 분기점에서 8%씩 떨어지는 경우가 거의 없다. 사실 최고의 주식 대부분은 아예 분기점 근처에도 가지 않는다. 따라서 가능한 한 시세 분기점에 근접해서 주식을 매수하는 게 절대적으로 필요하며, 일부 주식은 8% 손실이 나기 전에 미리 손절매 해야 할 수도 있다. 어떤 종목은 당신이 뭐가 잘못됐는지 미처 알지도 못하는 사이 매수 가격보다 4~5% 떨어지기도 한다.

둘째, 당신이 강세장에서 주식을 매수했다면 대규모 매도 주문이 나오는지 잘 지켜보라. 그냥 심리적인 요인 때문에, 혹은 매도자가 잘 몰랐거나 일시적인 이유로 나온 것일 수도 있고, 또 거래량에 비해 큰 규모가 아닐 수도 있다. 최고의 주식도 며칠이나 한 주 정도는 매도 공세를 받을 수 있다. 심각하지 않은 정상적인 되돌림인데 지레 겁먹고 보유 물량을 내놓지 않으려면 주간 차트를 잘 연구해서 넓게 보는 안목을 길러야 한다. 사실 성공하는 주식도 40~60%는 매수 지점 혹은 그 약간 아래까지 후퇴해 자칫 보유 물량을 내놓을 수 있다. 그러나 당신이 너무 높은 주가까지 추격 매수를 하지 않았다면 8%씩 하락하는 일은 없을 것이다. 당신이 너무 많은 실수를 저질렀고, 모든 게 당신에게 불리하게 돌아가는 것 같다면, 정확한 매수 지점보다 10~20% 올랐을 때 추가 매수하지 않았는지 체크해보라. 추격 매수는 잘 통하지 않는다. 흥분했을 때는 매수하지 말라.

기술적인 매도 신호들

시장 전반은 물론 최고의 주식들이 어떻게 천정에 도달하는지 연구해봄으로써 나는 어떤 주식이 천정을 치고 흔들거릴 때 나타나는 현상들을 정리할 수 있었다. 이미 알아차렸겠지만 나의 매도 원칙에서는 그 주식의 펀더멘털 변화를 거의 고려하지 않는다. 주식시장의 큰손들은 대개 기업의 손익계산서 상에 문제가 드러나기 전에 주식을 팔아버린다. 영리한 친구들이 빠져나가면 당신도 그래야 한다. 기관 투자가가 대규모 매물을 내놓으면 개인 투자자들은 버텨내기 힘들다. 당신은 순이익이나 매출액, 순이익률, 자기자본 이익률, 신제품 같은 펀더멘털에 의지해 매수한다. 하지만 많은 주식이 순이익 증가율 100%에, 애널리스트들은 성장세가 이어질 것이라며 목표 주가를 높일 때 천정을 친다.

　1999년 어느날 찰스 슈왑 주식이 소진 갭을 만들며 최후의 정점에 도달하자 나는 주식을 팔았는데, 바로 그날 대형 증권회사 한 곳에서는 목표 주가를 50달러나 높였다. 내게 성공적이었던 주식은 거의 전부 올라갈 때 팔았다. 손안에 쥔 새 한 마리가 숲 속을 날아다니는 두 마리보다 낫다. 그러므로 당신도 월스트리트의 개인적인 의견이 아니라 주가와 거래량이 비정상적일 때 매도해야 한다. 개인적인 견해는 외면해버리는 게 좋다. 월스트리트를 떠나서 일터를 잡은 이래 나는 이런 잡음으로부터 벗어날 수 있었다.

어떤 주식이 천청을 쳤는지는 여러 신호를 통해 알 수 있다. 가령 최후의 정점에 근접했거나, 거래량이 역전되고, 주가가 약하게 움직이는 경우가 그렇다. 이런 정보를 꾸준히 공부하고 투자 결정을 내릴 때마다 적용하다 보면 이런 신호를 분명히 구분할 수 있을 것이다. 사실 이런 원칙 덕분에 내가 주식시장에서 성공할 수 있었지만 나 역시 처음에는 좀 복잡해 보였다. 제2장의 차트 읽는 방법을 확실하게 익힌 다음 여기서 설명하는 매도 원칙들을 다시 읽어보기 바란다.

최후의 정점

많은 주도주가 폭발적인 기세로 천청을 친다. 몇 달간 상승한 뒤 갑자기 1~2주 훨씬 더 빠른 속도로 올라가며 클라이맥스를 향해 치달아가는 것이다. 때로는 소진 갭과 함께 대단원의 막을 내리기도 하는데, 엄청난 거래량과 함께 갭 상승을 하는 것이다. 이런 경우를 포함해 강세장에서 나타나는 최후의 정점 신호들을 자세히 설명하겠다.

1. **하루 상승폭이 최대를 기록했을 때.** 어떤 주식이 적절하면서도 탄탄한 모양을 형성한 뒤 매수 지점을 통과해 몇 개월간 인상적인 상승세를 이어왔는데, 어느날 본격적인 상승 이후 가장 큰 폭으로 올랐다면 주의하라! 주가가 천청에 근접했을 때 대개 이런 일이 벌어진다.
2. **하루 거래량이 최대를 기록했을 때.** 천청을 치는 날의 거래량은 본격적인 상승 이후 최대를 기록할 수 있다.

3. **소진 갭의 발생.** 맨 처음 모양을 형성한 뒤 여러 달 동안(1~2차 모양을 만든 다음에는 적어도 18주간, 3차 모양을 만든 뒤에는 12주간) 빠른 속도로 크게 올랐던 주식이 전날 종가에 비해 훨씬 높은 시초가를 기록하며 갭 상승하면 이 종목은 천정에 근접한 것이다. 가령 전날 일중 고점인 50달러에 마감했는데 다음날 아침 개장과 함께 52달러에 거래돼 줄곧 그 이상을 유지했다면 2달러의 갭이 발생한 것이다. 이런 경우를 소진 갭이라고 부른다.

4. **최후의 정점 징후.** 어떤 주식의 상승세가 주간 차트로는 2~3주간, 일간 차트로는 7~8일 연속해서 혹은 10일 중 8일 동안 아주 빠르게 이뤄질 경우 매도하라. 이를 최후의 정점(climax top)이라고 부른다. 이런 종목의 주간 고점과 저점 간의 차이는 몇 달 전 본격적인 상승이 시작된 이후 가장 크다. 드물기는 하지만 어떤 주식은 최후의 정점에 다다르면 주간 고점과 저점 간의 차이가 2주 연속 똑같아지면서 주간 종가는 약간 오르되 거래량은 엄청난 수준을 유지한다. 나는 이런 경우를 "기찻길 자국(railroad tracks)"이라고 부르는데, 주간 차트를 보면 두 개의 똑같은 수직선이 나란히 생기기 때문이다. 이것은 그 주에 주가는 실질적으로 더 오르지 못하면서 대규모 매물이 계속 출회되고 있다는 신호다.

5. **매물 출회의 징후들.** 상당 기간 오름세를 탄 뒤 추가적인 상승 없이 매일 대량 거래만 이뤄진다면 매물이 출회되고 있다는 신호다. 아무것도 모르는 매수자가 당황해 하기 전에 보유 주식을 매도하라. 영리한 투자자들이 언제 차익을 챙기는지도 알아두라.

6. **주식 분할.** 주식 분할 발표 후 1~2주간 25~50% 상승했다면 매도하

라. 극히 드문 경우지만 1999년 말 퀄컴은 주식 분할 발표 후 상승률이 100%에 달했다. 과도한 주식 분할을 전후해 천정을 치는 경우가 많다. 어떤 주식이 모양을 형성한 뒤 오랫동안 상승해왔고, 이제 주식 분할까지 발표됐다면 팔 때가 된 것이다.

7. **연속 하락일 수의 증가.** 대부분의 주식은 일단 천정을 치고 떨어지게 되면 연속해서 오르는 날보다 연속해서 떨어지는 날이 더 많아진다. 전에는 4일 연속 상승한 뒤 2~3일 하락했는데, 이제는 4~5일 연속해서 떨어진 뒤 2~3일 상승하는 식이다.

8. **상승 추세선.** 강한 상승세를 보이며 큰 폭으로 오르던 주가가 상승 추세선까지 뚫고 올라가면 그 주식은 팔아야 한다.(주가 패턴의 저점들을 연결한 직선을 차트에 표시한 다음, 이 직선과 평행하게 지난 4~5개월간의 고점들을 연결한 직선을 상승 추세선이라고 한다.) 이렇게 적절하게 그려진 상승 추세선마저 이탈하며 급등했다면 매도해야 한다는 게 우리의 연구 결과다.

9. **200일 이동평균선.** 주가가 200일 이동 평균선보다 70~100%, 혹은

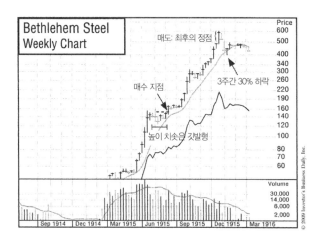

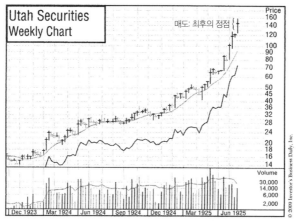

Utah Securities
Weekly Chart

매도: 최후의 정점

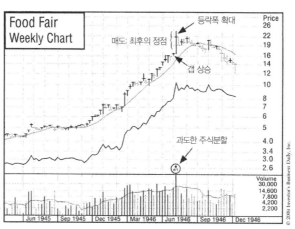

Food Fair
Weekly Chart

등락폭 확대

매도: 최후의 정점

갭 상승

과도한 주식분할

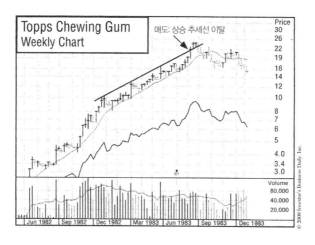

Topps Chewing Gum
Weekly Chart

매도: 상승 추세선 이탈

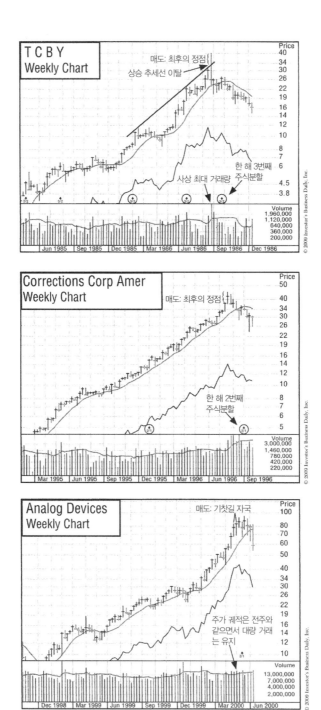

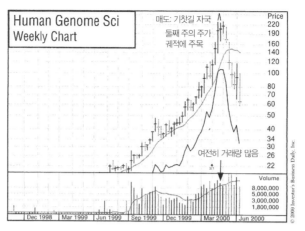

Human Genome Sci
Weekly Chart

매도: 기찻길 자국

둘째 주의 주가
궤적에 주목

여전히 거래량 많음

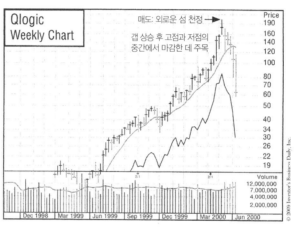

Qlogic
Weekly Chart

매도: 외로운 섬 천정 →

갭 상승 후 고점과 저점의
중간에서 마감한 데 주목

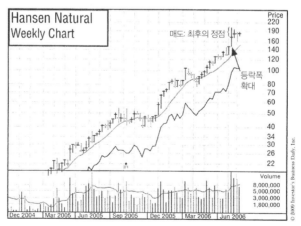

Hansen Natural
Weekly Chart

매도: 최후의 정점

등락폭
확대

이익이 난 주식은 언제 팔 것인가

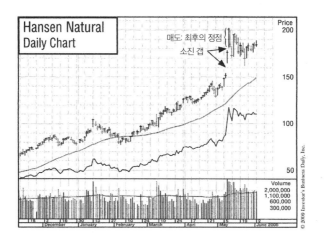

그 이상 높이 올라가면 파는 게 좋은데, 이런 주식은 거의 보지 못했다.

10. **천정을 치고 내려올 때 팔기.** 만일 주가가 상승하고 있을 때 팔지 못했다면, 천정을 치고 내려올 때라도 팔아야 한다. 어떤 주식들은 이렇게 첫 하락 이후 한번 반등하며 매도 기회를 준다.

적은 거래량과 그 밖의 약세 징후

1. **적은 거래량을 수반한 신고가.** 거래량이 적은데도 신고가를 경신하는 종목이 있다. 주가는 오르는데 거래량이 줄어들고 있다면 큰손 투자자들이 그 주식에 더 이상 매력을 느끼지 못하고 있다는 것을 의미한다.

2. **종가가 그날 저가 혹은 저가에 근접할 경우.** 주가 차트에서 일봉이 아래로 향하는 "화살" 형태로 나타나면 천정을 쳤다고 볼 수 있다. 주가가 그날의 상승세를 지키지 못한 채 저가나 저가에 근접한 수준에서 마감되는 날이 며칠 계속되는 경우다.

3. **세 번째, 혹은 네 번째 모양.** 주가가 서너 차례 모양을 형성한 뒤 신고가를 경신했다면 매도하라. 세 번씩이나 모양을 만드는 것은 매우 드문 일이다. 이때쯤이면 이 주식에 대해 누구나 다 알고 있다. 막바지 단계에서 만들어지는 주가 패턴은 길고 느슨해 실패하기 십상이다. 네 번째 만들어지는 모양의 80%는 실패한다. 그러나 이것이 네 번째 모양인지 확실하게 파악해야 한다.

4. **미약한 반등 신호.** 천정 근처에서 처음으로 대규모 매도 물량이 쏟아진 다음 반등 시 거래량이 적고 상승폭도 작고 며칠만에 끝나버리는 경우다. 이럴 때는 반등 이틀째나 사흘째 매도하라. 사실 이때야말로 추세선과 지지선이 무너지기 전에 매도할 수 있는 마지막 기회다.

5. **정점에서의 후퇴.** 주가가 정점에 도달한 뒤 8% 정도 떨어지면 일단 그간의 상승폭과 최고가, 내림세를 자세히 살펴본 뒤 상승세가 완전히 끝난 것인지, 아니면 통상적인 8~12%의 조정이 진행되고 있는 것인지 파악해야 한다. 필요할 경우 정점에서 12~15% 하락할 때까지 지켜볼 수 있다.

6. **상대적 주가 강도의 약화.** 상대적 주가 강도가 떨어진다면 그것은 매도 신호다. 앞서 설명했던 IBD의 상대적 주가 강도 점수가 70점 아래로 떨어지면 매도를 고려해야 한다.

7. **외로운 종목.** 같은 업종의 다른 주요 종목들은 전혀 강세가 아닌데 유일하게 한 종목만 상승세를 타고 있다면 매도를 고려해야 한다.

지지선의 붕괴

지지선의 붕괴는 어떤 종목의 주말 종가가 중요한 추세선 아래로 떨어졌을 때를 말한다.

1. **장기 상승 추세선이 무너진 경우.** 어느날 폭발적인 거래량을 수반하면서 중요한 장기 상승 추세선 밑으로 주가가 떨어지거나 강력한 지지선 역할을 해왔던 가격대를 하향 돌파하면 그 주식은 팔아야 한다. 상승 추세선은 반드시 몇 달 동안의 일간 혹은 주간 저점을 세개 이상 연결한 것이라야 한다. 기간이 너무 짧은 추세선은 활용 가치가 떨어진다.

2. **최대의 하루 하락폭.** 이미 상당 기간 상승 행진을 이어왔던 종목이 갑자기 본격적인 상승 이후 하루 하락폭으로는 가장 크게 떨어졌다면 다른 신호를 확인해보고 매도를 고려해야 한다.

3. **주간 거래량의 급증을 수반한 주가 하락.** 몇 년간 보지 못했던 엄청난 주간 거래량을 기록하면서 주가가 떨어졌다면 그 종목은 매도하는 게 좋다.

4. **200일 이동평균선의 하향 반전.** 상당 기간 오름세를 탔던 종목의 200일 이동평균선이 하향 반전했다면 매도를 고려해야 한다. 또한 모양을 만들기는 했으나 주가가 200일 이동평균선 밑에서, 혹은 모양의 중간 아래에서 움직였다면 신고가를 기록했을 때 매도하라.

5. **10주 이동평균선 밑에서 횡보할 경우.** 장기간 상승세를 지속하다가 10주 이동평균선 아래로 주가가 떨어진 뒤 8~9주 동안 재상승을 못한 채 계속 횡보할 경우 매도를 고려해야 한다.

다른 중요한 매도 지침들

1. 손실이 났을 때는 반드시 7~8%에서 손절매 하고, 이익 실현은 20~30% 상승했을 때 한다. 이렇게 세 차례만 거래했다고 해도 당신의 누적 수익률은 100% 이상이 될 수 있다. 그렇다고 해서 어떤 종목이 25~30% 상승했다고 무조건 팔아서는 안 된다. 기관 투자가가 매수하는 시장 주도주로 적절한 모양을 만든 뒤 매수 지점에서 1~3주만에 20% 넘게 올랐다면, 이런 종목은 장차 대단한 수익을 가져다줄 최고의 주식이 될 수 있다.

2. 약세장이라면 일단 신용을 없애고, 현금 보유를 늘리고, 너무 많은 종목을 매수하지 말라. 약세장에서는 매수하더라도 15% 오르면 이익을 실현하고, 3% 하락하면 무조건 손절매 하라.

3. 주식을 매도하려면 큰손 투자자들이 매수자가 돼 매물을 소화해줘야 한다. 그런 점에서 어떤 종목이 연일 상승하고 있는 상황에서 멋진 뉴스가 발표되고 경제 주간지의 커버 스토리로 실릴 정도가 되면 매도를 고려해야 한다.

4. 어떤 주식이 계속 오를 것이라며 모두들 확신하고 들떠 있을 때는 매도하라. 이때는 너무 늦은 시점이다! 잭 드레이퓨스는 이렇게 말했다. "낙관하는 분위기가 넘쳐날 때 팔아라. 모두가 낙관론에 사로잡혀 다른 사람들에게 사라고 할 때는 그들도 전부 투자한 상태다. 이럴 때 그들이 할 수 있는 일은 떠들어대는 것 밖에 없다. 이들은 더 이상 시장을 끌어올릴 여력이 없다. 시장을 끌어올리려면 매수 에너지가 필요하다." 모두가 확신을 잃고, 당신조차도 두려움에 휩싸여 있

을 때 주식을 사야 한다. 주가가 올라 좋아 죽겠다면 그때는 팔아라.

5. 분기 순이익 증가율이 2분기 연속해서 상당히 둔화됐다면(3분의 2로 감소했다면) 대부분의 경우 그 주식은 매도해야 한다.

6. 좋지 않은 뉴스가 나왔거나 나쁜 소문이 돌 때 매도하는 것은 주의 해야 한다. 일시적인 영향에 그칠 수 있기 때문이다. 악성 루머는 종 종 소액 투자자들로 하여금 보유 물량을 털어버리게 하는 데 이용되 기도 한다.

7. 지금까지 매도하면서 저지른 실수로부터 배우라. 매수 지점과 매도 지점을 모두 차트에 표시하고 자신이 직접 꼼꼼히 따지고 분석해봐 야 한다. 실수를 면밀하게 파악하고, 막대한 손실을 입었거나 천금 같은 기회를 날려버렸던 지난번 실수를 되풀이하지 않으려면 어떤 새 로운 원칙이 필요한지 적어두라. 그렇게 해야 당신도 현명한 투자자 가 되는 것이다.

인내심을 갖고 계속 보유해야 할 때

언제 팔 것인가는 언제까지 참고 기다릴 것인가에 달려있다고 해도 과 언이 아니다. 다음 사항을 잘 읽고 앞으로의 판단에 참고하기 바란다.

성장주를 매수하되 그 주식이 맨 처음 모양을 형성했을 때 향후 1~2 년간의 추정 순이익과 주가수익 비율 예상치에 기초해 목표 가격을 세울 수 있어야 한다. 당신의 목표는 최고의 실적을 내는 최고의 주식을 정확 한 시점에 정확히 매수한 다음 당신의 판단이 옳았는지, 아니면 틀렸는 지 확실해질 때까지 참고 기다리는 것이다.

아주 드문 경우지만 어떤 때는 주가 움직임이 영 시원치 않아 잘못된 종목 선정이었다고 결론짓는 데 13주나 걸리기도 한다. 물론 이런 경우는 주가가 손절매 한계까지 떨어지지 않은 채 계속 둔한 움직임을 보일 때다. 1999년처럼 주식시장이 한껏 달아올랐을 때 시장 전반은 계속 상승세를 타는데, 몇 주 동안 전혀 움직이지 않는 기술주를 보유하고 있다면 일찌감치 팔고, 펀더멘털이 좋으면서 탄탄한 모양을 형성한 다른 종목으로 갈아타는 게 좋다.

어렵게 번 돈을 주식에 투자했다면 당연히 시장 전체 흐름에 주의를 기울여야 한다. 주요 지수가 매도 압력에 시달리고 있고, 천정에 다다른 데다, 방향을 틀기 시작했는데도 새로이 매수했다면 그 주식을 보유하는 동안 상당히 고생할 것이다.(이런 경우 제대로 된 모양은 만들어지지 못하고, 종목 대부분이 시장 전체의 하락 분위기와 마찬가지로 떨어지게 된다. 추락하는 시장과 싸우려 들지 말라.)

일단 새로 주식을 매수했다면 일간 차트나 주간 차트 위에 주가가 어느 수준까지 떨어지면 손절매할 것인지(매수 가격보다 8% 이상 하락하면 안 된다) 빨간색으로 매도 한계선을 그려놓는다. 새로운 강세장이 시작되고 처음 1~2년은 매도 한계를 충분히 가져갈 수 있고, 주가가 매도 한계선에 닿을 때까지 기다렸다가 팔아도 된다.

어떤 경우에는 매도 한계선을 다소 높일 수 있다. 하지만 맨 처음 매수한 뒤 있었던 첫 조정 때의 저점보다는 매도 한계선이 낮아야 한다. 손절매 지점을 설정할 때도 현재 주가와 너무 근접해서는 안 된다. 이렇게 하면 정상적으로 찾아오는 조정 시 보유 물량을 지켜낼 수 있다.

주가가 오른다고 해서 손절매 주문 가격을 함께 올리게 되면 불가피하

이익이 난 주식은 언제 팔 것인가

면서도 자연스러운 조정 시 저점 근방에서 팔아버리는 우를 범하게 된다. 당신이 보유한 종목이 최초 매수 가격보다 15% 이상 올랐다면 이제 얼마에 매도할 것인지, 혹은 어떤 원칙에 따라 매도해 이익을 현금화할 것인지에 집중해야 한다.

주가가 20% 가까이 상승했다면 절대로 이 종목이 매수 가격 아래로 떨어지게 놔두어서는 안 된다. 가령 당신이 50달러에 산 주식이 20% 올라 60달러가 됐다고 하자. 이익이 났는데도 팔지 않고 있다가 이 주식이 50달러 아래로 떨어져 손해를 보는 것은 어떠한 이유로도 용납될 수 없다. 50달러에 산 주식이 60달러까지 올랐었는데 이를 그냥 지켜보다가 50달러나 51달러에 팔았다면 당신 스스로도 어처구니없고 당혹스러울 것이다. 그러나 이익을 현금화하지 못했다는 실수는 이미 저지른 것이고, 두 번째 실수를 범해 손실이 더 불어나도록 내버려두어서는 안 된다. 목표 달성을 위해서는 손해를 가능한 한 줄이는 것이 필요하다는 점을 명심하라.

또 한가지, 대세 상승에는 시간이 필요하다. 매수한 주식이 상승세를 타고 있다면 그 기업이 갑자기 큰 어려움에 부딪쳤다든가, 마지막 모양 형성 후 주식 분할로 2~3주간 "클라이맥스" 상승세를 분출한 경우를 제외하고는 처음 8주는 이익 실현을 해서는 안 된다. 매수 후 8주도 안돼 20% 넘게 오른 종목은 기관 투자가의 뒷받침이 없다든가 업종 전체가 약세를 보이지 않는 이상 추가로 8주 더 보유해야 한다. 매수 후 불과 1~4주만에 20% 넘게 급상승한 종목은 많은 경우 2~3배 이상 치솟는 가장 강력한 주식으로 부상한다. CAN SLIM 원칙에 따라 진짜 주도주 가운데 하나를 매수했다면 이 종목이 10주 이동평균선 아래로 조금 떨어져도 한

두 번은 지켜볼 필요가 있다. 이미 상당한 이익을 거두고 있는 상황이라면 10~20%의 첫 번째 단기 조정까지도 그냥 견딜 수 있다.

어떤 주식이 적절한 모양을 만들고 처음 상승한 다음에는 80%가 모양 돌파 후 2~6주 사이에 되돌림 과정을 밟는다. 물론 8주를 보유하면 이런 첫 매도 압력은 무사히 통과해 재상승 국면으로 들어갈 수 있고, 그러면 이익도 커져 조정을 견뎌내기가 한층 수월해질 것이다.

당신의 목표는 단지 옳은 판단만 내리는 것이 아니라 당신이 옳았을 때 진짜 큰돈을 버는 것이라는 점을 명심하라. 제시 리버모어의 말을 들어보자. "큰돈을 버는 것은 얼마나 오래 생각하느냐가 아니라 얼마나 오래 앉아있느냐에 달려있다." 올바른 판단을 하고서 끝까지 밀어붙이는 투자자는 매우 드물다. 주가가 상승해 큰 수익률을 올리는 데는 시간이 필요하다.

새로운 강세장의 처음 2년간이 가장 안전하면서도 가장 높은 수익률을 올릴 수 있는 시기다. 하지만 그러려면 용기와 인내, 그리고 이익을 키워가는 기다림이 필요하다. 한 기업과 그 기업이 생산하는 제품을 정말 잘 알고 있다 해도, 몇 차례 닥치는 불가피하면서도 정상적인 조정을 견뎌내려면 그 이상의 확신을 가져야 한다. 주식으로 부를 쌓으려면 시간과 인내, 검증된 원칙이 필요한 것이다.

지금까지 읽은 제11장은 이 책에서 그야말로 보물 같은 내용이다. 몇 번이고 다시 읽고 검토해서 투자한 주식의 이익과 손실 전략을 세우는 데 활용한다면 책값의 수천 배 이상을 보상받을 것이다. 1년에 한 번씩 이 장을 다시 읽어도 새로운 가르침을 얻을 수 있다.

성공하는 투자자가 되려면 제대로 사는 방법뿐만 아니라 제대로 파는 방법도 배워야 한다. 여기서 소개한 역사적으로 검증된 매도 원칙을 활용한 독자들은 1998년과 1999년에 거둔 투자 수익 대부분을 2000년에 현금화할 수 있었다. 그 중에는 500~1000%의 수익률을 기록한 투자자도 있었다. 2008년에 다시 똑같은 일이 벌어졌다. 이 책에서 소개한 매도 원칙을 충분히 공부하고 익힌 독자들은 2008년 3~4분기에 벌어진 대폭락의 와중에서도 그들이 애써 벌어둔 재산을 안전하게 지켜냈을 것이다.

분산 투자와 장기 투자,
신용 투자와 공매도

주 식 투자를 하겠다고 결정했다면 단순히 어떤 주식을 매수할 것
이냐는 문제 외에도 생각해봐야 할 것들이 참 많다. 포트폴리
오를 어떻게 운용해나갈 것이며, 얼마나 많은 종목을 매수할 것인지, 또
어떤 식으로 매매할 것이며, 어떤 투자 상품이 나은지 등을 정해야 한다.

이 장에서는 이처럼 다양한 여러 선택 가운데 어떤 것을 취하고, 어
떤 것을 버려야 할지 알려줄 것이다. 사실 이들 가운데 정말 이익이 되
고 당연히 주의를 집중해야 할 것은 많지 않다. 대부분은 너무 위험하거
나 복잡하고, 주의만 산만하게 하거나 성과도 별로 없는 것들이다. 그럼
에도 불구하고 투자의 세계에서는 가능한 한 이런 것들에 대해 많이 알
수록 도움이 된다. 하지만 너무 복잡하게 설명하지는 않겠다. 쉽게 이야
기해보자.

얼마나 많은 종목을 보유할 것인가?

"달걀을 한 바구니에 담지 말라." 참 너무나도 많이 들어본 말이다. 언뜻 보기에 괜찮은 충고 같지만 내 경험에 비춰보면 한두 가지 이상 분야에서 정말 특출한 능력을 발휘하는 사람을 별로 보지 못했다. 팔방미인이지만 무엇하나 내세울 특장점이 없는 사람은 어떤 분야에서도 크게 성공하지 못한다. 투자도 마찬가지다. 월스트리트의 프로라고 하는 사람들은 복잡다기한 파생금융상품을 잘 써먹기나 하는 걸까? 경험이 많으면 레버리지를 50%, 100%씩 써도 괜찮은 걸까?

당신 같으면 기계 조립도 좀 하고 가구도 만들면서 주말에는 작곡을 하고 목수와 회계사 일을 동시에 하는 치과의사에게 치료를 받고 싶겠는가?

기업도 사람이나 똑같다. 기업의 세계에게는 많은 계열사를 거느리는 기업 집단화가 최선의 분산 투자다. 하지만 계열사를 너무 많이 두는 것도 바람직하지 않다. 문어발식 확장으로 인해 몸집이 비대해지고 잡다한 사업을 하다 보니 한 분야에 집중하지 못해 비효율적인 데다 수익성도 떨어진다.

모빌 오일은 소매업에 진출하기 위해 몽고메리 워드라는 재무구조가 취약한 전국적인 백화점 체인을 사들였지만 이 같은 분산 투자는 효과가 없었다. 딘 위터와 콜드웰 뱅커를 사들여 금융업에 진출했던 시어스로벅 역시 그랬고, 컴퓨터 서비스 업계의 선두였던 EDS를 인수한 제너럴 모터스를 비롯해 헤아릴 수 없이 많은 기업 집단화 시도가 모두 실패로 돌아갔다.

많은 분야에 분산 투자하면 할수록 한 분야도 제대로 알지 못하게 된다. 많은 투자자들이 과도한 분산 투자를 한다. 최고의 실적은 집중하는 데서 나오는 경우가 많다. 자신이 아주 잘 알면서 관심을 집중할 수 있는 바구니 몇 개에만 달걀을 담는 것이다. 많은 종목에 분산 투자하면 2000년이나 2008년처럼 시장이 급락할 때도 괜찮을 것 같은가? 보유 종목이 많을수록 나중에 갑자기 심각한 약세장으로 빠져들 때 재빨리 매도할 수 없게 된다. 시장이 천정을 치면 주식을 팔고, 신용을 갚고, 최소한 일부라도 현금화해야 한다. 그렇게 하지 않으면 애써 벌어둔 투자 수익을 모두 잃게 된다.

성공하는 투자자는 수십 개 종목에서 조금씩 이익을 내기 보다는 최고의 주식 한두 개로 큰돈을 번다. 여러 종목에서 작은 손실을 내고 몇 종목에서 큰 이익을 얻는 게 훨씬 낫다. 과도한 분산 투자는 무지에 대한 방어 수단이자 변명거리다. 2007년에 정부가 보증하는 트리플 A 부동산 대출 채권 5000가지로 구성한 패키지 상품을 사들였던 은행들은 투자 수익을 거뒀는가?

2만~20만 달러를 투자한다면 자신이 잘 알고 이해하고 있는 종목 가운데서 신중하게 선정한 4~5개 종목으로 한정해야 한다. 만일 당신이 다섯 종목에 투자하고 있는데 상황이 바뀌어 새로 매수하고 싶은 종목이 나타났다면 반드시 현재 보유한 종목 가운데 수익률이 가장 떨어지는 것을 팔아야 한다. 투자 규모가 5000~2만 달러라면 세 종목 이내가 적당하다. 3000달러라면 두 종목으로 줄여야 한다. 자신의 운용 능력을 벗어나면 안 된다. 보유 종목이 늘어날수록 그만큼 관리하기도 어렵다. 수백만 달러의 포트폴리오를 운용하는 투자자라 할지라도 제대로 고른 6~7

개 종목 이상은 보유할 필요가 없다. 만약 6~7개 종목으로는 도저히 불안해서 못 견디겠다면 10개로 늘려라. 하지만 30~40개는 안 된다. 훌륭한 매매 원칙과 현실적인 시장 분석 방법을 가졌다 해도 집중해야 큰돈을 벌 수 있다. 50개 종목 이상으로 포트폴리오를 구성했다고 해서 50% 이상 떨어지지 않는다는 법은 없다.

매수하는 기간은 얼마 동안이 적당한가

일정 기간에 걸쳐 한 종목을 사들이는 것도 괜찮다. 이 역시 위험 분산의 효과가 있다. 1990년과 1991년에 걸쳐 내가 암젠 주식의 보유 물량을 늘려나갔을 때 꽤 오랜 기간 동안 사들였다. 당시 내가 추가 매수한 시점은 항상 앞서 매수한 주식에서 상당한 수익이 발생했을 때였다. 나는 평균 매수 단가보다 20달러 오른 다음에도 새로이 모양을 형성한 뒤 새로운 매수 지점이 나타나면 추가 매수했지만, 추가 매수 물량을 제한함으로써 매수 단가는 그리 높아지지 않았다.

하지만 이런 방식은 매우 위험하고, 고도의 집중을 요하므로 초보자들은 특히 주의를 기울여야 한다. 어떤 식으로 하는지 확실히 배운 다음, 만일 예상과 다르게 흘러가면 즉시 매도하거나 손절매 해야 한다.

강세장에서 포트폴리오를 집중해서 운용하는 한 방법은 당신이 맨 처음 매수한 가격보다 2~3% 상승할 때마다 소량씩 추가 매수하는 것이다. 그렇다고 해서 적정 매수 가격보다 너무 많이 상승한 종목을 추격 매수해서는 안 된다. 주가가 상승하고 있는 종목을 소량씩 추가 매수하면 나중에 보유 종목 가운데 하나가 엄청난 상승률을 기록했는데 보유 물량이 적어 큰돈을 못 버는 경우를 예방할 수 있다. 물론 손해가 나면 즉시 팔아 손실이 불어나는 것을 막아야 한다.

추가 매수 방식을 사용하면 결국 자금을 소수 정예 종목에 집중할 수 있다. 사실 완벽한 시스템은 있을 수 없지만 이런 방식이야말로 무모한 분산 투자보다 훨씬 더 현실적이며 훌륭한 성과를 거둘 가능성도 높여 준다. 위험 분산, 말은 좋다. 과도하게 해서는 안 된다. 얼마나 많은 종목을 보유할 것인지 미리 원칙을 정해놓고, 항상 이 원칙을 따르라. 투자하는 동안 늘 노트를 옆에 두고서 당신이 지켜야 할 원칙을 적어두라. 특별한 매매 원칙도 없이, 지난 5년간 혹은 10년간 당신이 거둔 수익률도 기록하지 않고서 투자를 한다는 것은 정말 말도 안 된다.

장기 투자를 해야 하나?

포트폴리오를 집중해서 운용하기로 마음 먹었다면 이제 장기 투자를 할지 아니면 자주 매매할지를 결정해야 한다. 하지만 보유 기간은 중요한 문제가 아니라는 점을 먼저 말해두겠다. 중요한 것은 최고의 주식을 정확히 선정해 정확한 타이밍에 매수한 다음 시장 상황에 따라, 혹은 매도 원칙에 따라 팔아야 할 시점에 정확히 파는 것이다. 매수해서 매도할 때까지의 기간은 짧을 수도 있고 길 수도 있다. 원칙에 따라, 시장의 움직임에 따라 판단해야 한다. 이렇게 하면 어떤 경우에는 3개월 만에 이익을 실현할 수 있고, 어떤 주식은 6개월, 또 어떤 주식은 1년 혹은 3년 이상 보유한 뒤 매도할 수 있다. 다만 손해가 난 주식은 매수 후 몇 주에서 3개월 안에 팔아야 한다. 실적이 좋은 포트폴리오치고 손실이 난 주식을

6개월 이상 보유하는 경우는 없다. 포트폴리오를 항상 좋은 주식들로 채우고 시장 상황에 맞춰야 한다. 훌륭한 정원사는 항상 꽃밭의 잡초를 제거하고 약한 가지는 잘라낸다는 점을 명심하라.

차트를 사용하지 않는 매수 후 보유 전략은 얼마나 위험한가

1999년의 월드콤, 2001년의 엔론, 2007년의 시티그룹과 AIG, 제너럴 모터스가 보여준 주간 차트를 소개하겠다. 차트를 잘 보면 이 기간 동안 각 종목이 10~15번의 매도 신호를 분명하게 전해주었다는 사실을 알 수 있다.

사실 기간을 더 길게 잡으면 매도 신호를 훨씬 더 많이 발견할 수 있다. 가령 시티그룹은 앞선 3년간, 그러니까 2004~06년 사이 상대적 주

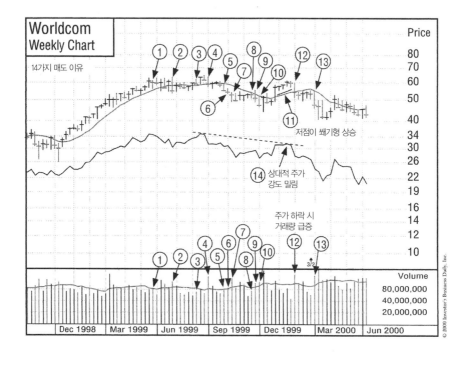

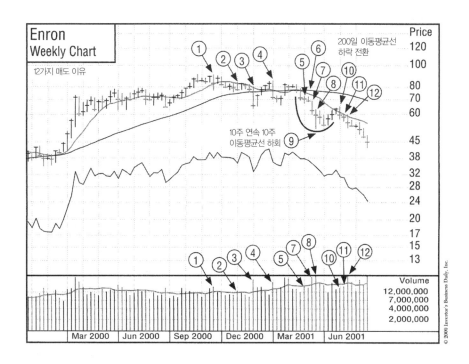

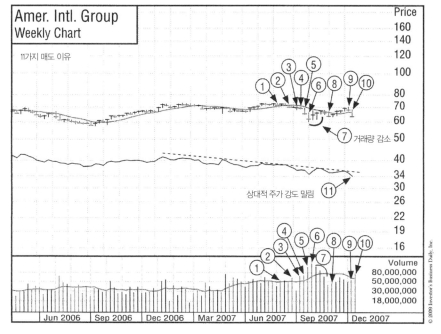

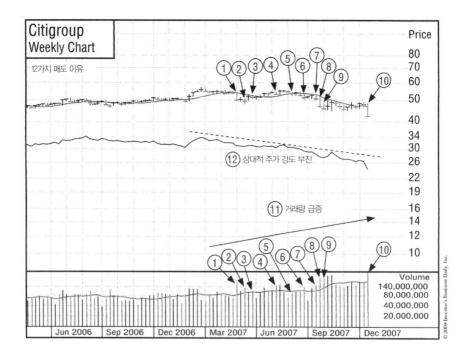

Citigroup
Weekly Chart

12가지 매도 이유

⑫ 상대적 주가 강도 부진

⑪ 거래량 급증

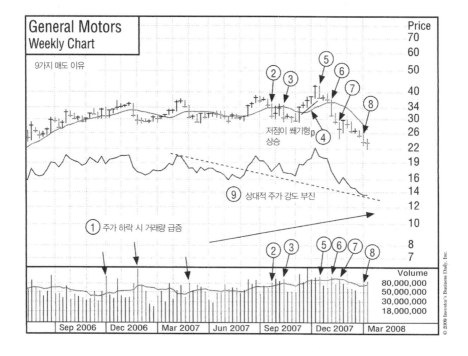

General Motors
Weekly Chart

9가지 매도 이유

저점이 쐐기형 상승

⑨ 상대적 주가 강도 부진

① 주가 하락 시 거래량 급증

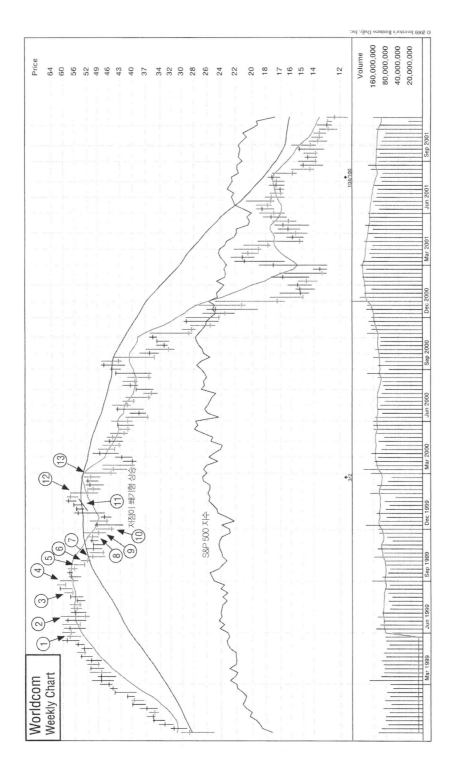

Worldcom
Weekly Chart

저점이 쎄기형 상승

S&P 500 지수

Price

64
60
56
52
49
46
43
40
37
34
32
30
28
26
24
22
20
18
17
16
15
14

12

Volume
160,000,000
80,000,000
40,000,000
20,000,000

Mar 1999 Jun 1999 Sep 1999 Dec 1999 Mar 2000 Jun 2000 Sep 2000 Dec 2000 Mar 2001 Jun 2001 Sep 2001

분산 투자와 장기 투자, 신용 투자와 공매도

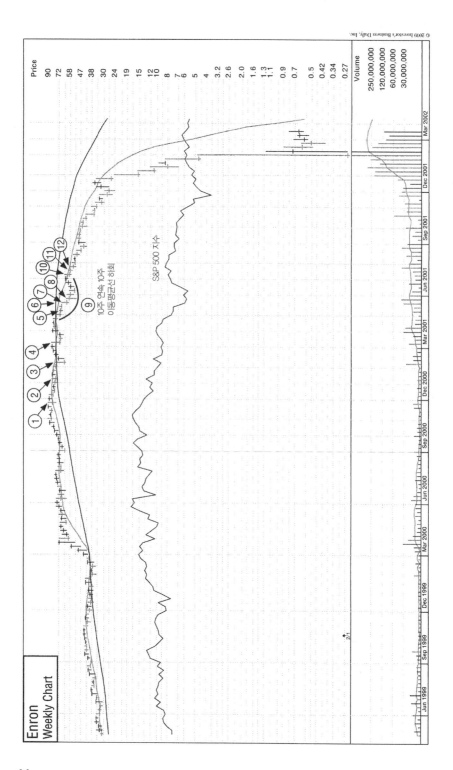

Enron
Weekly Chart

Price

90
72
58
47
38
30
24
19
15
12
10

8
7
6
5

4

3.2
2.6

2.0

1.6

1.3
1.1

0.9
0.7

0.5

0.42
0.34

0.27

Volume

250,000,000

120,000,000

60,000,000

30,000,000

S&P 500 지수

10주 연속 10주
이동평균선 하회

Jun 1999 Sep 1999 Dec 1999 Mar 2000 Jun 2000 Sep 2000 Dec 2000 Mar 2001 Jun 2001 Sep 2001 Dec 2001 Mar 2002

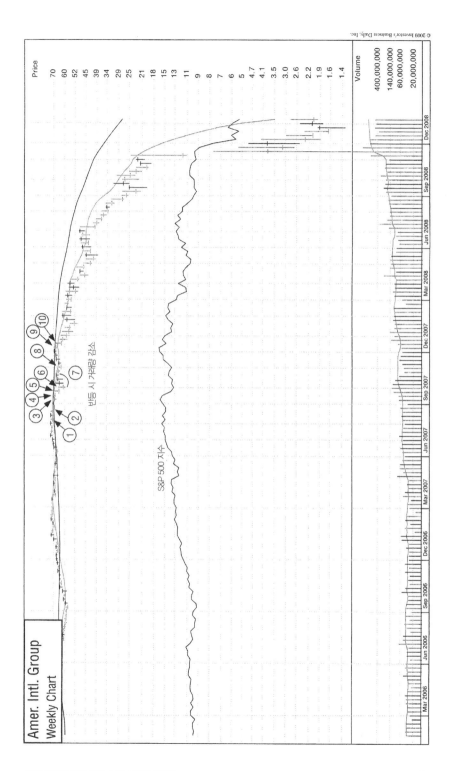

Amer. Intl. Group
Weekly Chart

Price

70
60
52
45
39
34
29
25
21
18
15
13
11
9
8
7
6
5
4.7
4.1
3.5
3.0
2.6
2.2
1.9
1.6
1.4

반등 시 거래량 감소

S&P 500 지수

③ ④ ⑤ ⑥ ⑧ ⑨ ⑩
① ② ⑦

Volume

400,000,000
140,000,000
60,000,000
20,000,000

Mar 2006 Jun 2006 Sep 2006 Dec 2006 Mar 2007 Jun 2007 Sep 2007 Dec 2007 Mar 2008 Jun 2008 Sep 2008 Dec 2008

© 2009 Investor's Business Daily, Inc.

Citigroup
Weekly Chart

S&P 500 지수

Price
58
54
49
45
42
39
36
33
30
28
26
24
22
20
18
17
15
14
13
12
11
10
9
8

Volume
800,000,000
500,000,000
300,000,000
180,000,000

Mar 2006 Jun 2006 Sep 2006 Dec 2006 Mar 2007 Jun 2007 Sep 2007 Dec 2007 Mar 2008 Jun 2008 Sep 2008 Dec 2008

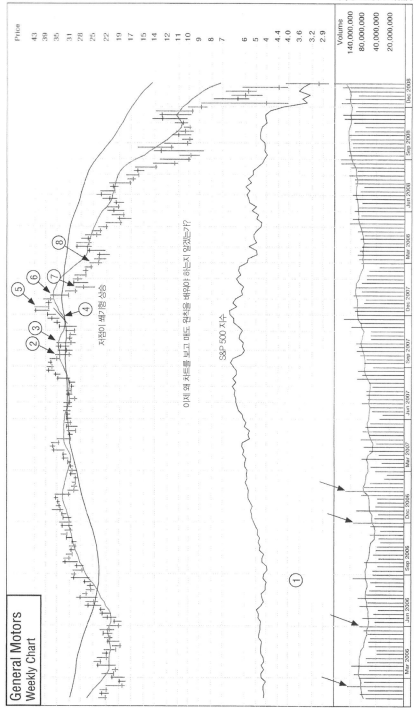

General Motors
Weekly Chart

저점이 쐐기형 상승

이제 왜 차트를 보고 매도 원칙을 배워야 하는지 알겠는가?

S&P 500 지수

가 강도가 현저하게 떨어졌고, 이 기간 중 순이익 증가율도 1990년대에 비해 크게 둔화됐다. 차트를 통해 당신이 투자한 종목의 주가와 거래량을 면밀하게 관찰하면 반드시 보상이 따른다. 성공 투자는 여기서부터 시작되는 것이다.

데이 트레이드를 해야 하나?

내가 늘 피하라고 하는 투자 방식이 바로 데이 트레이딩이다. 데이 트레이딩이란 그날 산 주식을 그날 파는 것이다. 이런 방식으로는 대부분의 투자자들이 손해를 보게 된다. 이유는 간단하다. 아주 짧은 시간의 주가 움직임만으로 거래하다 보니 좀더 긴 안목에서 바라봐야 하는 기본적인 추세를 읽지 못하기 때문이다. 더구나 데이 트레이딩으로 이익을 조금 거둔다 해도 거래 수수료나 불가피한 손실을 감안하면 아무것도 아니다. 너무 빨리 돈을 벌려고 하지 말라. 로마는 결코 하루 아침에 이뤄지지 않았다.

데이 트레이딩이 새롭게 발전한 형대로 주가의 단기 파동을 이용한 트레이딩이 있다. 이 방식은 상승 파동 시 매수해 불가피한 주가 하락 이전에 파는 것이다. 어느날 차트에서 모양을 형성한 뒤 매수 지점을 정확히 만들어낸 주식을 매수한 뒤 5일쯤 지나 파는 식이다. 때로는 손잡이가 달린 컵 모양과 똑같은 형태가 주가를 5분 단위로 표시한 일중 차트에서 발견된다. 강세장에서, 그것도 정말로 기술이 좋다면 이 방법도 효과적일 수 있지만, 이렇게 하려면 많은 시간과 경험, 노력이 필요하다.

신용은 쓰는 것이 좋은가?

투자를 배워나가는 기간인 처음 1~2년은 자기 돈만 갖고 투자하는 게 훨씬 안전하다. 주식시장에서 충분한 경험을 쌓으려면 적어도 2~3년은 필요하다. 잘못된 판단도 해보고, 새로운 방법을 궁리하느라 진땀도 흘려보고, 그릇된 고집이 얼마나 무서운지도 경험해봐야 비로소 높은 수익률을 올릴 있다. 몇 년간 경험을 쌓았고, 확실한 전략과 분명한 매매 원칙이 있다면 증권회사에서 신용을 얻어 투자 규모를 늘리는 것을 고려해볼 수 있다. 통상 신용 매수는 한창 나이의 젊은 투자자가 해야 한다. 이들은 아직 은퇴를 준비할 시간이 많으므로 신용 리스크가 상대적으로 적기 때문이다.

신용 매수의 적기는 새로운 강세장의 처음 2년간이다. 일단 약세장이 다시 시작됐다는 판단이 들면 즉시 신용을 갚고, 현금 보유를 최대한 늘려야 한다. 시장 전체가 약세로 돌아서면 당신 주식도 떨어지고, 만일 신용을 100% 썼다면 손실 규모는 신용을 전혀 쓰지 않았을 때보다 두 배나 빨리 불어난다. 따라서 신용을 썼다면 손해가 난 주식은 반드시 더 빨리 매도해야 하고, 시장 전체가 하락 반전하면 즉시 신용을 갚아야 한다. 특히 변동성이 심한 소형주나 첨단 기술주를 100% 신용을 얻어 매수했다면 주가가 50%만 떨어져도 원금을 모두 날리게 된다. 2000년과 2001년 초에 새로 뛰어든 투자자들 가운데 여럿이 이런 일을 당했다.

항상 신용을 다 쓸 필요는 없다. 때로는 보유 현금을 늘리고, 신용을 전혀 쓰지 않는 게 좋다. 현금만 갖고 투자할 수도 있고, 신용을 약간 써서 매수 여력을 좀더 확보해둘 수도 있다. 예외적으로 강세장이 확실하다고 판단되면 100% 신용을 얻어 투자할 수도 있다. 이 모든 상황은 시장이 현재 어떤 흐름을 보이고 있으며, 투자 경험은 어느 정도인가에 달려있다. 나는 거의 항상 신용을 쓴다. 기업 내용이 훌륭한 시장 주도주만 매수하고, 어떤 예외도 없이 손절매 원칙을 준수하는 상식과 지식이 있는 노련한 투자자라면 신용 매수의 효과를 얻을 수 있다는 게 내 생각이다.

마진 콜에는 절대 응하지 말라

주가가 떨어져 신용을 얻은 계좌의 잔고가 부족해지면 증권회사에서 돈을 더 입금시키든지, 아니면 보유 주식을 팔라고 요구한다. 그러면 돈을 더 넣지 말고 매도를 고려해야 한다. 십중팔구는 그게 더 나을 것이다. 잔고가 부족해졌다는 것은 당신이 길을 잘못 들었고, 계속 손실을 보고 있으며, 일이 제대로 돌아가지 않고 있음을 시장이 알려주는 것이다. 그러므로 일단 매도해서 리스크를 낮춰야 한다. 다시 강조하지만 왜 애써 번 돈을 엉뚱한 데다 갖다 버리는가? 돈을 더 입금하더라도 주가가 계속 떨어지면 또다시 마진 콜이 올 텐데 그때는 어찌할 셈인가? 손해 난 주식을 살리려다가 같이 망하고 싶은가?

공매도를 해야 하나?

내가 공매도를 연구해 책을 한 권 썼던 게 1976년이었다. 이 책은 지금 절판됐지만 상황은 그리 변하지 않았다. 공매도는 사실 아는 사람이 거의 없고, 성공하는 경우도 극히 드물다는 점에서 자신에게 정말 맞는 것인지 신중하게 생각해봐야 한다. 아주 적극적이고 충분히 단련된 투자자라면 제한된 범위 안에서 공매도를 고려해볼 수 있다. 그러나 투자 자금의 10~15%로 한정해도 내 생각으로는 많은 편이다. 공매도는 주식을 매수하는 것보다 훨씬 어렵고 복잡하며, 공매도를 하는 사람들 대부분이 섣불리 달려들었다가 결국 손실을 입는다.

공매도란 무엇인가? 간단히 생각하면 주식을 사고파는 과정을 거꾸로 한 게 공매도라고 할 수 있다. 공매도를 한다는 것은 주가가 떨어질 것을 기대하고 주식을 파는 것이다. 다시 말해 일반 투자자들이 주가가 오를 것을 기대하고 주식을 사는 것과 반대다. 공매도를 하면 보유하지 않은 주식을 팔 수 있다. 기대한 대로 주가가 떨어지면 낮은 가격으로 주식을 사서 "공매도 포지션을 청산"할 수 있고, 그렇게 함으로써 이익을 얻는 것이다. 그러므로 공매도를 하는 경우는 시장이 크게 떨어질 것으로 예상되거나, 특정 종목이 곤두박질치려 할 때다. 나중에 도로 싼값에 살 생각을 갖고서 먼저 주식을 파는 것이다.

쉬워 보이지 않는가? 천만의 말씀이다. 공매도가 성공하는 경우는 아주 드물다. 주가가 크게 떨어질 거라고 생각하고 공매도를 한 종목이 대개는 예상과 달리 주가가 조금씩 올라가는 경우가 많다. 주가가 오르면 당연히 손실이 난다.

효과적인 공매도 시점은 일반적으로 시장 전반이 새로운 약세장으로 기울기 시작할 때다. 시장의 주요 지수를 잘 관찰하고 난 다음 공매도를 해야 한다는 말이다. 따라서 (1) 제9장에서 설명했던 것처럼 매일같이 다우존스 지수와 나스닥 지수, S&P 500 지수를 읽어낼 수 있어야 하며 (2) 엄청나게 상승한 다음 몇 달 전 천정을 친 주식을 골라야 한다. 공매도에서 타이밍은 생명과 같다. 판단이 옳았다 해도 너무 일찍 뛰어들었다가는 손해를 볼 수 있다.

공매도에서도 역시 최대 8%의 손절매 원칙으로 위험을 줄여야 한다. 그렇게 하지 않으면 공매도한 주식의 주가 상승 가능성은 무한대이므로 손실 역시 무한정 불어날 수 있다.

공매도에 대한 나의 첫째 원칙은 강세장에서는 절대로 공매도를 하지 않는다는 것이다. 왜 대세를 거스르는가? 얼마 지나지 않아 나의 충고를 잊을지 모른다. 그러면 한번 스스로 시행착오를 겪으면서 길을 찾아보라. "칠 주의"라는 경고 표시가 있는데도 페인트가 채 마르지 않은 벤치에 앉으면 결국 톡톡한 대가를 치르고 나서야 경고가 무슨 의미인지 알게 된다. 공매도는 약세장에서만 해야 한다. 그래야 당신이 조금 더 유리해진다.

공매도에 대한 나의 다음 원칙은 발행 주식수가 적은 소형주는 절대 공매도 하지 않는다는 것이다. 주식시장의 큰손과 프로 투자자들은 마음만 먹으면 소형주의 주가를 끌어올릴 수 있다. 이런 것을 "공매도 압박"이라고 부르는데, 공매도를 한 투자자는 손실이 커져 마침내는 청산할 수밖에 없게 된다. 특히 공매도한 투자자가 당신 혼자라면 생각만 해도 끔찍할 것이다. 그런 점에서 공매도할 종목은 하루 평균 거래량이 적어도 500만~1000만 주는 넘어야 한다.

공매도하기에 가장 좋은 주가 패턴의 예를 두 가지 소개하겠다.

1. **"헤드 앤 쇼울더(head and shoulders)" 천정**. 주가 패턴에서 오른쪽 어깨는 반드시 왼쪽 어깨에 비해 약간 낮아야 한다. 공매도 하기에 최적의 타이밍은 오른쪽 어깨에서 주가가 세 번째 혹은 네 번째 상승

되돌림을 막 끝났을 때다.(루슨트 테크놀러지의 차트에서 오른쪽 어깨의 네

번째 되돌림에 주목하라.) 이런 상승 되돌림 가운데 하나는 몇 주 전의

반등 시 주가보다 더 높을 수 있다. 이럴 때 공매도 경험이 적은 투자

자는 성급하게 뛰어들기도 한다. 앞서 강세장에서 크게 상승했던 주

도주의 경우 상승세가 꺾인 뒤 하락세로 돌아서더라도 여러 차례 상

승 되돌림을 해 오른쪽 어깨에서 저점 대비 20~40%의 상승률을 기

록하기도 한다. 이런 주식의 마지막 상승세는 반드시 이동평균선까

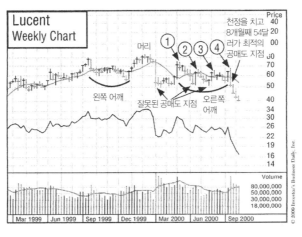

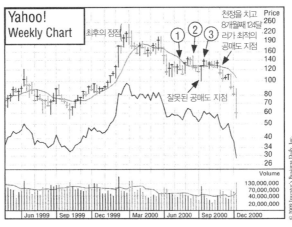

지 뚫는다. 공매도 적기는 거래량이 늘면서 주가가 하락 반전해 10주 이동평균선 아래로 떨어졌지만 저점을 경신하지는 않았을 때다. 저점을 경신했을 때는 대부분의 트레이더가 알아채므로 너무 늦다. 꼭 그런 것은 아니지만 이런 주식들은 분기 순이익 증가율이 둔화되거나 순이익 자체가 감소하고 있을 수 있다. 상대적 주가 강도 역시 최소 20주에서 34주까지 계속 하락해야 한다. 우리가 조사한 결과로는 앞선 강세장에서 시장을 주도했던 종목이 확실하게 천정을 쳤다면 그로부터 5~7개월 후 거의 틀림없는 공매도 기회가 생긴다. UCLA 대학 농구팀의 위대한 감독 존 우든은 선수들에게 이런 말을 자주 했다. "무엇이 중요한지 알고 나서야 비로소 배우게 되는 것이다." 한번은 이런 일이 있었다. 뭐든 모르는 게 없다고 자신하는 투자자가 편지를 보내왔다. "당신 설명은 말도 안 된다. 천정을 쳤다면 왜 7개월 뒤에야 공매도를 하는가?" 이처럼 많은 사람들이 이해하지 못한다. 그래서 대부분의 공매도 투자자들이 "분명해 보이지만 잘못된 타이밍에" 성급하게 뛰어들었다가 손실을 보게 되는 것이다. 루슨트는 천정을 치고 8개월째 됐을 때 54달러를 기록했는데, 그 후 89% 하락했다. 야후는 천정을 친 뒤 8개월째 되던 달로부터 87% 떨어졌다. 주식시장에서 자만심은 대단히 위험하다. 자기가 지금 뭘 하고 있는지 아주 잘 알고 있다고 착각하기 때문이다. 똑똑한 사람일수록 자만심이 커질 수 있다. 시장을 존중하고 겸손한 자세를 갖는 것이야말로 투자자에게 꼭 필요한 덕목이다.

2. **손잡이가 달린 컵 모양이나 다른 주가 패턴을 세 번째 혹은 네 번째로 시도하면서 모양 형성이 실패한 게 분명한 경우.** 이런 주식을 공매도

할 때는 반드시 거래량이 늘어나고 있어야 하며, 손잡이 부분 아래로 주가가 떨어지기 시작해야 한다.(제2장에서 설명한 차트 읽는 법과 실패한 모양을 참고하기 바란다.)

공매도는 프로들에게도 무척 위험하다. 오로지 능력이 출중하고 과단성 있는 투자자만 시도해야 한다. 마지막으로 한마디 더 경고하겠다. 주가가 너무 높은 것 같다고 해서, 혹은 주가수익 비율이 너무 높아 보인다는 이유로 상승세를 타고 있는 주식을 공매도 해서는 안 된다. 그랬다가는 다 날려버릴 수 있다.

요약을 해보자. 분산 투자는 좋지만 너무 과도하게 해서는 안 된다. 제대로 선정한 소수 종목에 집중하고, 각 종목을 얼마나 오랫동안 보유할지는 시장 상황에 따라 판단하라. 투자 경험이 많다면 신용을 써도 괜찮지만 그에 따라 리스크도 크게 증가한다는 점을 명심하라. 마지막으로 자신의 판단과 행동에 확신이 서지 않는 한 공매도를 해서는 안 된다. 주가 차트를 활용해 최고의 주식과 최적의 타이밍을 찾아내라.

투자자들이 가장 많이
저지르는 21가지 실수

노트르담 대학 미식축구팀의 전설적인 감독 크누트 로큰은 이렇게 말하곤 했다. "네 약점이 강점이 될 때까지 계속 단련하라." 많은 사람들이 주식시장에서 손실을 보고 기껏해야 얼마 안 되는 이익을 얻는 데 그치는 이유는 간단하다. 실수를 너무 많이 저지르기 때문이다. 사업에서 인생에서 직장에서도 마찬가지다. 당신이 뒤로 처지고 왔던 길로 되돌아가야 하는 이유는 당신의 강점 때문이 아니라 당신이 깨닫지 못하는, 그래서 계속 저지르고 있는 실수와 약점 때문이다. 대부분의 사람들은 자신의 실수와 약점을 남의 탓으로 돌린다. 사실 자신의 행동을 직시하기 보다는 적당한 구실이나 변명거리를 찾는 게 훨씬 더 편하다.

내가 이 책을 처음 썼을 때 많은 사람들이 나에게 이렇게 조언해주었다. "당신의 약점이 아니라 강점에 집중하세요." 여러 면에서 논리적이고 합리적인 말이었다. 그런데 이제 날마다 놀랍게 돌아가는 주식시장을 50년간 경험해보고 나서 생각해보니 이렇게 말할 수 있을 것 같다.

지금까지 모든 투자자들이 저지른 참담한 실수의 98%는 주식을 매매하면서 자신이 저지른 실수를 배우려고 기꺼이 시간을 내지 않았기 때문이다. 따라서 진정으로 성공하려면 당장 하던 것을 멈추고 새로 시작해야 한다. 다시 말해 제대로 통하지는 않았지만 당신이 알고 있다고 생각하는 것들을 머릿속에서 털어내고, 그에 따라 행동하는 것도 그만두고, 앞으로 활용할 새롭고 더 나은 원칙과 방법을 배워야 한다.

어느 분야든 성공하는 사람과 그렇지 못한 사람들 간의 차이는 있는데, 성공하는 사람은 남들이 하고 싶어하지 않는 일을 열심히 한다는 것이다. 나는 1960년대 초 이래 무모하게 위험을 무릅쓰는 개인 투자자들을 숱하게 봐왔다. 이들 가운데는 투자를 막 시작한 초보자도 있었고, 영리한 프로들도 있었다. 그러나 이제 막 시작했든 오랜 경험을 갖고 있든, 투자 경력은 문제가 되지 않았다. 경험이 많다고 해서 나쁜 버릇을 계속 되풀이한다면 이런 경력은 오히려 해가 될 뿐이다. 주식시장에서 성공이란 대부분의 투자자들이 저지르는 상식적인 실수 몇 가지만 저지르지 않으면 이룰 수 있다.

당신도 배울 수 있다. 많은 사람들이 건전한 원칙과 철학을 활용해 자신의 재산을 안전하게 지켜내는 방법을 배웠다. 여기 소개하는 대표적인 실수들은 당신이 정말로 더 나은 인상적인 투자 성과를 거두기 위해서는 꼭 피해야 하는 것들이다.

1. **손실이 아주 적고 충분히 감수할 수 있는데도 고집스럽게 손실을 키워나가는 것.** 대부분의 투자자가 작은 손실만 입고 빠져나올 수 있다. 그러나 그들 역시 사람인지라 감정에 휘둘린다. 손실을 보고 싶지 않아 기다리게 되고 오르기를 바라게 되고, 그러다 보면 손실은 어느새 불어나 치명적인 지경에 이른다. 이것이야말로 대부분의 투자자가 저지르는 실수 가운데 1순위로 꼽힐 만하다. 이런 실수를 저지르는 사람들은 모든 주식이 투기적이고 리스크도 크다는 사실을 이해하지 못한다. 어떤 경우에도 손실은 짧게 끊어내야 한다. 내가 지난 45년간 전국적으로 강연을 하면서 가르친 원칙은 매수 가격보다 7~8% 하락하면 무조건 즉시 손절매 하라는 것이다. 이렇게 간단한 원칙만 지켜도 당신은 투자의 세계에서 살아 남을 것이며, 그러면 앞으로 수 없이 찾아올 멋진 기회에 투자할 수 있을 것이다.

2. **주가가 떨어질 때 매수함으로써 비극적인 종말로 치닫는 것.** 하락하는 주식은 진짜 싸게 보인다. 불과 몇 달 전보다 싸졌기 때문이다. 내가 아는 한 젊은 여성이 1999년 말 제록스 주식을 샀다. 갑자기 주가가 떨어져 34달러라는 신저가를 기록하자 참 싸게 느껴졌기 때문이다. 제록스 주가는 1년 뒤 6달러가 됐다. 왜 떨어지는 칼날을 붙잡으려 하는가? 많은 사람들이 2000년에 똑같이 했다. 82달러까지 갔던 시스코 시스템스가 50달러로 떨어지자 매수한 것이다. 시스코는 그 뒤 50달러를 회복하지 못했다. 2003~07년의 강세장에서도 그랬고, 10년이 흘렀는데도 시스코 주가는 16달러다.

3. **평균 매수 가격을 높이기보다 낮추는 것.** 어떤 주식을 40달러에 1주 산 다음 30달러에 또 1주를 산다면 평균 매수 가격은 35달러가 된

다. 하지만 이렇게 함으로써 손실을 보는 주식은 더 늘어나고, 귀중한 돈을 헛되이 낭비하는 꼴이 된다. 이런 식의 아마추어 전략은 심각한 손실로 귀결되고, 큰 손실을 몇 번만 입게 되면 당신의 포트폴리오는 거덜이 날 것이다.

4. **차트 이용하는 법도 배우지 않고, 제대로 된 모양을 형성한 뒤 신고가를 경신했는데도 매수하기를 두려워하는 것.** 어떤 종목이 신고가를 수립하면 일반 투자자들은 주가가 너무 높다고 생각한다. 그러나 개인적인 느낌이나 의견은 감정적인 것일 뿐 시장 그 자체만큼 정확하지 못하다. 강세장에서 주식을 매수하기에 최적의 시점은 최소한 7~8주간에 걸쳐 탄탄한 모양을 형성한 뒤 맨 처음 매수 지점을 만들었을 때다.

5. **적절한 종목 선정 기준이 없거나 성공하는 기업을 찾아낼 만한 안목이 없어서 처음부터 종목 선정에서 실패하는 것.** 어떤 펀더멘털 요소가 중요한지, 중요하지 않은 요소는 어떤 것인지 이해하고 있어야 한다! 많은 사람들이 삼류도 아닌 사류 주식을 산다. 이런 주식은 특별히 영업을 잘 하는 것도 아니고, 순이익이나 매출 성장률, 자기자본 이익률은 불확실하며, 해당 업종의 선두 주자도 아닌 그야말로 "내세울 것 하나도 없는" 그런 기업의 주식이다. 심지어 기업 내용은 형편없으면서 투기성은 높고 리스크는 큰 기술주에 집중 투자하는 사람도 있다.

6. **시장 전체를 바라보는 원칙이 없어 언제 조정이 시작되는지, 언제 하락이 끝나고 새로운 상승세가 확실해지는지 알지 못하는 것.** 시장이 천정을 치고, 또 시장이 바닥을 친 다음 방향을 트는 것을 아는 게 매우 중요하다. 그래야 이익을 지켜내고 큰 손실도 입지 않을 수 있다. 폭

풍우가 언제 끝나는지 알아야 다시 시장에 뛰어들어 매수를 재개할 수 있을 것이다. 당신의 주관적인 의견이나 감만으로는 안 된다. 특별한 원칙과 함께 그 원칙을 철저히 따르는 자세가 필요하다.

7. **자신의 매수 및 매도 원칙을 따르지 않는 바람에 실수가 점점 더 잦아지는 것.** 당신이 역사적으로 검증된 아주 훌륭한 원칙과 전략을 세워두었다 해도 그에 따라 결정하고 행동하지 않는다면 아무 소용도 없다.

8. **어떤 주식을 살 것인가만 생각하고, 일단 매수 결정이 내려지면 언제, 어떤 상황에서 그 주식을 매도할 것인지는 전혀 생각하지 않는 것.** 대부분의 투자자들은 주식을 언제 팔아야 할지에 대한 원칙이나 전략을 전혀 갖고 있지 않은데, 이 말은 성공 투자에 필요한 노력이 반쪽에 불과하다는 것이다.

9. **기관 투자가가 적극적으로 매수하고 기업 내용이 훌륭한 종목을 매수하는 게 얼마나 중요한지, 또 차트를 이용해 종목 및 타이밍 선정의 정확성을 높이는 게 얼마나 중요한지 이해하지 못하는 것.**

10. **고가주를 소량 매수하기 보다는 저가주를 대량으로 매수하는 것.** 많은 사람들이 주식을 매수할 때 100주나 1000주 단위로 사야 더 좋은 것처럼 생각한다. 이렇게 하면 같은 돈으로도 더 많은 주식을 갖고 있는 것처럼 느끼게 된다. 하지만 실제로는 30주나 50주라 하더라도 기업 내용이 더 좋은 고가주를 매수하는 게 훨씬 낫다. 투자를 할 때는 금액에 초점을 맞춰야지, 몇 주를 샀는지는 중요하지 않다. 싼값으로는 최고의 상품을 살 수 없다. 주가가 2달러, 5달러, 혹은 10달러로 떨어지면 많은 투자자들이 참지 못하고 매수한다. 하지만 10달러

이하에 팔리는 주식은 다 그만한 이유가 있다. 이런 기업은 지난 회계 연도에 적자가 났거나, 지금 뭔가 심각한 문제에 부딪쳤을 것이다. 주식이라고 해서 특별하지 않다. 최고의 주식이 헐값에 팔리는 경우는 절대 없다. 이 뿐만이 아니다. 저가주는 호가 차이로 인해 사실상 더 많은 수수료를 부담하게 된다. 저가주는 또 순식간에 15~20%씩 떨어지는 일이 비일비재해 그만큼 리스크도 높다. 대부분의 프로나 기관 투자가들은 5달러나 10달러짜리 종목에는 투자하지 않고, 그래서 이런 주식은 기관의 뒷받침도 받지 못한다. 1달러 미만 주식은 더 위험하다. 앞서 설명했듯이 어떤 종목의 주가가 비상하기 위해서는 기관 투자가의 뒷받침이 꼭 필요하다. 저가주는 특히 주가에 비해 매수호가와 매도호가 간의 차이가 크다. 가령 현재 5달러에 거래되는 주식의 매수호가와 매도호가가 각각 5달러, 5.25달러라고 하자. 그러면 매도호가와 매수호가의 차이는 주가의 5%에 이른다. 반면 50달러에 거래되는 주식의 매수호가와 매도호가가 각각 50달러, 50.25달러라면 그 차이는 주가의 0.5%에 불과하다. 무려 10배나 차이가 나는 셈이다. 결국 저가주를 매수하면 단지 호가 차이를 메우기 위해서라도 상당한 주가 상승이 필요한 것이다.

11. **주변의 말이나 루머에 솔깃해서, 혹은 주식 분할 발표나 새로운 뉴스, 낙관적인 전망, TV에 출연한 세칭 시장 전문가의 추천과 의견을 들었다고 해서 주식을 매수하는 것.** 많은 사람들이 이런 잘못을 저지른다. 스스로 공부하고 알아보고 또 무엇이 정말 중요한지 알아내기 보다 단지 다른 사람이 말하는 것만 믿고서 자기가 힘들게 번 돈을 위험에 빠뜨린다. 그 결과 진짜로 큰돈을 잃을 수 있다. 당신이 쉽게 들

을 수 있는 루머나 정보는 대부분 사실이 아니다. 비록 그 가운데 일부가 사실이라 해도 그렇게 해서 매수한 주식은 떨어지는 경우가 많지 오르는 경우는 드물다.

12. **배당금을 받을 욕심에, 혹은 낮은 주가수익 비율(PER)에 현혹돼 이류 종목을 선정하는 것.** 배당금이나 주가수익 비율은 주당 순이익의 증가율만큼 중요하지 않다. 많은 경우 어느 회사가 배당금을 많이 지급할수록 주당 순이익 증가율은 더 떨어진다. 어떤 경우에는 배당금으로 빠져나간 내부자금을 보충하기 위해 더 높은 금리의 외부자금을 사용해야 할 수도 있다. 기업 입장에서는 배당금을 지급하는 대신 이 자금을 연구개발이나 다른 시설에 재투자하는 게 낫다. 더구나 배당금 수입은 하루나 이틀 정도의 주가 변동으로 상쇄될 수도 있다. 주가수익 비율도 마찬가지다. (순이익이 많아서가 아니라) 주가가 워낙 낮다 보니 주가수익 비율이 낮은 것일 수 있다. 주가란 다름아닌 바로 지금 시점의 가치를 반영해서 결정된다는 점을 명심하라.

13. **너무 빨리 너무 쉽게 돈을 벌려고 하는 것.** 제대로 준비도 하지 않고, 건전한 방법도 배우지 않고, 더구나 필수적인 기술도 익히지 않고 무조건 하루아침에 대박을 내려고 한다면 나락으로 빠져들 수 있다. 오히려 너무 서둘러 주식을 매수하면 판단이 잘못돼 주가가 떨어졌을 때 손절매를 못하는 경우가 많다.

14. **낯익은 전통 기업 주식만 매수하는 것.** 제너럴 모터스에서 오랫동안 일했다고 해서 제너럴 모터스 주식을 사는 게 좋은 건 아니다. 최고의 투자란 대부분 전혀 몰랐던 새로운 기업의 주식을 매수하는 데서 비롯된다. 약간의 조사와 노력만 기울인다면 새로운 종목을 찾아

낼 수 있고, 이런 기업의 이름이 널리 알려질 때쯤이면 훌륭한 수익을 거두었을 것이다.

15. **어떤 것이 좋은 정보며 훌륭한 조언인지 제대로 이해하지도 못하고 따르지도 않는 것.** 친구나 친척과 마찬가지로 증권회사 직원과 투자자문회사 역시 나쁜 정보의 원천이 될 수 있다. 더구나 이들 가운데 극히 일부만이 당신의 주의를 끌어들이는 데 성공한다. 탁월한 증권회사 직원과 투자자문회사는 유명 의사나 변호사, 운동선수보다 더 귀하다. 야구선수 가운데 메이저리그에서 뛰는 경우는 열에 하나에 불과하다. 대학을 졸업한 운동 선수라고 해서 다 프로리그에서 뛰는 것은 아니다. 많은 증권회사가 자기 자금도 현명하게 운용하지 못해 망하곤 한다.

16. **손해난 주식은 계속 붙들고 있으면서 이익이 난 주식은 조금만 올라도 쉽게 팔아버리는 것.** 다른 말로 하자면, 당신이 하고 있는 행동과 정확히 반대로 하라는 것이다. 손실은 짧게 끊어내고, 이익은 길게 가져가라.

17. **세금과 수수료에 대해 너무 걱정하는 것.** 투자의 첫째 기준은 순이익이다. 세금이 무섭다고 세금 면제 상품에만 신경을 쓰면 잘못된 투자 결정을 내릴 수 있다. 또 장기 투자에 따른 세금 감면 혜택을 노리다가 너무 오래 보유하는 바람에 처분 시점을 놓칠 수도 있다. 매매 수수료 역시 필요한 시점에 정확한 결정을 내렸을 때 벌어들일 투자 수익에 비하면 아주 미미한 수준이다. 수수료가 싼 온라인 거래를 이용할 경우 특히 그렇다. 부동산보다 주식이 유리한 점 두 가지를 꼽자면 수수료가 싸다는 것과 투자한 돈을 재빨리 회수할 수 있다는 것이

다. 주식시장에서는 높은 유동성 덕분에 적은 비용으로 시장을 빠져
나올 수 있고, 언제든 새로운 흐름을 발견하면 다시 들어가 높은 수
익으로 연결시킬 수 있다.

18. **하루아침에 부자가 되기 위해 선물과 옵션에 과도하게 투기하는 것.**
어떤 투자자들은 단기간의 투자 수익에 집착해 낮은 가격의 외가격
옵션에 투자한다. 이런 옵션은 변동성이 매우 심하고 리스크도 높다.
더구나 옵션 만기일까지의 시간적 제약 역시 옵션 매수자에게는 매우
불리하다. 이와 반대로 현물 주식을 보유하지도 않고 옵션을 매도하
는 "네이키드 옵션(naked options)" 역시 적은 투자 수익을 위해 훨씬
더 큰 리스크를 감수하는 것이다.

19. **"시장 가격"으로 거래하지 않고, 매수와 매도 주문 시 미리 가격대를
정해둔 예약주문을 하는 것.** 이렇게 하면 주가의 작은 변화에는 그
런대로 잘 대응할 수 있을지 모르나 정말로 중요한 시장의 큰 움직
임에는 전혀 대응하지 못한다. 예약주문으로 인해 시장 흐름을 완전
히 놓쳐버릴 수 있고, 손절매를 못하는 바람에 치명적인 손실을 입
을 수 있다.

20. **중요한 결정이 필요한 순간에 결심하지 못하는 것.** 많은 투자자들이
지금 주식을 사야 할지, 팔아야 할지, 혹은 그대로 보유하고 있어야
할지조차 알지 못한다. 하지만 이런 불확실성은 그들이 가이드라인
을 갖고 있지 못하기 때문이다. 대부분이 시장에서 검증된 전략과
엄격한 투자 철학, 그리고 분명한 매매 원칙을 따르지 않고, 그러다
보니 올바른 방향으로 나가지 못하는 것이다.

21. **주식을 객관적으로 보지 못하는 것.** 대개의 투자자들은 그저 자기가

좋아하는 종목을 고른 다음 행운이 찾아오길 빈다. 하지만 성공하는 투자자는 자기 의견을 고집하거나 헛된 희망을 갖는 대신 시장에 주목한다. 시장은 대개 맞기 때문이다.

지금까지 당신이 가졌던 믿음과 실제 행동을 되돌아볼 때 여기서 소개한 것들 가운데 몇 가지나 가슴에 와 닿는가? 잘못된 투자 원칙과 투자 방식은 초라한 성과로 이어진다. 올바른 투자 원칙과 투자 방식은 우수한 성과로 이어진다.

그렇다고 해서 낙담할 필요는 없다. 로큰의 말을 다시 한번 떠올려보라. "네 약점이 강점이 될 때까지 계속 단련하라." 그렇게 하려면 시간이 걸리고 노력이 필요하다. 하지만 결국 당신의 시간과 노력에 충분한 보답이 있을 것이다.

최고의 주식이 보여준
모델을 활용하라

이 책을 통해 나는 지난 역사에서 최고의 주식으로 자리매김했던 종목들에 관해 설명했다. 여기까지 읽었다면 CAN SLIM 투자 원칙에 대해서도 충분히 배웠을 것이다. 또한 바로 이런 주식들을 우리가 그동안 기관 투자가 고객들에게 추천해왔고, 우리가 직접 이런 주식들을 매수해왔다는 사실을 알아둘 필요가 있다.

당신의 현재 나이나 재산 정도에 관계없이 CAN SLIM 투자 원칙을 활용하면 당신도 꿈을 실현시킬 수 있다. 이 책을 읽고 나서 인생이 바뀌었다는 수많은 개인 투자자들의 얘기를 들어봤을지 모르겠다. 실제로 그런 일이 있었고, 당신도 그렇게 될 수 있다. 단단한 결심과 굳센 의지만 있다면 투자 규모가 얼마인가는 중요하지 않다. 결의한 대로 꾸준히 해나가되 절대 스스로 포기하면 안 된다.

이번 장에서는 이 같은 원칙을 활용해 성공했던 과거 사례를 소개할 것이다. 물론 여기 소개된 종목들 외에도 얼마든지 더 있다. 더구나 이 책에서 소개한 사례들은 1952년 이후에 나타난 최고의 주식들이다. 이번 장의 내용을 숙독하라. 그러면 여기서 소개하는 주가 패턴이 세월이 흘러도 계속 반복된다는 사실을 발견할 것이다. 일찌감치 이런 패턴을 확실히 배워두면 머지않아 당신도 엄청난 투자 수익을 거두게 될 것이다.

소액 계좌는 어떻게 커가는가

1961년에 나는 하버드 대학교 경영자 개발과정(PMD)에 재학 중이었는데, 동료 학생들과 함께 1인당 10달러씩 출자해 총 금액 850달러의 PMD 펀드를 출범시켰다. 우리 반 학생 각자가 10달러로 투자를 시작한 셈이었다.

당시 회계는 내셔널 뉴어크 앤 에섹스 뱅크에 다니던 마셜 월프가 맡아서 했다. 그는 거래 기록을 정리하고, 투자 내역을 동료 학생들에게 알려주고, 세금 신고와 납부까지 처리했는데, 이 친구는 나중에 미드애틀랜틱 내셔널 뱅크의 수석 부사장이 됐다. 그때 나는 투자 자금을 운용하는 비교적 쉬운 일을 맡았다.

이 계좌를 잘 살펴보면 매우 흥미로울 것이다. 사실 얼마든지 적은 돈으로 주식 투자를 시작할 수 있고, 정확한 투자 원칙을 고수하면서 스스로 열심히 노력하면 소액 투자자도 성공할 수 있다는 사실을 이 계좌가 입증해주고 있기 때문이다. 펀드가 출범한 지 약 25년 만인 1986년 9

월 16일 모든 세금을 다 공제한 뒤 계좌에는 5만1653달러34센트가 남아 있었다. 다시 말하면 5만 달러 이상의 투자 수익을 올렸고, 각자에게 518 달러의 이익이 돌아간 것이다. 1000달러도 안 됐던 원금이 세후로도 50 배 이상으로 불어난 셈이다.

사실 PMD 펀드의 실제 매매기록은 우리가 지금까지 설명했던 기본적인 투자 원칙들을 철저히 따랐다는 것을 보여주고 있다.

1964년의 경우 주식 매매로 투자 수익을 올린 것은 20차례였는데 손실을 본 거래도 20차례에 달했다. 하지만 투자 수익을 올렸을 때의 평균 수익률은 20%에 달한 반면 손해를 봤을 때는 평균 7%에 그쳤다. 만약 스탠더드 콜스맨이나 브룬스윅 같은 종목들을 손절매하지 않았더라면 뒤늦게 주가 폭락으로 손실이 훨씬 커졌을 것이다. 펀드 운용 자금이 적다 보니 투자 대상 종목은 한 번에 하나 혹은 두 종목으로 한정했다. 추가 매수는 통상 그 종목의 주가가 상승세를 보일 때만 했다.

주식시장이 좋지 않았던 1962년에는 전혀 수익을 올리지 못했지만 1963년 6월 6일에 이미 누적 투자 수익률이 139%에 달했고, 이 돈으로 우리는 최고의 주식이 된 신텍스를 처음 매수했다. 1963년 말 투자 수익률은 무려 474%를 기록했다.

1964년은 그저 그랬다. 1965~67년에는 꽤 괜찮은 투자 수익률을 올렸는데 물론 1963년처럼 대단하지는 않았다. 1969년과 1974년에는 손해를 봤지만 나머지 10여년간은 계속해서 수익을 올렸다. 1978년에는 돔 페트로리움을 매수해 높은 투자 수익률을 올렸다.

돔의 경우는 특히 주식의 매도 타이밍이 얼마나 중요한지를 가르쳐주었다. 우리는 이 주식을 77달러에 매수해 98달러에 팔았는데, 이 주식은

주식수	종목	매수일	매수가	매도일	매도가	수익(손실)
5	Bristol Myers	1/1/61	64.88	2/21/61	78.75	
7	Bristol Myers	1/4/61	67.25	2/21/61	78.75	149.87
18	Brunswick	2/21/61	53.75	3/10/61	68.00	223.35
29	Certain-teed	3/10/61	42.13	4/13/61	39.75	(104.30)
24	Stan. Kollsman	4/13/61	45.75	6/27/61	45.00	
	Stan. Kollsman		45.75	6/27/61	43.38	(82.66)
25	Endevco Corp.	4/26/61	13.00	5/25/61	17.50	102.96
10	Lockheed	6/13/61	44.88			
10	Lockheed	6/27/61	46.38			
5	Lockheed	7/25/61	48.50	8/29/61	48.25	7.55
6	Crown Cork	9/1/61	108.50			
5	Crown Cork	9/1/61	110.00	10/2/61	103.25	(100.52)
20	Brunswick	10/11/61	64.25	10/24/61	58.13	
	Brunswick			11/1/61	54.00	223.49
3	Polaroid	10/31/61	206.75			
3	Polaroid	11/1/61	209.00	2/21/61	180.00	(191.68)
30	Korvette	2/28/62	41.00	3/30/62	47.88	
30	Korvette	4/5/62	52.25	4/13/62	54.25	183.96
10	Crown Cork	5/28/62	99.25	5/22/62	97.25	(50.48)
30	Lockheed	6/15/62	41.25	6/2/62	39.75	(81.02)
5	Xerox	6/20/62	104.75			
5	Xerox	6/25/62	105.25	7/12/62	127.13	190.30
10	Homestake Mining	7/16/62	59.50	7/24/62	54.25	
10	Homestake Mining	7/16/62	58.75	7/24/62	54.25	(87.66)
10	Polaroid	7/31/62	105.00	7/19/62	97.88	(101.86)
30	Korvette (Short)	10/24/62	21.88	9/28/62	35.13	385.94
10	Chrysler	10/30/62	59.00			
15	Chrysler	11/1/62	60.34	1/15/63	83.63	545.40
15	RCA	1/16/63	62.50			
15	RCA	1/18/63	65.25	2/28/63	62.00	(111.02)
25	Coastal States	2/28/63	31.38	3/14/63	32.13	(8.46)
14	Chrysler	2/27/63	92.50			
8	Chrysler	3/14/63	93.00	4/16/63	109.13	300.03
25	Control Data	4/23/63	44.13	5/13/63	49.63	102.55
25	Intl. Minerals	5/6/63	52.88	5/15/63	54.88	11.47
22	Chrysler	5/13/63	54.38	6/10/63	61.75	
25	Chrysler	5/17/63	55.63	6/10/63	61.75	211.30
15	Syntex	6/11/63	89.25	9/23/63	146.13	
10	Syntex	8/7/63	114.50	9/23/63	146.13	
15	Syntex	10/9/63	149.13	10/22/63	225.00	2,975.71
15	Control Data	7/9/63	69.13	7/17/63	67.25	(59.62)
15	RCA	1/8/64	102.02	2/11/64	105.68	53.98
15	RCA	1/9/64	106.19	2/11/64	105.68	(8.49)
15	RCA	1/10/64	107.33	2/11/64	105.68	(25.54)
50	Pan Am	2/17/64	65.53	3/9/64	68.00	123.29
25	McDonnell Air	3/11/64	62.17	5/11/64	60.00	(54.26)
25	Chrysler	3/12/64	47.88	4/7/64	43.87	(100.35)
25	Chrysler	3/13/64	49.27	4/7/64	43.87	(135.06)
30	Chrysler	3/17/64	50.21	4/30/64	46.08	(123.83)
30	Consol. Cigar	3/19/64	49.35	4/20/64	47.25	(62.87)
25	Greyhound	4/7/64	55.47	5/1/64	57.63	53.88
20	Greyhound	4/8/64	58.55	5/1/64	57.63	(18.52)
15	Xerox	4/21/64	95.23	5/11/64	93.00	(33.41)
15	Xerox	4/29/64	98.53	5/5/64	95.00	(52.95)
30	Chrysler	5/13/64	52.14	7/8/64	48.75	(101.69)
50	Chrysler	5/13/64	52.32	6/11/64	46.50	(290.79)
50	Chrysler	5/13/64	52.34	6/30/64	49.00	(166.82)
50	Cerro Corp.	7/2/64	49.00	9/16/64	56.00	349.51
20	Cerro Corp.	7/6/64	50.68	9/16/64	56.00	106.50
50	NY Central RR	7/8/64	41.65	11/16/64	49.05	369.89

1961~64년의 PMD 펀드 거래 내역

주식수	종목	매수일	매수가	매도일	매도가	수익(손실)
100	Dome Petroleum	12/28/78	77.00			
20	Dome Petroleum			2/26/79	97.88	14,226.72
320	4/1 split on 6/6/79			10/17/80	63.00	(3,165.82)
300	Fluor	10/17/80	56.50	2/9/81	48.25	
50	Fluor	10/17/80	56.88			
100	Pic 'N' Save	6/4/81	55.00			
300	3/1 split 6/29/81			7/6/82	15.00	(1,094.00)
100	Espey Mfg.	11/19/81	46.75	6/8/82	38.00	
50	Espey Mfg.	11/19/81	47.00	4/23/82	46.00	(1,313.16)
100	MCI Comm.	4/23/82	37.00	8/20/82	36.38	(123.50)
96	MCI Comm.	7/6/82	45.50			
	2/1 split on 9/20/82			1/3/83	38.25	2,881.92
200	Pic 'N' Save	8/20/82	18.50	7/16/84	19.25	3,892.00
45	Hewlett Packard	9/10/82	53.00	8/11/83	82.88	1,307.35
100	Pic 'N' Save	8/27/82	19.50			
185	Pic 'N' Save	1/3/83	38.13			
	2/1 split on 12/1/83			2/1/85	23.25	4,115.02
200	Price Co.	7/6/84	39.25			
326	Price Co.	2/1/85	53.75			
8	Price Co.			3/25/85	57.00	
	2/1 split on 2/11/86			6/17/86	49.88	26,489.87
15	Price Co.			3/20/86	43.25	

1978~86년의 PMD 펀드 거래 내역

나중에 2달러까지 폭락했으니 말이다! 역사는 그대로 반복돼 2000년과 2001년에도 이런 일이 벌어졌다. 한때 인터넷 주식의 선도 역할을 했던 CMGI의 경우 165달러까지 치솟았다가 1달러로 추락했다. 우리 펀드는 1982년 7월 6일 픽앤세이브 주식을 15달러에 팔았다가 나중에 18~19달러에 다시 매수했다. 최초 매수가격보다 더 높았지만 어쨌든 이 주식에서 우리는 큰 투자 수익률을 올렸다.

최고의 주식으로부터 얻을 수 있는 교훈

그러면 이제 역사상 최고의 주식들이 보여주는 차트를 추가로 만나보자. 이들 차트는 1952년부터 2009년까지 이뤄진 가장 성공적인 주식 투자 모델이라고 할 수 있다. 자세히 살펴보고 언제든 또다시 들여다보라. 이런 모델을 분명히 앞으로 다시 보게 될 것이다. 주가 차트 아래의 RS로 표시한 선은 상대적 주가 강도를 나타낸 것이다. 상대적 주가 강도가 상승하고 있다면 그 종목의 수익률이 시장 평균 수익률을 넘어서고 있다는 의미다. 주가 패턴을 잘 익혀두라. 역사는 반복된다. 어떤 모델이든 언제 주식을 사야 하는지 주가 패턴을 통해 알려준다.

텍사스 인스트루먼트의 경우 1958년 5월부터 36주간 손잡이가 달린 컵의 주가 패턴을 보여주었다. 만약 이 패턴을 제대로 읽고 30달러에 이 주식을 샀다면 그 후 26개월 만에 258달러까지 치솟아 760%의 투자 수익률을 올릴 수 있었을 것이다.

그저 여러 개의 차트를 보고 있다는 생각은 버려라. 지금 보고 있는 차트는 다름아닌 주식시장 역사상 최고의 주식들이 그 엄청난 비상을 하기 직전에 보여준 주가 패턴들이다. 이들 차트는 다섯 가지 패턴으로 나뉘어져 있다. 손잡이가 달린 컵 패턴, 손잡이가 없는 컵 패턴, 이중 바닥 패턴, 평평한 모양 패턴, 모양 위의 모양 패턴이다. 반드시 이들 패턴을 구별해내는 방법을 배워둬야 한다.

손잡이가 달린 컵 패턴

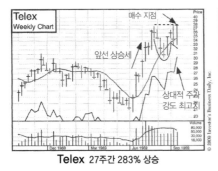

Telex 27주간 283% 상승

Houston Oil 54주간 1004% 상승

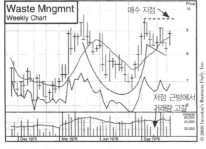

Waste Management 242주간 1180% 상승

Storage Technology 52주간 371% 상승

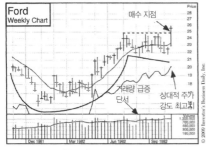

Ford 262주간 889% 상승

King World Prod. 116주간 588% 상승

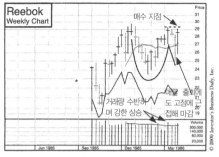

Reebok 18주간 246% 상승

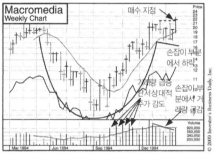

Macromedia 49주간 486% 상승

Amazon.com 70주간 3805% 상승

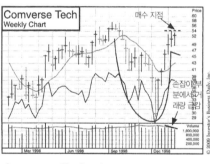

Comverse Technology 67주간 564% 상승

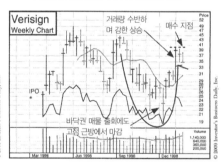

Verisign 66주간 2250% 상승

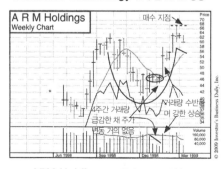

ARM Holdings 57주간 1385% 상승

Veritas Software 62주간 1097% 상승

최고의 주식이 보여준 모델을 활용하라

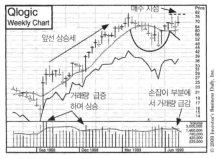

Qlogic 44주간 803% 상승

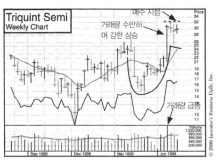

Triquint Semiconductor 41주간 1078% 상승

Checkpoint Software 40주간 1104% 상승

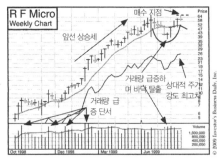

RF Micro Devices 36주간 444% 상승

Broadvision 30주간 823% 상승

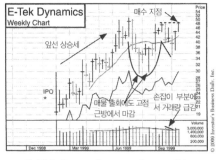

E-Tek Dynamics 28주간 507% 상승

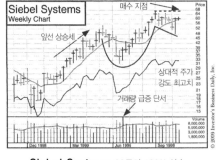

Siebel Systems 28주간 466% 상승

Business Objects 26주간 480% 상승

Microstrategy 24주간 1414% 상승

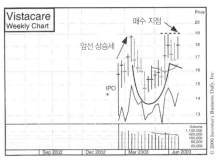

Vistacare 31주간 115% 상승

China Mobile 131주간 484% 상승

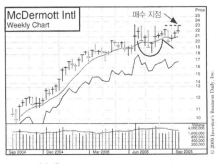

McDermott 128주간 703% 상승

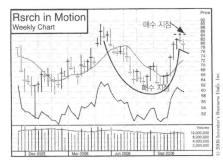

Research in Motion 28주간 466% 상승

Baidu 25주간 225% 상승

손잡이가 없는 컵 패턴

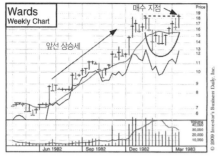

Wards 38주간 267% 상승

T C B Y 77주간 2189% 상승

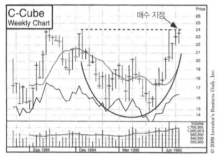

C-Cube 41주간 509% 상승

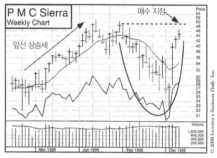

P M C Sierra 70주간 1949% 상승

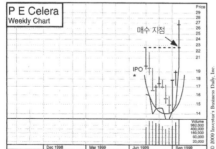

P E Celera 32주간 2281% 상승

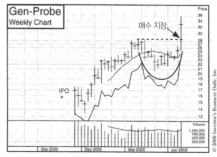

Gen-Probe 20주간 122% 상승

이중 바닥 패턴

A M F 23주간 82% 상승

Sun Micro 74주간 701% 상승

Nokia 87주간 486% 상승

Omnivision Tech 39주간 256% 상승

Quality Systems 44주간 177% 상승

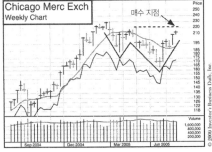

Chicago Merc. Exch. 132주간 208% 상승

평평한 모양 패턴

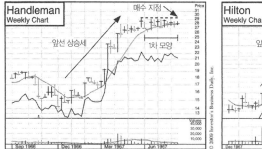

Handleman 139주간 328% 상승

Hilton 60주간 232% 상승

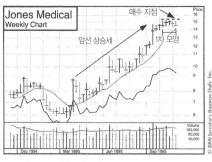

Jones Medical 36주간 447% 상승

S D L Inc 39주간 814% 상승

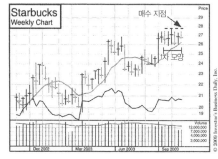

Starbucks 70주간 126% 상승

American Movil 205주간 730% 상승

모양 위의 모양 패턴

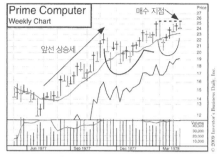

Prime Computer 169주간 1564% 상승

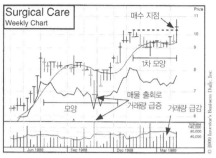

Surgical Affiliates 150주간 1632% 상승

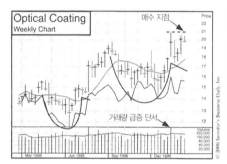

Optical Coating Labs 58주간 1957% 상승

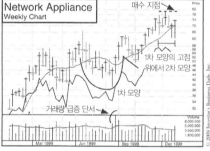

Network Appliance 18주간 517% 상승

최고의 시장 테마와
주도 업종 잡아내기

시 장 주도주의 절대 다수는 대개 주도 업종에 속해 있다. 연구 결과 한 종목의 주가 변동 가운데 37%는 그 종목이 속해 있는 업종의 등락과 직접적으로 연결돼 있는 것으로 나타났다. 또 12%는 해당 산업의 전체 흐름과 연관돼 있었다. 그러므로 한 종목의 주가 변동 가운데 절반 정도는 그 종목이 어떤 업종에 속해 있는가에 따라 결정된다고 할 수 있다. 주식시장의 사이클을 이끌어가는 것은 특정 업종 주식들이라는 점을 감안하면 주식을 매수하기 전에 우선 그 종목이 어떤 업종에 속해 있는지 파악하는 게 매우 중요하다.

설명을 좀더 분명히 하기 위해 세 가지 구분을 짓고자 한다. 산업 부문(sector)과 업종 그룹(industry group), 세부 종목군(subgroup)이다. 산업 부문이란 여러 기업과 업종들을 광범위하게 묶은 것이다. 예를 들어 기초 산업(혹은 "경기 민감 부문"), 소비재 산업, 서비스 산업, 운송업, 금융업, 첨단기술 산업 등이다. 업종 그룹은 포괄하는 기업의 수가 산업 부문에 비해 적지만 더욱 구체화해서 묶은 것이다. 하나의 산업 부문은 따라서 여러 개 업종 그룹으로 나뉠 수 있다. 세부 종목군은 이보다 더욱 구체화해 하나의 업종 그룹을 여러 개의 하위 카테고리로 나눈 것이다.

예를 들어 비아콤 같은 회사는 다음과 같이 구분할 수 있다. 오락 및 레저 산업 부문, 미디어 업종 그룹, 라디오/TV 세부 종목군. 또 주도 종목을 보다 분명하고 쉽게 찾아내기 위해 업종 그룹과 세부 종목군을 한데 묶어 편의상 "업종 그룹"으로 부르기도 한다. 가령 비아콤은 "미디어−라디오/TV" 업종 그룹에 속하는 것이다.

왜 197개 업종 그룹인가?

〈인베스터스 비즈니스 데일리〉는 상장 기업 전체의 업종 그룹을 197가지로 구분하고 있는데, 이는 스탠더드 앤 푸어스(S&P)가 상장 주식을 52개 업종으로 나누고 있는 것과 다르다. 왜 그런가? 이유는 간단하다. 특정 업종에 속해 있는 주식이라고 해서 모두 같은 비율로 상승하거나 하락하지는 않는다. 어떤 업종의 상승률이 주식시장 전체의 평균 상승률보다 다소 높은 상승률을 기록했다 해도 그 업종에 속해 있는 특정 종목은 시장 평균 수익률을 크게 웃돌 수 있고, 반면에 시장 평균 수익률에 못 미치는 종목이 있을 수도 있다. 중요한 것은 한 산업 부문에서 어떤 업종 그룹이 최고의 실적을 내고 있는지 알아야 한다는 점이다. 이 같은 요인을 구별해낼 수 있는지 여부가 성공과 실패를 가늠 짓는 결정적인 차이가 될 수 있다.

내가 주식시장을 연구하기 시작했을 때 투자 서비스 업체가 제공하는 업종 구분은 충분하지 않았다. 이런 업종 구분으로는 주식시장을 이끌어가는 진정한 주도 업종을 파악하기 힘들었다. 그래서 나는 새로운 업종 구분 방식을 만들어냈고, 상장 주식 전체를 197개의 세부 카테고리로 나누었다. 이 같은 업종 구분 방식은 투자자들에게 각각의 업종 그룹에 속해 있는 기업들을 보다 정확히 꿰뚫어볼 수 있는 안목을 제공해주었다. 가령 의료업은 일반병원과 치과병원, 요양원, 일반 의약품, 유전공학, 바이오테크, 의료보험, 그 밖의 새로운 영역으로 구분할 수 있을 것이다.

시장을 주도하는 업종 그룹 파악하기

업종을 분석하다 보면 어떤 업종은 구성 기업의 숫자가 너무 적어 업종의 강세에도 불구하고 시장을 주도하고 있다고 판단하기가 어려운 경우가 있다. 가령 상장 기업이 고작 두 개에 불과한 데다 거래량도 극히 적다면 이런 업종은 적절한 업종 그룹이라고 할 수 없다. 반대로 화학이나 은행 같은 업종은 구성 기업이 너무 많다. 구성 기업이 많다고 해서 분석에 좋은 것만은 아니다. 이런 업종을 정확히 분석하려면 해당 산업의 상황에 맞는 특별한 변수를 추가해야 한다.

여기서 소개한 197개 업종 그룹은 매일 발행되는 〈인베스터스 비즈니스 데일리〉에서 볼 수 있다. 이 신문에서는 각각의 업종 그룹을 6개월간의 투자 수익률에 따라 순위를 매김으로써 어떤 업종 그룹이 시장을 주도하고 있는지 쉽게 알 수 있게 해준다. "저평가주"를 선호하는 매수자라면 순위가 가장 낮은 업종 그룹에 눈을 돌리겠지만, 지금까지 분석 결과는 상위 50위 혹은 100위 이내에 드는 업종 그룹의 수익률이 하위 100위권의 업종 그룹에 비해 적어도 평균적인 수익률이 더 높았다. 진짜 탁월한 업종 그룹 중에서도 정말 돋보이는 종목을 골라내자면 상위 20위 이내의 업종 그룹에 집중하고 하위 20위권은 피해야 한다.

당신이 매수하려는 주식이 실제로 시장을 주도하는 업종에 속해 있는지 판단하는 데 도움을 주기 위해 신문과 차트 서비스 업체들은 여러 가지 추가 자료와 독점적인 정보를 제공한다. 가령 IGRSR(Industry Group Relative Strength Rating)은 모든 상장 기업에 대해 가장 높은 등급인 A+에서 최하 등급인 E까지 등급을 매겨 고객들에게 제공한다. A+와 A, A−를 받은 기업은 해당 업종의 투자 수익률이 상위 24% 이내에 들어있다는 것을 의미한다.

나는 매일같이 〈인베스터스 비즈니스 데일리〉에서 "신고가 종목들"을 확인한다. 〈인베스터스 비즈니스 데일리〉는 전날 새로이 신고가를 기록한 종목들을 업종 그룹별로 분류해놓고 있다. 여기서 주목해야 할 것은 상위 5~6개 업종 그룹이다. 대개는 바로 이들이 진정한 시장 주도 업종이다.

시장 주도 업종을 파악하기 위한 또 다른 방법은 특정 업종에만 투자하는 뮤추얼펀드의 수익률을 분석해보는 것이다. 미국 최대의 뮤추얼펀드 운용회사인 피델리티 인베스트먼트는 35개가 넘는 업종별 펀드를 운용하고 있다. 이들 업종별 펀드의 수익률만 비교해봐도 주도 업종 그룹을 간단히 파악할 수 있다.

업종별 흐름을 읽어내는 것은 결정적이다

가령 1970년의 경제 상황을 분석해본 결과 주택 경기가 호전되고 있고, 이에 따라 건설 경기도 되살아나는 조짐이 뚜렷했다고 하자. 이럴 경우 건설 업종에 대한 투자 판단을 어떻게 내려야 할까? 만일 건설 부문에 투자하기로 하고 여기에 속해 있는 상장사 명단을 뽑아보면 수백 개 기업이 나올 것이다. 그렇다면 이 가운데 최고의 수익률을 올려줄 종목을 어떻게 골라내야 할까? 답은 간단하다. 건설 부문을 업종 그룹으로, 또 세부 종목군으로 나눠서 살펴봐야 한다.

1971년의 강세장 당시 건설 부문에는 10개 업종 그룹이 있었다. 다시 말해 이때 부동산 붐을 읽은 투자자라면 적어도 10가지의 투자 후보군을 가질 수 있었다는 말이다. 당시 많은 기관 투자가들은 목재 생산업체인 조지아 퍼시픽에서 건축 마감재 시장의 선두 주자인 유에스 집섬, 대형 건축자재 업체인 암스트롱 코퍼레이션에 이르기까지 건설 관련주를 대거 매수했다. 또 측량 업체인 마스코와 주택 건설업체인 카우프만 앤 브로드, 건자재 유통업체인 스탠더드 브랜즈 페인트와 스카티스 홈 빌더스, 주택자금 대부업체인 MGIC도 투자 대상이었다. 이 밖에도 이동 주택 제조업체와 저가의 임대 주택 공급업체, 에어컨 제조업체, 가구나 카펫 제조업체들도 훌륭한 투자 대상이었을 것이다.

하지만 1971년의 강세장에서 전통적인 건설 관련주들이 올린 투자 수익률을 알면 놀랄 것이다. 이들의 주가 상승률은 1년 내내 전체 업종별 상승률의 하위 50%에서 벗어나지 못했다. 반면 새로 등장한 건설 관련주들은 시장 평균의 3배가 넘는 상승률을 기록했다!

1970년 8월 14일 이동 주택 제조업체들의 주가 상승률은 전체 업종 그룹 가운데 상위 100위 안에 들었다. 이 같은 강세는 이듬해 2월 12일까지 이어졌고, 1971년 5월 14일부터 다음해 7월 28일까지 다시 계속됐다. 이동 주택 제조업은 앞서 1967년 12월에도 상위 100위 안에 들었는데 1969년에 하위 50% 수준으로 떨어진 바 있었다.

어쨌든 이 기간 중 이동 주택 제조업체들의 주가 상승률은 가히 괄목할 만한 것이었다. 레드맨 인더스트리즈는 주식 분할을 감안할 경우 6달러에서 56달러로 뛰어올랐고, 스카이라인은 24달러에서 378까지 상승했다. 이 책에서 설명한 차트 읽는 법을 잘 공부해두었다면 이런 종목을 얼마든지 잡아낼 수 있을 것이다.

1978~81년 사이 컴퓨터 산업은 대표적인 주도 업종이었다. 그러나 당시 많은 펀드매니저들은 컴퓨터 산업이라고 하면 IBM과 버로우즈, 스페리 랜드, 컨트롤 데이터 같은 업체가 전부라고 생각했다. 이들 기업은 전부 대형 메인 프레임 컴퓨터를 생산하는 업체였고, 결국 이들의 투자 수익률은 컴퓨터 산업이 주도했던 이 기간 중 시장 평균 수익률에도 미치지 못했다. 왜 그랬을까? 컴퓨터 산업은 한창 호황을 구가했지만, 컴퓨터 산업에 속해 있는 메인 프레임 컴퓨터 부문은 전혀 그렇지 못했기 때문이다.

반면 컴퓨터 산업에서 새로 생겨난 많은 부문은 상상을 초월할 정도의 높은 투자 수익률을 기록했다. 이 기간 중 컴퓨터 산업의 호황을 이끈 주도 종목군과 종목으로는 미니 컴퓨터 종목군의 프라임 컴퓨터, 마이크로 컴퓨터 종목군의 코모도어 인터내셔널, 컴퓨터 그래픽 종목군의 컴퓨터비전, 워드 프로세서 종목군의 왕 랩스, 컴퓨터 주변기기 종목군의 버베이팀, 소프트웨어 종목군의 컬리네인 데이터베이스, 시분할 종목군의 일렉트로닉 데이터 시스템스가 있었다. 창조적 기업가 정신으로 무장한 새로운 얼굴의 이들 최고의 주식은 5~10배의 주가 상승률을 기록했다.(CAN SLIM 원칙의 "N(새로운)"이 딱 들어맞는 종목들이었다.)

1998~99년에 컴퓨터 산업은 또다시 주도 업종으로 시장을 이끌었다. 당시 거의 매일같이 50~75개의 컴퓨터 관련주가 〈인베스터스 비즈니스 데일리〉의 신고가 종목에 올랐을 정도다. 그러나 그 중에서도 진짜 주도 종목은 시벨 시스템스, 오라클, 베리타스 같은 기업용 소프트웨어 업체와 브로케이드, 에뮬렉스 같은 지역 네트워크 업체들이었다. 또 시스코, 주피터, BEA 시스템스 같은 컴퓨터-인터넷 종목군이 붐을 일으켰다. 퍼스널 컴퓨터 종목군의 상승세가 한풀 꺾인 1999년에는 EMC와 네트워크 어플라이언스 같은 메모리 종목군이 급등세를 보였다. 이들 시장 주도주의 폭발적인 상승세는 2000년에야 천정을 치고 멈췄다.

그 이후에도 새로운 종목군이 수없이 등장했다. 앞으로도 새로운 기술이 꽃을 피우고 실생활에 적용됨에 따라 더 많은 종목군이 떠오를 것이다. 지금 우리는 컴퓨터와 세계적 통신망, 우주 시대에 살고 있다. 새로운 발명과 신기술은 우리에게 수천 가지 신제품과 신규 서비스를 가져다 주고, 기존의 제품과 서비스를 획기적으로 발전시킬 것이다. 우리가 요즘 피부로 느끼는 컴퓨터 산업의 발전 역시 실은 맨 처음의 메인 프레임 컴퓨터 산업에서 파생된 것이다. 물론 컴퓨터 산업은 너무나 빨리 진화해 다양한 세부 분야까지 데이터 베이스화 하는 데도 벅찰 정도다.

2003년부터 2007년까지 이어졌던 강세장에서는 1998~99년의 최고 주도주였던 아메리카 온라인과 야후가 밀려나고, 구글과 프라이스라인닷컴 같은 새로운 혁신 기업이 선두로 부상했다. 주식시장에 새로운 사이클이 시작되면 반드시 새로운 주도주와 함께 해야 한다. 반드시 기억해 둬야 할 역사적 사실 하나를 알려주겠다. 지난번 강세장에서 시장을 이끌었던 주도주가 다음 강세장에서도 주도주로 등장한 것은 지금까지 여덟 번 중 한 번 꼴이었다. 대개는 새로운 주도주가 시장을 이끌어간다. 경제가 성장을 이어가는 한 새로운 기업가와 발명가, 새로운 기회가 당신 앞에 나타날 것이다.

과거의 주도 업종과 미래의 새로운 주도 업종

컴퓨터와 전자 관련주의 투자 수익률이 좋았던 때가 있었고, 소매 관련주와 방산주가 좋은 성과를 낸 적도 있었다. 강세장을 한번 이끌었던 주도 업종은 통상 그 다음에 찾아오는 강세장에서는 힘을 쓰지 못한다. 물론 예외는 있다. 대세 상승 국면에서 뒤늦게 강세를 나타내는 종목군은 종종 꽃을 채 피우기도 전에 약세장을 맞았다가 곧 다시 상승세를 이어가 새로운 강세장에서 주도주로 부상하기도 한다.

아래는 1953년부터 2007년까지 강세장을 이끌었던 주도 종목군이다.

1953~54	우주개발, 알루미늄, 건설, 제지, 철강
1958	볼링, 전자, 출판
1959	자동판매기
1960	식품, 저축은행, 담배
1963	항공
1965	우주개발, 컬러 텔레비전, 반도체
1967	컴퓨터, 지주회사, 호텔

1968	이동 주택
1970	건설, 석탄, 석유 서비스, 레스토랑, 소매
1971	이동 주택
1973	금, 은
1974	석탄
1975	홍보 및 전시, 석유
1976	병원, 오염방지, 요양원, 석유
1978	전자, 석유, 소형 컴퓨터
1979	석유, 석유 서비스, 소형 컴퓨터
1980	소형 컴퓨터
1982	의류, 자동차, 건설, 대형 할인점, 군사용 전자, 이동 주택, 의류 소매, 완구
1984~87	일반 의약품, 식품, 제과 및 제빵, 슈퍼마켓, 케이블 TV, 컴퓨터 소프트웨어
1988~90	신발, 설탕, 케이블 TV, 컴퓨터 소프트웨어, 보석 판매점, 통신, 외래환자 건강관리
1990~94	의료장비, 바이오테크, 의료보험, 컴퓨터 주변기기 및 LAN, 레스토랑, 게임, 은행, 석유 및 가스 탐사, 반도체, 통신, 일반 약제, 케이블 TV
1995~98	컴퓨터 주변기기 및 LAN, 컴퓨터 소프트웨어, 인터넷, 은행 및 금융, PC 및 워크스테이션, 석유 및 가스 굴착, 할인 양판점
1999~2000	인터넷, 생명공학 및 유전공학, 메모리 칩, 통신 장비, 반도체, 네트워킹, 광섬유 소자, 기업용 소프트웨어
2000~07	비료, 석유 및 가스, 의류, 철강, 의료, 태양광, 인터넷, 주택 건설

다가올 미래의 주도 산업 역시 틀림없이 누구에게나 엄청난 기회를 줄 것이다. 이미 한번 꽃을 피운 과거의 주도 업종이 이따금 새로이 찾아오는 경우도 있지만 대개는 그리 화려하지 않다.

상당수 거대 산업이 2000년 이전에 전성기를 한번씩 다 누렸는데, 여기에 속한 기업 중에는 경기 민감주가 많다. 그런데 이들 가운데 많은 기업이 2003~07년 사이 강한 수요를 업고 화려하게 부활했다. 다름아닌 중국으로부터의 엄청난 수요 덕분이었는데, 중국은 마치 미국이 세계적인 경제 대국으로 급부상한 1900년대 초의 모습을 다시 보여주는 것 같았다.

중국은 국경을 접하고 있는 러시아에서 공산주의 소비에트 체제가 붕괴되는 것을 가장 생생하게 목격했다. 중국인들은 미국의 놀라운 경제 성장과 높은 생활 수준을 통해 미국식 모델이 무궁무진한 가능성을 지니고 있음을 배웠다. 대부분의 중국인들은 하나밖에 없는 자녀를 반드시 대학에 보내려 하고 영어 공부도 시키고 있다. 이제 많은 인도인들이 중국인들의 뒤를 따르고 있다.

다음은 화려한 전성기를 구가했던 주요 업종들이다.

1. 철강
2. 구리
3. 알루미늄
4. 금
5. 은
6. 건설자재
7. 자동차
8. 석유

9. 섬유

10. 컨테이너

11. 화학

12. 기계설비

13. 제지

14. 철도 및 철도 장비

15. 공공서비스

16. 담배

17. 항공

18. 전통적인 백화점

현재와 미래의 주도 업종은 다음과 같을 것이다 :

1. 의료용 컴퓨터 소프트웨어

2. 인터넷 및 이커머스(e-commerce)

3. 레이저 기술

4. 전자

5. 통신

6. 새로운 개념의 소매업

7. 의료, 제약, 생명공학 및 유전공학

8. 특별히 전문화한 서비스

9. 교육

이 밖에도 무선통신, 스토리지 네트워킹, 1대1 네트워킹, 네트워크 보안, 팜탑 컴퓨터, 입는 컴퓨터, 단백질 합성, 나노 기술, DNA에 기초한 마이크로칩 산업이 미래의 새로운 주도 업종으로 부상할 수 있을 것이다.

나스닥과 뉴욕 증권거래소 상장 기업을 다같이 보라

나스닥에서 거래되는 한두 종목의 눈에 띄는 강세에 주목하고, 이 같은 움직임이 뉴욕 증권거래소(NYSE)에 상장된 같은 업종에서 발견되는지 찾아보면 새로운 강세장을 이끌어갈 주도 종목군을 발견할 수 있다.

뉴욕 증권거래소에 상장된 종목 가운데 한 종목이 먼저 강세를 보였다고 해서 관련주들까지 주의를 끌지는 못한다. 하지만 곧 이어 나스닥의 한두 종목이 같이 움직인다면 관련주들의 부상 가능성을 확인할 수 있다. 다음 사례는 이런 경우를 잘 보여준다. 하나는 1970년 당시 장외시장에서 거래되던 주택 건설업체 센텍스의 차트고, 또 하나는 역시 주택 건설업체면서 당시 뉴욕 증권거래소에 상장돼 있던 카우프만 앤 브로드의 차트인데, 센텍스의 1970년 3~8월과 카우프만 앤 브로드 홈의 같은 해 4~8월의 주가 움직임을 비교해보라.

1. 직전년도에는 센텍스의 상대적 주가 강도가 훨씬 강력했고, 신고가를 기록하기 3개월 전에 이미 상대적 주가 강도는 사상 최고치를 나타냈다.
2. 센텍스의 1970년도 4~6월 분기 순이익은 50%나 늘어났다.
3. 약세장의 바닥권인데도 센텍스 주가는 사상 최고치 수준까지 올랐다.
4. 센텍스의 아주 탄탄한 모양과 카우프만 앤 브로드 홈의 모양은 거의 똑같다.

2003년 강세장에서도 우리는 주간 차트 분석을 하다가 뉴욕 증권거래소 상장 기업인 코치가 2월 28일에 훌륭한 모양을 완성했었다는 사실을

발견했다. 그 뒤 재차 매수 기회가 온 것은 4월 25일이었는데, 10주 이동
평균선까지 후퇴했다가 다시 회복한 날이었다. 그런데 이번에는 시장의
주요 지수가 추세 전환하며 새로운 강세장이 시작된 상황이었다. 게다가
4월 25일에는 코치와 같은 의류 소매 업종의 어번 아웃피터스와 테커스
아웃도어가 동시에 모양을 만들어냈다. 증거가 많아진 것이다. 뉴욕 증
권거래소에서 한 종목, 나스닥에서 두 종목이 이제 막 시작된 새로운 강
세장에서 아주 강력하게 부상한 것이다. 이처럼 한 종목군에서 몇 종목
이 함께 떠오르면 좀더 쉽게 주도주를 잡아낼 수 있다.

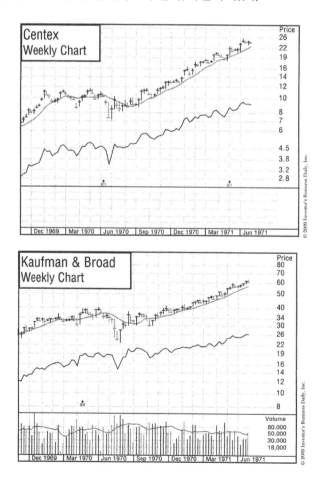

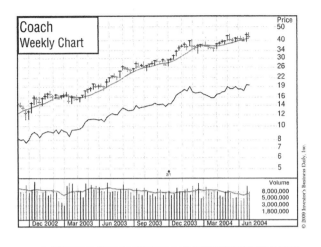

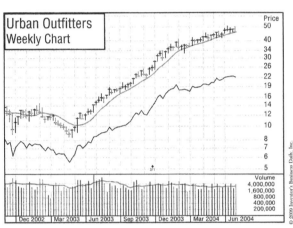

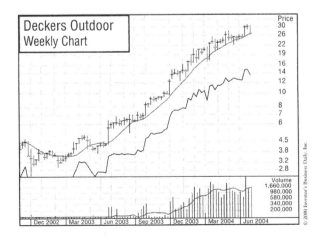

핵심주의 약세는 해당 업종에 찬물을 끼얹을 수 있다

같은 업종에 속한 여러 종목들을 한데 묶어 주가 움직임을 관찰하면 약세로 전환했을 때 재빨리 빠져나올 수 있다. 가령 아주 괜찮은 상승세를 보이던 업종에서 주요 종목 한두 개가 갑자기 급락했다면 이런 약세는 조만간 같은 업종의 다른 종목에도 악영향을 미칠 가능성이 높다. 예를 들어 1973년 2월 몇몇 핵심 건설주가 약세를 보이자 카우프만 앤 브로드 홈과 MGIC 같은 건설업체들도 변동성이 커졌는데, 이들 업체의 실적은 그때까지도 괜찮은 편이었다. 당시 기업의 펀더멘털을 분석하는 리서치 업체들은 한결같이 MGIC에 대해 낙관하고 있었다. 이들은 부동산 담보대출을 대상으로 보험 상품을 판매하는 이 회사가 향후 2년간 50%의 순이익 증가율을 이어갈 것이며, MGIC 역시 건설 경기의 변동과 관계없이 순항할 것이라고 확신했다. 그러나 틀렸다. MGIC는 얼마 뒤 건설 업종이 주저앉으며 급락했다.

같은 달에 있었던 일인데, 당시 ITT는 다른 지주회사들의 주가가 연일 하락하는 가운데서도 50~60달러를 유지했다. 1973년에 ITT를 매수 추천했던 4대 리서치 회사가 간과했던 게 두 가지 있었으니, ITT가 속한 업종 자체가 매우 약세였다는 점과 비록 ITT 주가는 떨어지지 않고 있었지만 ITT의 상대적 주가 강도는 이미 내리막길을 걷고 있었다는 사실이다.

1980~81년에 천정을 쳤던 석유 및 석유 서비스 종목

이와 똑같은 "동반 추락 효과"가 1980~81년 석유 및 석유 서비스 업종에서 나타났다. 당시 이들 업종 주식은 장기간의 상승세를 막 지나는 중이었고, 우리는 자체 경고 기준에 따라 기관 투자가들에게 스탠더드 오일 오브 인디애나와 슈럼버거, 걸프 오일, 모빌에 대해 매도하거나 피해야 한다는 의미의 "매도/회피" 의견을 냈다.

몇 달 뒤 우리는 석유 산업에 속한 거의 모든 종목에 대해 부정적인 입장으로 돌아섰으며, 석유 서비스 업체 가운데 가장 뛰어난 실적을 보였던 슈럼버거마저 이미 정점을 지났다고 판단했다. 그때쯤이면 누구나 이 같은 약세가 석유 서비스 업종 전반에 동반 추락을 가져오리라는 결론을 내렸을 것이다. 우리는 결국 휴즈 툴과 웨스턴 코퍼레이션 오브 노스 아메리카, 로완 컴퍼니, 바코 인터내셔널, NL 인더스트리를 매도/회피 리스트에 올려놓았다. 이들 기업은 당시 신고가 행진을 하고 있었고, 분기별 순이익도 늘어나 어떤 업체는 100%나 증가하기도 했지만 어쩔 수 없었다.

우리의 이런 조치는 월스트리트와 대형 투자기관에서 일하는 경험 많은 프로들을 당황하게 했지만 우리는 이들 종목이 이미 천정을 쳤다는 점을 오랜 연구와 자료를 통해 확인할 수 있었다. 우리의 이 같은 대응은 이미 수십 년간의 작업을 통해 입증된 역사적 사실과 분명한 원칙에 근거한 것이었다. 결코 애널리스트의 주관적 판단이나 기업 관계자로부터 얻은 일방적인 정보에 따른 것이 아니었다.

1980년 11월부터 1981년 6월에 이르기까지 계속해서 내놓은 석유 및 석유 서비스 종목에 대한 매도/회피 의견은 당시 우리의 기관 투자가 고객들에게는 꽤 중대한 것이었다. 우리는 심지어 1980년 10월 휴스턴에서 열린 세미나에서도 석유 산업 주식은 전부 이미 정점을 지났다고 말하기도 했다. 당시 참석자 가운데 75%는 정유회사 주식을 갖고 있었다. 이들은 아마도 우리가 하는 말을 믿지 않았을 것이다. 우리 역시 당시는 물론 몇 달 후에도 월스트리트의 다른 기관 투자가들이 에너지 관련주와 석유 탐사 및 관련 서비스 종목에 대해 부정적인 입장으로 돌아설 것이라고 생각하지 못했다. 그러나 결국은 그렇게 됐다. 이때의 매도/회피 의견 덕분에 윌리엄 오닐+코퍼레이션은 미국의 최고 기관 투자가들에게 리서치와 투자자문을 제공하는 선두 주자가 될 수 있었다.

몇 달 만에 이들 종목 전부가 큰 폭의 하락세로 돌아섰다. 프로 펀드 매니저들도 이제 유가가 정점을 지났으며, 대형 유전들이 하나씩 폐쇄되고 있다는 사실을 깨달았다. 그렇다면 석유 탐사나 굴착 업체들도 활기를 잃을 것은 시간 문제였다.

〈인스티튜셔널 인베스터Institutional Investor〉는 1982년 7월호에서 대형 증권회사 8곳의 권위 있는 애널리스트 10명이 우리와 다른 의견이라고 전했다. 이들 애널리스트는 당시 석유 관련주가 싸게 보이며, 정점을 친 뒤 처음 조정을 받는 것이므로 매수 하라는 의견을 냈다. 이들은 물론 아주 뛰어난 리서치 부서를 거친 전도유망한 아이비리그 MBA 출신이었지만 막상 주식시장에서 투자 수익을 올리고, 또 원금을 보전하는데 개인의 주관적인 의견이라는 것이 얼마나 자주 틀릴 수 있는지 여실히 보여준 사례가 되고 말았다.

2008년에도 똑같은 일이 벌어졌다. 우리는 슈럼버거의 주가가 100달러를 기록한 7월 3일에 이 종목을 매도/회피 리스트에 올려놓았다. 슈럼버거는 석유 산업의 최고 우량주였는데, 일주일 내내 10주 이동평균선을 밑돌며 다른 석유 관련주처럼 천정을 치고 천천히 내려오는 모습을 보여주고 있었다. 하지만 많은 기관 투자가들은 주가가 떨어지자 싸게 보인다는 애널리스트들의 추천에 따라 너무 성급하게 매수하고 있었다. 그 후 유가 자체가 하락세로 돌아서 배럴당 147달러에서 35~50달러까지 추락했다.

2000년 8월의 한 조사에서는 당시 많은 애널리스트들이 첨단 기술주에 대해 강력 매수 추천을 하고 있다고 밝혔다. 그 후 6개월이 지나 주식시장이 근래 최악의 하락 국면으로 빠져든 다음에도 비슷한 숫자의 애널리스트들이 여전히 기술주에 대해 강력 매수 추천을 하고 있었다. 당시 애널리스트들은 분명히 틀린 의견을 제시한 것이었다. 그때 기술주를 매도하라는 의견을 제시한 애널리스트는 1%에 불과했다. 주관적인 의견은 그것이 전문가로부터 나온 것이라 해도 자주 틀린다. 시장은 결코 개인의 의견을 듣지 않는다. 따라서 시장이 우리에게 말해주는 것을 읽어내는 방법을 배워야 한다. 이것을 제대로 이해하지 못하는 애널리스트라면 고객들의 귀중한 재산에 큰 손실을 입히게 될 것이다. 우리는 개인의 주관적 의견이 아닌 시장이 전해주는 사실에 따라 판단해야 한다.

1961년에 천정을 쳤던 볼링 붐

브룬스윅 주가는 1958년부터 1961년까지 엄청난 상승세를 이어갔다. 자동으로 볼링 핀을 놓아주는 장비를 생산했던 AMF의 주가도 브룬스윅과 마찬가지로 치솟았다. 1961년 3월 브룬스윅 주가는 천정을 친 뒤 내리막길을 걷다 다시 50달러에서 65달러로 반등했다. 그러나 AMF의 주가는 회복되지 못했다. 볼링 업종의 상승세가 시작된 뒤 이 같은 움직임은 처음이었다. 이것은 볼링 업종의 장기 상승세가 끝났다는 신호였고,

결국 브룬스윅의 반등도 오래가지 못할 것임을 알려주는 것이었다. 한 마디로 그 이전의 상승세가 아무리 강력했다 해도 이제 팔아야 할 시점이 온 것이다.

주식 투자를 할 때 반드시 지켜야 할 원칙은 어떤 종목이 아무리 강세에다 매력적이라 하더라도 같은 업종에서 적어도 다른 한 종목이 동반 강세를 나타내지 않는다면 매수하지 말라는 것이다. 물론 아주 특별한 경우, 즉 어떤 기업이 워낙 독보적이어서 다른 종목은 확인할 필요조차 없을 수도 있지만 이런 경우는 극히 드물다. 1980년대 말부터 1990년대 말까지 월트 디즈니가 바로 이런 예였다. 월트 디즈니는 들쭉날쭉한 실적을 내는 다른 영화사들과는 확실히 다른 독보적인 회사였다.

우리가 주식시장의 오랜 모델을 통해 찾아낸 두 가지 주목할 만한 개념이 더 있다. 하나는 "후광 효과(Follow-On Effect)"고, 다른 하나는 "보완주 이론(Cousin Stock Theory)"이다.

후광 효과

한 산업에서 주목할 만한 발전이 있게 되면 뒤이어 관련 산업에서도 후광 효과의 이익을 거두는 경우가 종종 있다. 예를 들어 1960년대 후반 항공 산업은 제트 여객기 도입에 따라 새로운 르네상스를 맞았고, 항공주 역시 큰 폭으로 올랐다. 항공 여행객이 급증하자 몇 년 뒤에는 호텔 산업이 새로운 변화의 물결을 맞게 됐는데, 넘쳐나는 여행객들 덕분에 호텔업계는 그야말로 즐거운 비명을 질러야 했다. 1967년부터 시작된 호텔주의 상승세는 폭발적이었다. 로이스와 힐튼이 그 중에서도 최고의 주식이었다. 항공 여행객의 급증이 호텔 객실난을 초래한 후광 효과의 대표적인 사례였다.

유가가 천정부지로 치솟았던 1970년대 말 정유사들은 갑자기 검은 황금으로 변해버린 원유를 찾기 위해 너도나도 유정을 뚫기 시작했다. 1979년에 이르자 유가 급등은 단순히 정유사의 주가만 뛰어오르게 한 게 아니라 이들에게 유전 탐사 및 굴착 장비를 제공하는 업종과 관련 서비스를 제공하는 업종까지 동반 상승하게 만들었다.

1978~81년의 강세장에서 소형 컴퓨터와 중형 컴퓨터 제조업체들은 정말 기세 좋게 시장을 주도했다. 곧 이어 1982년 말 다시 강세장이 시작되자 컴퓨터 관련 서비스와 소프트웨어, 주변기기 생산 업종이 후광 효과와 함께 새로운 주도주를 형성했다. 1990년대 중반 인터넷 열풍이 몰아치자 사람들은 너나 할 것 없이 더 빠른 인터넷 접속과 더 넓은 대역을 찾았다. 곧 바로 네트워킹 주식이 폭등하기 시작했고, 광섬유 생산업체들도 주가 급등의 열기에 휩싸였다.

보완주 이론

어떤 특정 산업이 눈부실 정도로 성장을 거듭하면 당연히 그 산업에 원자재나 서비스를 제공하는 기업도 이익을 보게 된다. 이런 주식을 "보완주"라고 한다. 1960년대 중반 항공기 수요가 증가함에 따라 보잉은 수많은 제트 여객기를 공급했다. 새로 생산된 보잉 제트 여객기에는 모노그램 인더스트리라는 기업이 제작한 화학처리 변기가 장착됐다. 모노그램은 200%의 순이익 증가율을 기록했고, 주가는 1000% 이상 올랐다.

대표적인 레크리에이션 자동차 생산업체였던 플리트우드 엔터프라이즈는 1983년 레크리에이션 자동차 붐에 힘입어 주식시장에서 최고 인기주로 부상했다. 이때 보완주로 떠오른 주식이 텍스톤이었다. 이 회사는 레크리에이션 자동차와 이동 주택 업체에 비닐로 코팅한 목재와 속이 텅빈 가구 소재를 납품하고 있었다.

너무너무 잘 나가는 기업을 발견했다면 더욱 철저히 연구해보라. 그러면 그 기업에 원자재와 서비스를 제공하는 기업 역시 충분히 투자 가치가 있다는 사실을 발견할지 모른다.

특정 산업의 기본적인 환경 변화

어느 종목군의 주가가 동시에 함께 움직인다면 해당 산업을 둘러싼 상황에 중대한 변화가 일어났기 때문일 것이다.

1953년 알루미늄 주식과 건설주는 아주 강한 상승세를 탔다. 이는 전쟁으로 인해 그 동안 억제됐던 주택 수요가 폭발적으로 늘어난 덕분이었다. 당시 건축자재 업체인 월보드는 특히 공급이 딸린 대표적인 기업이었는데, 일부 건설업체는 석고보드 한 차 물량을 공급받기 위해 세일즈맨에게 신형 캐딜락을 선물할 정도였다.

1965년 베트남 전쟁이 한창 달아오르기 시작하자 군사장비에 사용될 전자제품 수요가 200억 달러 이상에 달했다. 덕분에 페어차일드 카메라 같은 기업은 주가가 단숨에 200% 이상 상승했다.

컴퓨터를 이용해 개인 투자자도 쉽게 주식 투자를 할 수 있게 된 1990년대에는 거래수수료가 싼 할인 증권회사의 시장 점유율이 대형 증권회사를 넘보게 됐다. 가장 성공적인 할인 증권회사였던 찰스 슈왑의 주가 상승률은 당시 최고의 시장 주도주였던 마이크로소프트와 맞먹을 정도였다.

새로운 트렌드에 주목하라

우리는 리서치 과정에서 기업체의 입지도 주목한다. 1971년 이래 기업들의 순위를 매기면서 우리는 텍사스 주 댈라스나 캘리포니아 주 실리콘 밸리 같이 급성장하는 지역 혹은 첨단 기술업체가 밀집해 있는 지역에 본사를 두고 있는 기업에 가산점을 주어왔다.

주도 면밀한 투자자라면 인구 통계학적인 트렌드를 놓치지 않을 것이다. 다양한 연령층의 인구 변화 같은 데 주목하면 특정 산업이 새로이 부상하는 것을 예상할 수 있다. 직장 여성 인구의 급증과 베이비 부머 세대의 본격적인 사회 진입은 1982~86년 사이 리미티드와 드레스 반 같은 여성 의류 소매업체의 주가 급등을 설명해주는 요인이다.

특정 업종 주식의 기본적인 특성을 이해하는 것도 필요하다. 가령 첨단 기술주는 소비재 관련주에 비해 주가 변동성이 2.5배나 높다. 따라서 첨단 기술주는 적절한 시점에 매수하지 않을 경우 다른 종목보다 더 큰 손실을 입을 수 있다. 더구나 만일 포트폴리오를 첨단 기술주 중심으로 짰다면 이들 종목의 동반 하락 위험에 더 취약할 수밖에 없다. 따라서 변동성이 심한 첨단 기술주에 과도하게 투자했다면 자신이 얼마나 큰 투자 위험에 노출돼 있는지 염두에 둬야 한다.

방어주가 시장 흐름의 단서를 알려주기도 한다

기본적으로 어떤 종목군이 "방어주"인지 파악하는 것 역시 매우 중요하다. 강세장이 몇 해 지속된 다음 금, 은, 담배, 음식료, 전기, 통신 유틸리티 종목에 매수세가 몰리고 있다면 강세장이 천정에 다다랐다는 신호일 수 있다. 또 유틸리티 종목의 약세가 너무 오래 지속되고 있다면 이는 금리 상승과 약세장 도래를 알리는 조짐일 수 있다.

1973년 2월 22일 금 업종의 평균 상승률이 전체 197개 업종 가운데 상위 절반 아래로 떨어졌다. 이런 정보에 주목한 투자자라면 곧 1929년 이후 최악이 될 약세장이 코앞에 닥쳤음을 충분히 알아차릴 수 있었을 것이다.

최고의 주식 중 60% 이상은 주도 업종에서 나온다

1953년부터 1993년까지 최고의 투자 수익률을 기록한 주식 셋 중 둘은 해당 업종의 상승세와 동행했다. 따라서 업종별로 어떤 새로운 움직임이 벌어지고 있는지 최우선 과제로 조사하고 이를 늘 의식하고 있어야 한다는 점을 잊지 말기 바란다.

반드시 명심해야 할 지침들

1. **싸구려 주식은 사지 말라.** 뉴욕 증권거래소(NYSE) 상장 종목은 20~300 달러, 나스닥 종목은 15~300달러에 거래되는 주식을 매수하라. 10달러 도 하지 않는 쓰레기 같은 주식은 일단 피해야 한다.

2. **최근 3년간 주당 순이익 증가율이 적어도 25%는 되고, 내년도 순이익 증 가율 추정치도 25% 이상인 성장주를 매수하라.** 많은 성장주가 한 해 주 당 순이익보다 현금 순유입액이 20% 이상 많다는 점에 유의하라.

3. **최근 2~3분기 동안 주당 순이익이 크게 늘어났는지 확인하라.** 최소한 25~30%는 늘어났어야 한다. 강세장에서는 주당 순이익이 40~500% 증 가한 주식을 찾아보라.(높을수록 좋다.)

4. **최근 3분기 동안 매출액 증가율이 계속 높아졌거나 지난 분기 매출액 증 가율이 25% 이상인지 확인하라.**

5. **자기자본 이익률이 17% 이상인 주식을 매수하라.** 최고의 주식은 자기자 본 이익률이 25~50%에 달한다.

6. 최근 분기의 세후 순이익률이 좋아졌는지, 또 지금까지 가장 좋았던 세후 순이익률에 근접하고 있는지 점검하라.

7. 신고가를 경신한 종목이 많이 속해 있는 업종이거나 세부 종목군의 수익률이 상위권에 있을수록 그 종목의 수익률도 좋다.

8. 배당금이나 주가수익 비율(PER)에 현혹돼 주식을 매수하지 말라. 순이익과 매출액 증가율, 자기자본 이익률, 순이익률, 탁월한 제품 같은 잣대로 매수할 주식을 선정하라.

9. 상대적 주가 강도가 85 이상인 주식을 매수하라.

10. 소형주든 대형주든 관계없지만 하루 거래량이 적어도 수십만 주는 되는 종목이라야 한다.

11. 차트 읽는 법을 배우고, 적절한 모양과 정확한 매수 지점을 집어내는 방법을 이해하라. 일간 차트와 주간 차트를 활용하면 매수할 주식을 선정하는 기술이 눈에 띄게 향상될 것이다. 장기 추세를 보여주는 월간 차트도 도움이 된다. 탄탄하면서도 적절한 모양을 맨 처음 형성한 뒤 하루 거래량이 평소보다 50% 이상 증가하면서 매수 지점을 만들어내는 종목을 사라.

12. 추격 매수는 신중하게 하되 평균 매수 단가는 높여야지 낮춰서는 안 된다. 최초 매수 가격보다 7~8% 하락하면 무조건 손절매하라.

13. 매도 원칙을 종이에 적어두라. 그러면 언제 주식을 팔고 이익을 실현해야 할지 더 분명히 알 수 있을 것이다.

14. 성과가 뛰어난 뮤추얼펀드 한두 곳이 최근 분기에 매수한 종목인지 확인하라. 적어도 지난 몇 분기 동안 기관 투자가가 뒷받침해온 종목을 매수하는 게 좋다.

15. 아주 탁월한 품질의 신제품이나 새로운 서비스를 개발한 기업이라야 한다. 제품 판매시장이 넓고, 반복 구매가 많은지도 확인해야 한다.

16. 시장 전반이 상승세를 타야 하며, 시장의 중심이 소형주에 있는지 아니면 대형주에 있는지 파악하라.

17. 옵션이나 채권, 우선주, 외국 주식, 상품 따위에 너무 신경 쓰지 말라. "만물박사"치고 뭐 하나 정통한 것이 없으며, 과도하게 분산 투자하는 것도 좋지 않다. 옵션 투자를 굳이 해야겠다면 전체 투자 금액의 5~10%로 제한하라.

18. **최고 경영진이 자사 주식을 보유한 종목이라야 한다.**

19. **설립한 지 오래된 "낡은" 기업이나 소외주보다는 창조적 기업가 정신을 가진 새로운 기업에 주목하라.**

20. **자만심과 고집을 버려라.** 시장은 당신이 무슨 생각을 하는지 전혀 개의치 않는다. 당신이 제아무리 똑똑하다고 생각해도 시장은 언제나 더 영리하게 움직인다. 지능지수가 높다고 해서, 박사학위를 가졌다고 해서 주식 투자에 성공하는 것은 아니다. 고집을 부릴수록 손해만 커진다. 시장과 싸우지 말라. 당신이 옳고 시장이 틀렸다는 것을 굳이 증명하려고 애쓰지 말라.

21. **시장의 천정과 바닥이 어떻게 만들어지는지 이해하라.** 보유하고 있는 종목과 매수 대상 종목이 어떤 기업인지 신문에서 읽어보라. 그 기업의 진정한 모습을 살펴보라.

22. **최근 자기회사 주식을 보통주로 5~10% 매수하겠다고 발표한 기업을 주목하라.** 새로운 경영 혁신을 도입했는지, 왜 그런 혁신을 단행했는지 알아보라.

23. **바닥권을 헤매는 종목이나 주가가 떨어지고 있는 종목을 매수해서는 안 된다. 물타기를 해서도 안 된다.**(40달러에 산 주식이 35달러나 30달러로 떨어졌다고 해서 추가 매수하는 것은 금물이다.)

최고의 주식을 놓치는 중요한 이유

1. **두려움과 불신, 지식의 부족.** 최고의 주식들은 대부분 신생 기업들이다.(기업공개 후 8~10년 된 기업들이 많다.) 시어즈 백화점이나 제너럴 모터스 같은 회사는 누구나 다 알지만 주식시장에 매년 새로 상장되는 수백 개 기업들은 잘 모른다. 실은 이런 기업들이 경제에 활력을 불어넣고, 새로운 제품을 만들어내고, 새로운 기술과 경영 혁신을 도입하는 것이다.

2. **주가수익 비율에 대한 환상.** 주식시장의 전통적인 상식과는 반대로 최고의 주식들은 결코 주가수익 비율이 낮지 않다. 최고의 운동선수가 최고의 연봉을 받듯이 최고의 주식들도 주가수익 비율이 제일 높다. 주가수익 비율을 기준으로 매수할 종목을 선정한다면 절대 최고의 주식을 살 수 없을 것이다.

3. **진짜 주도주는 신저가가 아닌 신고가 근방에서 거래량이 크게 늘어나며 본격적인 상승을 시작한다는 사실을 모르는 것.** 일반 투자자들은 싸게 보이는 주식을 매수하려고 한다. 왜냐하면 몇 달 전에 봤던 것보다 주가가 많이 떨어졌기 때문이다. 그래서 떨어지고 있는데도 매수한다. 그러면서 아주 싸게 샀다고 좋아한다. 그러나 상승하고 있는 주식을 매수해야 한다. 적절한 에너지 축적 기간을 거쳐 탄탄한 모양을 만들어낸 뒤 이제 막 신고가를 경신한 종목을 매수해야 한다.

4. **너무 빠른 매도, 너무 늦은 매도.** 갑작스러운 매물 출회에 겁을 먹어서, 혹은 조금이라도 이익을 당장 실현하고 싶어서 조급하게 매도했다가, 주가가 올라가면 재매수 시점을 못 잡아 심리적으로 불안해한다. 이와는 반대로 손실이 8%를 넘지 않을 때 손절매를 하지 않는 바람에 작은 손실을 치명상으로 키우게 된다.

마지막 충고

제대로 투자하고 저축하는 법만 배워두면 당신도 틀림없이 백만장자가 될 수 있다. 마지막 충고로 작별 인사를 대신하겠다. 용기를 갖고, 긍정적인 시각을 버리지 말고, 절대 포기하지 말라. 성공할 수 있는 기회는 매년 찾아온다. 기회를 잡을 수 있도록 스스로 준비하고 공부하고 배우라. 그러면 작은 도토리 한 알이 거대한 참나무로 성장하는 것을 보게 될 것이다. 꾸준히 또 열심히 노력하면 무슨 일이든 가능하다. 당신은 할 수 있다. 성공하겠다는 결의가 무엇보다 중요하다.

자유시장 경제에서 성공은 간단하다.
직업을 갖고, 교육을 받고, 그리고
지혜롭게 투자하는 방법을 배우는 것이다.
누구나 이렇게 할 수 있다.
당신도 할 수 있다.

한 단계 업그레이드 된 윌리엄 오닐의 역작

10년 만에 개정판을 새로 번역하면서 역시 대단한 책이라는 생각이 절로 들었다. 제1장 서두부터 멀리 1885년의 한 철도회사 주가 차트를 보여주며 "미국 증시 최초의 손잡이가 달린 컵 모양"이라고 갈파하는 저자의 자신감에는 혀를 내두를 수밖에 없었다.

100년 이상의 주식시장 역사를 아우르는 방대한 자료 축적, 50년이 넘는 현장 경험에서 우러나온 생생한 매매 사례, 오랜 세월 갈고 닦은 내공이 묻어나는 통렬하면서도 적절한 비유는 역시 윌리엄 오닐이라는 감탄을 자아내게 하기에 충분했다. 오닐은 이 책에서 최고의 주식을 최적의 타이밍에 집어낼 수 있는 7가지 원칙으로 "CAN SLIM"을 제시하고 있는데, 이것이 이 책의 주제라고도 할 수 있다.

CAN SLIM 원칙을 여기서 부연 설명할 필요는 없겠지만, 한 가지 꼭 지적해두어야 할 것은 역자가 보기에도 이건 충분히 활용해볼 만한 가치가 있다는 것이다. 미국 주식시장에서 수집한 사례들을 토대로 만들었다고는 하지만 오닐의 말처럼 한국 주식시장에서도 얼마든지 적용 가능하다. 주식시장을 관통하는 인간의 심리, 자본의 논리는 어디나 똑같기 때문이다.

CAN SLIM 원칙과 함께 이 책이 독자들에게 선사하는 소중한 선물은 이번 개정판에서 대폭 확충된 주가 차트들이다. 오닐은 폭발적인 주가 상승 직전에 나타나는 주가 패턴들을 직접 모델화해서 "손잡이가 달린 컵 모양"과 "높이 치솟은 깃발형" 식으로 분류했는데, 내가 보기에는 주식 투자자들에게 이만큼 값진 보물도 없을 듯싶다.

이 책의 진가는 단순히 주식 이론서도 아니고 자화자찬 식 투자 성공 담도 아니라는 데서 찾을 수 있다. 오닐이 하버드 경영대학원 재학 시절 동급생들과 함께 1인 당 10달러씩 내서 운용한 PMD 펀드의 사례는 생생한 체험담이 전해주는 재미와 함께 "작게 시작하라"는 교훈도 전해준다. 그런가 하면 잭 드레이퓨스의 펀드를 분석하고서 얻은 가르침이나 제시 리버모어의 책을 읽고 느낀 깨달음, 제럴드 로브와 주고 받은 평범하면서도 무게 있는 대화도 읽을 수 있다.

또 제13장(투자자들이 가장 많이 저지르는 21가지 실수)과 제16장(반드시 명심해야 할 지침들)에는 오닐의 투자 철학이 고스란히 배어 있다. 여기에 나온 내용만 머릿속에 담아두어도 주식 투자가 그리 어렵지만은 않을 것이다. 가령 싸구려 주식을 경계하라는 대목을 보자. "얼마나 많은 주식을 보유하고 있느냐"가 아니라 "얼마나 많은 돈을 투자하고 있느냐"가 중요하다고 오닐은 설명한다. 저가주라도 무조건 많이만 보유하면 가슴 뿌듯해하는 아마추어 투자자들이 반드시 명심해야 할 대목이다.

오닐은 특히 "주식시장은 효율적이지도 않고 무작위적이지도 않다"며 효율적 시장가설이나 랜덤워크 이론 같은 학계의 주장을 향해 직격탄을 날린다. 주식시장이 효율적이지 못한 것은 잘못된 정보에 사로잡힌 투자자들이 너무 많기 때문이며, 그런 와중에서도 투자자들의 강력한 감정이 시장의 흐름을 만들어낸다는 점에서 무작위적이지도 않다고 그는 지적한다.

오닐은 투자의 세계에서 성공을 거둘 수 있는 세 가지 열쇠를 이렇게 꼽는다. (1) CAN SLIM 원칙 같은 효율적인 종목 및 타이밍 선정 방식을 따르고 (2) 절대적인 손절매 원칙으로 리스크를 관리하며 (3) 이들 두 가지 원칙을 철저히 고수하는 것이다. 주식시장은 그리 간단치 않으며, 적어도 2~3년은 공부해야 시장의 흐름을 읽을 수 있다고 그는 강조한다. 자신의 이런 투자 철학처럼 그는 지금도 매일 차트를 살펴보며 새로이 만들어진 탄탄한 주가 패턴을 찾아내고자 노력하고 있다.

이 책의 원서는 원래 20개 장으로 구성돼 있으나 번역서에서는 〈인베스터스 비즈니스 데일리〉를 읽는 법과 같이 우리나라 독자들에게 무관한 내용은 과감히 삭제하고 필요한 부분만 실었다. 하지만 저자가 전하고자 했던 메시지는 100% 전달했다고 확신한다.

오닐도 지적하고 있지만 이 책은 단순히 일독에 그치기에는 너무나 아까운 내용이다. 스스로 주식 투자 내역을 기록해가며 자신의 실수를 되돌아보고 교훈을 얻듯이 몇 번이고 다시 읽어보고 가슴에 새겨둘 필요가 있다. 그렇게 하기에 충분한 가치가 있는 책이다. 마지막으로 오닐의 투자 철학을 한 마디로 요약해본다.

"좋은 주식이란 없다. 주가가 오르지 않는 한 모든 주식은 나쁜 주식이다.(There are no good stocks unless they go up in price. All stocks are bad.)"